Rolf Recknagel · Jack London

Jack London

Leben und Werk eines Rebellen
Biografie
von Rolf Recknagel

Verlag Neues Leben Berlin

ISBN 3-355-00885-0

© Verlag Neues Leben, Berlin 1975 · 4. Auflage, 1989 · Lizenz Nr. 303 (305/ 262/89) · LSV 7002 · Schutzumschlag, Einband und Typografie: Gerhard Christian Schulz · Schrift: 11 p Times · Gesamtherstellung: Offizin Andersen Nexö, Graphischer Großbetrieb, Leipzig III/18/38 · Bestell-Nr. 641 979 8 01040

Für meine Zwillinge Manuela und Nils

Seine Liebe für die Wahrheit war eine Leidenschaft, sein Haß gegen Ungerechtigkeit brannte
wie vulkanisches Feuer.
Er war ein tieftrauriger, ein bitter und grausam
leidender Mensch; niemand konnte sagen, welch
neue Gebilde der Phantasie sein glühender Geist
schmieden werde.   *Upton Sinclair*

Er war ein Sozialist, aber er wollte den Kapitalisten
auf seinem eigenen Gebiete schlagen.
... er wurde eine Art Napoleon der Feder. Dieser
Traum stieß mich ab...   *Anna Strunsky*

Ein finanzieller Übermensch wie Rockefeller wirkt
in dem sozialen Körper wie ein Brechmittel.
                                    Jack London

I. Das „Goldne Tor" von San Francisco

Das wichtigste Faktum, das sich in Amerika ereignet hat, wichtiger noch als die Februarrevolution, ist die Entdeckung der kalifornischen Goldgruben.

18 Monate lang sind die kalifornischen Goldminen entdeckt, und schon haben die Yankees eine Eisenbahn, eine große Landstraße, einen Kanal vom mexikanischen Busen in Angriff genommen... Das kalifornische Gold ergießt sich in Strömen über Amerika und die asiatische Küste des Stillen Ozeans und reißt die widerspenstigen Barbarenvölker in den Welthandel, in die Zivilisation.

Zum zweiten Male bekommt der Welthandel eine neue Richtung. Was im Altertum Thyrus, Karthago und Alexandria, im Mittelalter Genua und Venedig waren, was bisher London und Liverpool gewesen sind, die Emporien des Welthandels, das werden jetzt New York und San Francisco...

Karl Marx und Friedrich Engels (1850)

1.

Es geschah ganz und gar nicht im Sinne des San Francesco, als der Neuspanische Kronrat in Mexiko dem franziskanischen Pater Junipero Serra drei Abteilungen Soldaten zuwies, damit er endlich seine Mission erfülle.

„Erschließen Sie dieses ,Alta California'!" hatte der Hidalgo de Alvarado zu ihm gesagt. Es klang wie ein Befehl. Und dabei deutete dieser spanische Edelmann auf die vor ihm ausgebreitete Landkarte. „Diese Küste hier, die Costa California, hat Capitán Mauricio bereits erforscht. Was aber dahinter liegt, wissen wir noch nicht."

Hidalgo de Alvarado machte eine kurze Pause, und Pater Serra wußte, daß er jetzt das Wesentliche erfahren sollte: „Das gesamte Land gehört uns. Hier wie dort oben im Norden tritt das neuspanische Kolonialgesetz, das Repartimiento, in Kraft: Die Eingeborenen gehören zum Land als Arbeitskräfte." Der Kronbeamte faltete die Karte, um sie Pater Serra zu überreichen. So nebenher bemerkte

9

er noch: „Vielleicht liegt dort oben der von uns so lange gesuchte ‚noche triste', der aztekische Goldschatz?"

Der Franziskaner verzog keine Miene, obwohl ihn die unersättliche Besitzgier dieser Corregidores, der Kronbeamten, jedesmal schmerzhaft traf. Der Edelmann de Alvarado reckte sich, um den letzten Befehl zu erteilen: „Wenn dort oben irgendwelche fremden Eindringlinge auftauchen sollten, sofort Kurier zum Regierungspalast! Wenn es notwendig wird, erhalten Sie jederzeit militärische Verstärkung."

Pater Serra schwieg. Er wußte, daß drei bewaffnete Schiffe ständig das Küstengebiet überwachten. Der Pater schlug zum Abschied das Kreuz. Der Corregidore Hidalgo de Alvarado antwortete mit einer flüchtigen Geste...

So war es damals gewesen. Man schrieb das Jahr 1768. Nun sollten von Mexiko aus weitere Befestigungswerke und Missionen in Richtung Alta California geschaffen werden. Diesmal zögerte der Franziskaner Junipero Serra. Allzuoft sprachen die Corregidores von dem verfluchten „noche triste" und dem brutalen „repartimiento"; allzuoft trat die Gier nach Gold und Land hervor; eine Eigenschaft, die ganz und gar dem Begründer des Ordens widersprach: Franz von Assisi, der heilige Francesco, hatte die Bedürfnislosigkeit gefordert.

Die Expedition des Paters Serra mit drei Abteilungen Militär, insgesamt 120 Soldaten mit 3 Offizieren, und neun Franziskanermönchen verabschiedete der Oberst Don Mariano Guadalupe Vallejo im Spätsommer 1768. Der Ehrgeiz hatte den Oberst gallenkrank gemacht. Den einzelnen Abteilungen folgte ein Heer von Zimmerleuten, Maurern, Hufschmieden, Webern, Schuhmachern, Landwirten. Die Handwerker errichteten das jeweilige Missionsgebäude, das sowohl die Kirche, Bet- und Arbeitsräume als auch die Schule mit einer festen Mauer umschloß. In der Nähe lagen Ställe, Scheune, Bauernhof. Spanische Siedler drängten nach, denn das neuspanische Kolonialsystem bot nicht nur Land mit Arbeitskräften, sondern auch die profitable Entwicklung von Werkstätten und Handel.

10

Ende 1769 war die Mission San Diego gegründet worden. Eine Kette weiterer Missionen und Befestigungen zog sich die Küste entlang. Die letzte Befestigung entstand im Jahre 1776. Auf einem Hügel zur Einfahrt in eine riesige Bucht war die Mission „Dolores", der „Schmerzen", errichtet worden. Der Corregidore hatte recht gehabt: Hinter der Mission lag „Yerba Buena", das „gute Kraut", das so üppig sprießte. Aus Dankbarkeit nannte Junipero Serra nach diesem beschwerlich-schmerzvollen Marsch die Siedlung „San Francisco". Siedlerfamilien fanden längs der Bucht von San Francisco die Erfüllung ihrer Wünsche: San Bruno, San Mateo, Palo Alto. Gegenüber von San Francisco bildeten sich die Ortschaften San Leandro, Alameda bis hinauf an den Carquinez, wo man bei Martinez mit den überrumpelten Indianerstämmen der Hupa und der Yurok zu roden begann. Der Oberst Vallejo war bis nach Sonoma getrieben worden von seiner Gier nach Land und Macht, die der Gouverneur des Departements California, der General Manuel Micheltoreno, befriedigte, indem er dem Oberst zehn Quadratmeilen verschrieb. Die dort lebenden Modoc waren kaum zu bändigen. Die meisten entwichen in das Gebirge im Hinterland und verbündeten sich mit geflohenen Indianern der Hupa und Yurok. Baumstämme, zu Flößen gebunden, trieben bei Ebbe den Carquinez hinab durch die San-Pablo-Bucht, so daß in San Rafael, San Anselmo und in San Francisco feste Blockhütten gezimmert werden konnten. Die Siedlung Vallejo hatte sich zu einem Hafen entwickelt, so daß auch der Oberst zu seinem Geschäft kam.

Pater Junipero Serra war alt, grauhaarig und müde geworden. Er zeigte sich nur noch selten. Die meiste Zeit verbrachte er mit Beten und Fasten. Einer seiner Nachfolger war Bernardino de Capistrano. Er trug das rote Kreuz der Barfüßer auf seiner Brust.

In den vierziger Jahren drangen vom Osten her finster blickende Kerle mit filzigen Bärten in das Gebiet von California. Sie kamen mit ochsenbespannten Planwagen und gefährlichen Feuerwaffen. Ihre Sprache wirkte breiig. Die Sierra, das Gebirge, nannten sie „Great Plains", Prärie. Und der Sacramento hieß für diese Eindringlinge „American River", weil sie „Americans", Amerikaner, waren. Rücksichtslos griffen sie zu, bevorzugten das fruchtbare San-Joaquin-Tal und ließen die eingefangenen Indianer ihre „Ranches" ausroden. Gegen die „Feuerzungen" der „Squatters", dieser Menschen- und Landräuber, schienen sowohl die neuspanischen Ansiedler als auch die Indianer machtlos zu sein. Ihren errungenen Landsitz nannten sie nach ihren Familiennamen: Dixon, Pracy, Westley, Patterson... Einer der rabiatesten Squatters mit dem Namen John Sutter breitete sich mit Freischärlern im Gebiet des American River aus, besetzte die Pforte zum Sacramento und ließ ein Bollwerk errichten: „Sutter's Fort". Für ihn gab es kein Repartimiento. Gesetzgeber und Richter war er. Wer nicht parierte, dem antworteten die „Feuerzungen" und die Colts.

Fast zur selben Zeit proklamierte eine Schar von Squatters in Sonoma die „Republic of California", indem sie eine weiße Fahne mit eingezeichnetem Bären und einem Stern hißten. Genauso wie für den „Captain" Sutter mit seinen Freischärlern im Territorium des American River galt auch für die neuen Kolonisatoren im Gebiet von Sonoma das Recht des Stärkeren. Und sie waren die Stärkeren: Gegen ihre schnellfeuernden Colts waren die Indianer mit Pfeil und Bogen machtlos geworden. Auch die altmodischen Büchsen der neuspanischen Siedler konnten nichts ausrichten gegen die handlichen Colts, die leichten Gewehre und die Bajonette. Der Land- und Menschenraub dieser Squatters aus Sonoma und die Expansion John Sutters tobten sich aus zur Zeit des Mexikanisch-Nordamerikanischen Krieges. Ende 1847 hatten die „Americans" bereits Neu-Mexiko und das ehemalige Alta California in ihrer Macht. Als Entschädigung an Mexiko zahlte die Union 15 Millionen Dollar. Es war ein Geschäft, das sich rentierte: Mit dem „Frieden von Guadalupe Hidalgo" am 2. Februar 1848 geriet gleichzeitig der „noche triste", dieser geheimnisvolle Goldschatz, der viele Generationen von „Conquistadores" in Unruhe versetzt hatte, in den Besitz der USA.

Am 16. Januar 1848, also fast drei Wochen vor diesem „Friedensgeschäft", hatte ein Komplize von Captain Sutter am oberen

American River ein Feld glitzernder Goldkörner entdeckt. James Marshall und John Sutter beschlossen, dieses Goldlager in aller Stille auszubeuten. Die Vorbereitungen wurden getroffen... Doch fünf Tage nach dem Fund schlich ein Unbekannter nachts am gefürchteten „Sutter's Fort" vorbei und glitt dann mit einer Jolle den Carquinez hinaus in die Bucht zur Siedlung San Francisco. Dort faßte er Proviant. Sein Trapperhut war randvoll mit goldhaltigem Kies gefüllt. In der anderen Hand schwenkte er eine Schnapsflasche, deren Inhalt ebenfalls berauschte. Trunken vor Freude und doch gehetzt dahineilend, grölte er nach allen Seiten: „Gold! Gold! Gold! Direkt vom American River!"

Dann sprang er wieder in seine Jolle, setzte Segel und entschwand mit seinem Gold durchs Tor von San Francisco. Der Franziskaner Bernardino de Capistrano schien seitdem verwirrt. Er predigte hinfort ununterbrochen von der Kanzel und auf der Straße, daß dieser zerlumpte Rotschopf der leibhaftige Satan gewesen sei. Sein überreiztes Gemüt steigerte sich mit den stets und ständig wiederholten Prophezeiungen so heftig in die Wahnvorstellungen hinein, daß man den Pater Bernardino in einer Zelle einriegeln mußte. Dort riß er sich die Kleidung vom Leibe, wie es Franz von Assisi einst auf dem Markt seiner italienischen Heimatstadt getan hatte. Bernardino starb bald darauf in Schwermut...

Auf jeden Fall besaß die Botschaft des Unbekannten, der hinter der Mission „Dolores" spurlos entschwunden war, eine teuflische Wirkung auf die Hügelbewohner von San Francisco. Händler und Kneipenbesitzer verrammelten ihre Holzbauten, Handwerker und Siedler verließen Werkstätten und Landwirtschaft, Matrosen desertierten. Mit Hacke, Schaufel, Brecheisen, Pfanne, Schüttelsieb und Büchse stürmten sie zum American River. Ende des Jahres 1848 versetzte die „Botschaft des Satans von San Francisco" auch die Bewohner des Ostens der Vereinigten Staaten in Aufruhr. Im Jahre 1849 zogen hektische Kolonnen von „Neunundvierzigern" nach dem „goldnen Westen". Schwerfällige Trecks krochen, die Gefahren der Great Plains mißachtend, vom Mississippi über den

Geschäftsviertel von San Francisco (1906)

„Oregon Trail" nach Sacramento. So wie man Felsengebirge und Prärie nicht scheute, so scheute man weder Meeresstürme noch Klippen. Hatte man Kap Hoorn überwunden, ging es längs der Barbary Coast, der barbarischen Küste, bis sich das Goldne Tor zeigte und zu öffnen schien. In der San-Francisco- und der San-Pablo-Bucht drängte sich ein Wald von Masten. Diese menschenleeren Segler hoben und senkten sich gespensterhaft im Rhythmus von Ebbe und Flut. Die Besatzungen wühlten fieberhaft am American River nach Gold. Jetzt entschied nicht nur die Stärke, sondern auch die Geschicklichkeit im Gebrauch der Werkzeuge und des Colts.

Landeskundige vermieden Kap Hoorn und wählten die Landenge von Panama. Der Andrang staute sich an der Pforte zum Sacramento und überrannte schließlich „Sutter's Fort". Mit Sutters Macht war es vorbei. In einer abseitigen Schneise blieb nur ein „Sutter Creek", ein abgestecktes Feld mit geringer Ausbeute. Colts und Messer steckten locker. Mord und Totschlag herrschten in den Nächten. Am Tag zog mancher Glückssucher flußabwärts als Leiche. Wer sich festzusetzen verstand, hauste im Zelt. Camps entstanden. Dazwischen Schnapshöhlen und Spielhöllen. Die ganze Welt schien sich hier ein Stelldichein zu geben. Die Camps erhielten die Namen der jeweiligen Heimat. So entstanden zum Beispiel ein Weimar, Hannover, Minden... Erfolglose und zu spät Gekommene rodeten Wälder, um Ranches, Farmen, Haziendas anzulegen. Die kalifornischen Täler strotzten vor Fruchtbarkeit. Die Hupa, Yurok und Karok unterlagen den „Feuerzungen" und dem „Feuerwasser". Und bald stellte sich heraus, daß indianische Sklavenarbeiter auch Gold brachten wie die Negersklaven in den Südstaaten der USA.

Auf den Hügeln von San Francisco hatten sich Zeltsiedlungen ausgebreitet. Im Jahre 1849 besaß die Ortschaft knapp 5000 Einwohner; ein Jahr später zählte man bereits 25 000 Ansiedler. Sacramento, die Pforte zu den Goldfeldern, entwickelte sich nicht nur zu einem Zentrum, wo Pachtzinsen zusammenströmten, sondern auch zum Regierungssitz Kaliforniens.

Bis zum Jahre 1860 schlängelten sich nur einige Eisenbahnlinien von den Oststaaten bis zum Mississippi oder wenige Kilometer darüber hinaus. Die Frachten für Oregon und Kalifornien mußten in Planwagen verladen werden. Landreisenden blieb nur die Postkutsche. Briefe besorgte der „Pony Express", der Postreiter. Eine Ankunft durch die Prärie blieb ungewiß. Im Oktober 1861 setzte man den letzten Telegraphenmast zwischen New York und San Francisco. Kabel jagten nunmehr hin und her:

Gold, Gold und nochmals Gold forderte Manhattan. Gold setzte die kapitalistische Produktion in Bewegung; Gold beschleunigte nicht nur die Industrien, sondern floß in die Handelskontore an der Themse; Gold ließ den Kapitalismus insgesamt sich recken und strecken. In der Nähe der Mission „Dolores" wuchs aus einer Bretterbude mit Zahltischen ein wuchtiges Steingebäude hervor. Diese neue Festung nannte sich „Bank". Und die Goldspur führte zur zentralen Festung Manhattan und zur Wallstreet. Für die ersten Goldtransporte wählte man den Weg über die Landenge von Panama. Aber am Isthmus und in der Sierra Nevada lauerten organisierte Banden, so wie in San Francisco die Verbrecherorganisation „hounds", die Jagdhunde, ihre Herrschaft des Schreckens ausübte. Die Gangsterbosse taten letztlich nichts anderes als die Geld- und Landspekulanten und die käuflichen Politiker. Das Freibeutertum nahm überhand. Die Stadt San Francisco, die man abgekürzt einfach Frisco nannte, kam in den Ruf, ein Tummelplatz für Laster und Verbrechen, Wucher und Betrug zu sein. Der Teufelskreis des Goldes schloß sich in der zweiten Hälfte des 19. Jahrhunderts.

2.

Die Market Street war zum Broadway und zur Achse von San Francisco geworden. Die Gebäude auf dem nördlichen Hügel wuchsen höher und höher bis zu Wolkenkratzern und Luxushotels.

Bei den anderen Anhöhen verdrängten breite weiße Steingebäude die letzten Holzhütten. Protzig fläzten sich diese neuen Residenzen der Reeder, Fabrikanten, Bankiers, Börsenspekulanten und Regierungsbeamten in das höher gelegene Gelände. Südlich davon öffnete sich der „Schlund" oder „Abgrund", wie man die Holzbuden der Arbeiter in der Talsohle nannte. Den sumpfigen Boden befestigte man mit Knüppeldämmen. Umladeplätze für Güterzüge und Fabriken drängten die Bewohner noch enger aneinander. Gegenüber der Bucht breitete sich zwischen Alameda und San Leandro das Arbeiterviertel Oakland aus. Wer am Sacramento oder am San Joaquin nicht roden wollte, blieb trotzdem im Land als Werft- und Dockarbeiter, als Maschinist, Techniker, Handwerker, Beamter oder Buchhalter. Um 1850 hatten sich 791 Chinesen südlich von Frisco angesiedelt. Ein Jahr später war das Chinesenviertel, die Chinatown, bereits auf 12 000 Einwohner angewachsen.

Der Gegensatz zwischen den Reichen, den Hügelbewohnern, und den Armen, den Bewohnern der „Schlünde" und Senken, trat immer schärfer hervor. Die Zahl der Verbrechen stieg beängstigend. Innerhalb von acht Jahren registrierte man zwölfhundert Morde. Und dabei war Kalifornien von der Union noch gar nicht erschlossen worden. Zwischen den kapitalistischen Staaten des Ostens und dem „goldnen Westen" der ursprünglichen Akkumulation lagen Prärie und Felsengebirge, die unüberbrückbar schienen. Der Bürgerkrieg zwischen den Nord- und Südstaaten war bereits ausgebrochen, als der Bau einer Bahnlinie beschlossen wurde. Zwei Unternehmen begannen mit dem Legen der Schienenwege. Die Union Pacific Company startete westwärts von Omaha am Missouri; die Central Pacific Company eröffnete den Bau ostwärts von Sacramento aus. Am 10. Mai 1869 trafen sich die beiden Schienenstränge aus Ost und West am Promontory Point. Die letzten beiden Gleise verband man mit einem goldnen und einem silbernen Bolzen. Unter den Bauarbeitern befanden sich Nord- und Südstaatler, Iren, Chinesen, Mexikaner und Indianer. Die erste Fahrt der Union-Zentral-Pazifik-Bahn erfolgte am 12. Mai 1869 mit dem Gouverneur von Kalifornien, Leland Stanford, und

18

Market Street von San Francisco um 1900

Honoratioren aus San Francisco und Sacramento. Sie wußten, daß diese Strecke zwischen Pazifik und Atlantik reichlich Gold und Silber abwerfen würde. Sie besaßen Aktien beider Eisenbahngesellschaften. In New York schüttelten sich die Gouverneure und Geschäftspartner die Hände. Nach dem Bürgerkrieg und mit der transkontinentalen Eisenbahn war der Provinzialismus Kaliforniens endgültig überwunden worden. Die Expansionspolitik der USA führte zu einer ungehemmten Bereicherung durch Landspekulationen und durch das Wachstum der Industrie. Der Zustrom von Einwanderern nach San Francisco über Land und zur See stieg ins Unermeßliche. Ein- und Ausfuhr der Frachten passierten das „Goldne Tor" der ehemaligen „Squatters", „Sutters" und Yankees, denn sie waren fast ausschließlich die Eigentümer des Landes und der Produktionsmittel. Die Ware Arbeitskraft lag günstig im Preis. Der wachsende Zustrom aus Europa bot sogar eine Auslese.

„Eigentum ist Diebstahl!" hatte an einem frühen, nebligen Morgen des Jahres 1850 auf der schwerbeladenen Fähre von Oakland nach San Francisco ein Franzose gerufen. Er gehörte zu den Passagieren des Zwischendecks, die Ende 1849 im Hafen von New York eingetroffen waren. Er gehörte aber nicht zu den „Neunundvierzigern", die dem Gold nachrannten, sondern zu den „Achtundvierzigern", den geflohenen Revolutionären aus Europa. Die Hamburg-Amerika-Linie brachte ganze Scharen von Rebellen aus den Kampfeinheiten der Anführer Georg Herwegh, Gustav Struve, Friedrich Hecker. Man nannte Namen, die Unruhe auslösten: Lájos Kossuth, Hans Kudlich, Friedrich Engels, Karl Marx ... Der Franzose auf der Fähre nach den Werften von Frisco hatte zum Beispiel flüchtig über Barrikadenkämpfe in Paris berichtet. Er nannte Blanqui und den Anarchisten Proudhon. Von Proudhon stammte auch der Gedanke, den der Franzose wie eine Losung wiederholte: „Eigentum ist Diebstahl!"

Der Franzose entschwand in der grauen Anonymität, aber seine Stimme klang weiter, seine Gedanken stachelten an ... Obwohl sich die Ansichten der „Achtundvierziger" durchkreuzten und widersprachen, so hinterließen sie doch Neugier, die zum Grübeln anregte. Vereint hatten diese Rebellen hinter den Barrikaden gelegen; vereint waren sie gegen die europäischen Monarchien angerannt; vereint fochten sie für eine Republik. Und deshalb hofften die meisten, in der „Neuen Welt" Amerika ihre Ideale verwirklicht zu finden. Doch wohin sie auch gerieten, überall beherrschte das Gold wie ein allmächtiger König das Denken und Streben dieser Yankees. Gold – das bedeutete Land und Sklaven; Gold – das hieß Produktionsmittel und Sklaven; Gold – das war die Zaubermacht, die diese Festungen „Banken" wie ein Spinnennetz miteinander verknüpfte. Wer diese vielversprechende Neue Welt betrat, der war befangen und gefangen.

Zwei Wege führten in das Schlachtfeld um Besitz und Eigentum: Entweder wählte man das „Goldne Tor" von Frisco, um dann weiterzuziehen durch die „Goldne Pforte" nach Sacramento; oder man wählte die „Goldne Tür" der Neuen Welt. So nennt sich der Hafen von New York seit Errichtung der „Freiheitsstatue". Mit einem „Hymnus" hatte man sie 1886 eingeweiht. Die letzte Zeile lautet:

„Mit meiner Lampe beleucht ich Euch die Goldene Tür."

Der Hintergrund der vergoldeten Türen und Tore und Pforten lag im Dunkel. Und deshalb konnten politische Ereignisse verschwiegen werden. So verschweigen bis heute die nordamerikanischen Geschichtsbücher politische Ereignisse des Jahres 1886, also des Jahres, in dem diese Statue der „Freiheit" postiert wurde, um die Ankommenden aus der „Alten Welt" mit der Fackel freiheitlich-demokratisch zu erleuchten. Im selben Jahr war im Monat Mai die Acht-Stunden-Bewegung des amerikanischen Proletariats mit unwiderstehlicher Kraft zum Ausbruch gekommen. Sie griff mit der Schnelligkeit eines Präriebrandes um sich und erschütterte die kapitalistische Gesellschaft Nordamerikas in ihren Grundfesten.

„Die Tatsache ist da, hartnäckig, unbestreitbar", schrieb Friedrich Engels im Vorwort zur amerikanischen Ausgabe von 1887 „Die Lage der arbeitenden Klasse in England". In diesem Zusammenhang wird auch die „Haymarket Affaire" von Chicago am 1. und 4. Mai 1886 verschwiegen: Allein 80 000 Arbeiter hatten in Chicago gestreikt. Da waren feuerspeiende Polizeiwagen aufgetaucht und hatten versucht, eine Bahn durch die Menge zu brechen. In Schlachtordnung folgten weitere Polizeieinheiten und zielten auf die Masse. Die blindwütigen Attacken steigerten nur den Haß und den Widerstand. Drei Tage später protestierten etwa fünfzigtausend Demonstranten auf dem Haymarket Square. Die Polizei, hundertachtzig Mann stark, den Revolver in der Hand, drang zur Tribüne vor und forderte die Auflösung der Kundgebung. Fielden unterbrach seine Rede, sprang vom Karren herunter, um mit dem Offizier zu sprechen. Im Flugblatt stand, daß der Stadtrichter die Protestversammlung genehmigt hatte. Der Stadtrichter befand sich dicht bei der Tribüne. Plötzlich eröffnete die Polizei das Feuer. Fast zur selben Zeit explodierte eine Bombe. Im Handumdrehen verhaftete man die leitenden Funktionäre der „Working Men's Party", der Chikagoer „Arbeiterpartei": Engel, Spies, Fischer, Parsons und Lingg. Sie standen in einer Reihe, als die Gerichtsdiener ihre Füße mit einem Strick zusammenbanden, als man ihnen die Schlinge um den Hals legte und die Kapuzen über die Köpfe stülpte. Engel rezitierte Heinrich Heines „Schlesische Weber", Fischer summte die „Marseillaise", und Spies, der Rheinländer, rief: „Die Stimme, die ihr erstickt, wird in Zukunft mächtiger sein als alle Worte, die ich ..." Da krachte die Falltür. Die Körper fielen ins Leere.

Fünfundzwanzigtausend Menschen umlagerten die Friedhofshügel; und der Verteidiger Black sprach in seiner kurzen Grabrede vom „Traum einer neuen Welt ohne Elend und Sklaverei, ohne Egoismus, der niemals auf friedliche Weise dem Recht weicht".

Ein unheimliches Dunkel zog über den Friedhof, als wolle gleich ein Gewitter losbrechen. Auf dem Rückweg in die Stadt kauften die Trauernden die „Arbeiterzeitung", die Engel, Spies und Fischer herausgegeben hatten. Die Abendausgabe erklärte: „Wir haben eine Schlacht verloren, aber wir werden schließlich doch eine gerechte Welt erleben."

Der Lyriker George Sterling hatte im Angesicht der New-Yorker „Göttin der Freiheit" Frage und Antwort zornig herausgeschleudert:

„Signalfeuer hältst du in erzner Hand? —

O falsches Licht an trügerischer Küste,

das Skipper und Passagiere ins Verderben lockt!"

Die ersten Maiwochen 1886 hatten die amerikanische Bourgeoisie in Schrecken versetzt. Sie besaß zwar Erfahrungen in politischer Strategie und Taktik, doch die Attentats- und Bombenaktionen konnten äußerst gefährlich werden. Am meisten für sie selbst. Die Gewerkschaftsbewegung glich einer Hydra. Wenn man diesem Ungeheuer einen Kopf abschlug, wuchsen gleich drei, vier Köpfe nach. Man mußte das so unberechenbare Fabelwesen ermüden, spalten, lähmen. In ihren Kreisen hatte jeder seinen Preis. Warum sollte dieses Geschäft nicht auch bei Gewerkschaftsfunktionären gelingen? Man kaufte sich den Boß der gewerkschaftlich organisierten Eisenbahner. Die Aktionseinheit der „Brotherhoods", der Bruderschaften, mußte gespalten und zerstört werden. Die Manipulation gelang für einen mäßigen Preis: P. M. Arthur, der führende Funktionär, isolierte die qualifizierten Mitglieder, die Lokomotivführer, von den anderen Bruderschaften, indem er ihnen durch ein Abkommen mit den Eisenbahngesellschaften außergewöhnliche Vergünstigungen gegenüber den anderen verschaffte. Der Sozialist Eugene V. Debs entlarvte daraufhin P. M. Arthur als einen „Aristokraten der Arbeit" (1885), weil es ihm durch diese Arbeiteraristokratie gelang, die Aktionseinheit der Eisenbahner-Organisationen zu zerstören. Eine ähnliche Manipulation verlief ebenso glatt mit Samuel Gompers, dem 1881 die Spaltung der Gewerkschaftsvereinigung „Knights of Labor", Ritter der Arbeit, durch die Gründung der „American Federation of Labor", der Arbeiterorganisation, gelang. Die AFL nahm nur Facharbeiter als Mitglieder auf, so daß die Masse der Ungelernten nicht nur ausgeschlossen, sondern auch politisch machtlos war.

Die „Oligarchie des vereinigten Kapitals", wie Karl Marx das Regime nach dem Bürgerkrieg nannte, schien souverän im „Land der unbegrenzten Möglichkeiten" zu herrschen. Presse und Verlagswesen unterstanden einigen Konzernen. Einer der berüchtigsten Manager war der Friscoer Boß George Hearst. Durch die Southern Pacific war er zu Kapital gekommen, so daß er Friscoer Zeitungen aufkaufte, in die Politik eingriff und einen Sitz in der Gesetzgebenden Kammer in Sacramento erhielt. Als 1886 einer der

beiden kalifornischen Senatoren starb, konnte der Zeitungsboß Hearst als Nachfolgekandidat ins Capitol von Washington einziehen. Unter dem Regiment seines Sohnes William Randolph Hearst faßte der Zeitungskonzern außer in San Francisco und New York auch in Chicago und Los Angeles Fuß und lenkte die Wahlmanöver von 1903 und 1905. In dieser Zeit bekannte sich der Boß Hearst junior stolz zur „Politik der Stärke". Bestechungs- und Schweigegelder an Zeitungsverlage, Publizisten und Politiker waren seine Mittel zur Macht.

Von den deutschen „Achtundvierzigern" bemühten sich viele, die Ideen des wissenschaftlichen Kommunismus in den USA durch ihre Presse und ihre Organisation zu propagieren. Zu diesen Pionieren zählten Joseph Weydemeyer, Friedrich A. Sorge, Cluß, Jacobi, Adolf Hepner und andere. Im Januar 1852 wagte zum Beispiel Weydemeyer, „Eine Zeitschrift in zwanglosen Heften: Die Revolution" herauszugeben. Das erste Heft enthielt die Arbeit von Karl Marx „Der 18te Brumaire des Louis Bonaparte". In diesem Heft wurde bereits das Pamphlet von Karl Marx gegen den Anarchisten J. P. Proudhon angekündigt. Doch ein weiteres Heft konnte nicht mehr erscheinen. Das Schicksal dieser Zeitschrift war typisch für viele andere Versuche der Publikation: Finanzielle Schwierigkeiten vereitelten diese Unternehmen schon in den Anfängen.

Ähnlich verliefen die Bemühungen, eine marxistische Arbeiterpartei zu organisieren. Sorge, Weydemeyer, Patrick MacDonnel, Friedrich Kamm, Albrecht Komp hatten unermüdlich Schlachten „gegen Ränkeschmiede, Fanatiker und Dummköpfe" zu führen. Stark vertreten waren die Ansichten Lassalles und Bakunins. Eine ganz besondere Resonanz innerhalb der amerikanischen Arbeiterbewegung fand der radikale Publizist und Ökonom Henry George. Er sah in einer Nationalisierung des Grundeigentums die Lösung der sozialen Probleme. Bei Arbeitern und landarmen Farmern wurde der Traum nach einer Rückkehr zum Grund und Boden hervorgerufen, zumal durch die Bodenspekulanten und Eisenbahngesellschaften das schlimmste, allen sichtbare Elend angerichtet worden war.

Die wichtigste Aufgabe der Sozialisten sah Friedrich Engels vorerst in der Entlarvung der raffinierten Demagogie und der vielfältigen Korruptionspraktiken. Karl Marx kennzeichnete treffend das gesamte politische Regime in den USA: „Spekulanten und Cliquen haben sich der gesetzgebenden Körperschaften bemächtigt, und die Politik ist ein Geschäft geworden."

Erst im Jahre 1905 gelang es führenden Sozialisten wie Eugene V. Debs, William Haywood, Mary Jones und Daniel de Leon, eine Gewerkschaftsbewegung zu schaffen, die auch ungelernte Arbeiter mit einschloß und die politisch wirksam werden konnte: die „Industrial Workers of the World" (IWW), die Industriearbeiter der Welt. Bald darauf bildete sich ein linker Flügel, aus dem die „Wobblies", die Aufrührer und Unruhestifter, hervorgingen. Diese Wobblies versuchten durch „direkte Aktionen", die Monopolkapitalisten in Schrecken zu versetzen. Mit anarchosyndikalistischer Strategie und durch linksradikale Taktik glaubten sie, die Syndikate, also die Gewerkschaften, in ihren ökonomischen Erfahrungen und Erkenntnissen so stark zu machen, daß die Syndikate die Leitung der Industrie anstelle der Kapitalisten übernehmen konnten.

Kurz nach der Jahrhundertwende kam es zur ersten „Sozialistischen Partei", die ein marxistisches Programm besaß und die Entwicklung der amerikanischen Arbeiterbewegung bestimmte.

Im Vergleich mit Europa, der „Alten Welt", war der Kapitalismus in der „Neuen Welt", Nordamerika, ungewöhnlich rasch gewachsen. Der Stahlmagnat Andrew Carnegie triumphierte in einem Artikel zur „Nordamerikanischen Demokratie" aus dem Jahre 1886, indem er schrieb: „Die alten Nationen der Erde kriechen im Schneckentempo, die Republik aber jagt im Tempo des Expreßzuges daher..." Einer der Eisenbahnkönige, James J. Hill, stellte fest, daß der Besitz und das Eigentum ganz natürlich „nach dem Gesetz des Überlebens des Tüchtigsten bestimmt werden". Natürlich stand Rockefeller seinen Komplizen Carnegie, Hill, Hearst und Morgan nicht nach. Als die Arbeiter wegen der unmenschlichen Ausbeutungsmethoden streikten, ließ der fromme

Sonntagsschulprediger Rockefeller auf die Streikenden schießen, ohne nach den Ursachen des Protestes gefragt zu haben. Immer wieder kreisten seine Gedanken und Reden um die „American Beauty-Rose", um Amerikas wunderschöne Rose, die „Standard Oil Company" heißt und auf deren Werbeplakaten die weiße Rose den tankenden Autofahrern entgegengestreckt wird. Rockefellers ewig wiederholte Version bei seinen Sonntagspredigten vor Kindern ist ebenso simpel wie brutal: „Die Rose ... kann in ihrem Glanz und ihrer Zartheit, die jedem Betrachter Freude bringen, nur gezüchtet werden, indem man die kleinen Knospen, die um sie herum wachsen, früh opfert. Und das ist auch keine schlechte Verfahrensweise im Geschäftsleben. Es ist nur die Verwirklichung eines Naturgesetzes, eines von Gott gewollten Gesetzes."

Die Konzentration und Intensivierung der kapitalistischen Produktion und Produktionsverhältnisse spiegelten sich in der Ideologie der Rockefellers, Carnegies und Morgans wider: Da galt Darwins Gesetz der natürlichen Auslese, das von Herbert Spencer absolut auf die menschliche Gesellschaft übertragen wurde. Spencers Evolutionstheorie, die als Reformismus angewendet werden konnte, und sein Utilitarismus, diese biegsame „Zweckmäßigkeitsphilosophie", waren den nordamerikanischen Universitäten willkommen, denn Rockefeller spendete Stipendien, Carnegie investierte beachtliche Summen für Bauunternehmen und Bibliotheken, so daß man auch hier von „vergoldeten Eingängen" sprechen kann. Und die Professoren lehrten gehörig, daß Armut die natürliche Situation für die Schwächeren, weniger Tüchtigen sei ... Daß die Armut der „Schwächeren" die „Vergoldung" erst möglich machte, kam den berufenen Ökonomen, Soziologen, Philosophen nicht in den Sinn. Die Theorien des „Rechts des Stärkeren" und der „Aufstiegsmöglichkeiten für jeden braven und fleißigen Schwächeren" glorifizierten den Sozialdarwinismus, wobei der Mensch als „soziales Tier" (nach Charles Darwin) den „Kampf ums Dasein" zu führen hat. Charles F. Adams bot 1869 einen aufschlußreichen Vergleich mit diesen „Tüchtigen", den Konzernherren: Die Gangster, die in der Landenge von Panama die ersten

Goldtransporte der Friscoer Bankiers raubten, waren gegenüber Rockefeller, Morgan, Hearst, Carnegie nur kümmerliche „Kinder in der Kunst des Diebstahls".

Um die Jahrhundertwende drang schließlich aus der „Alten Welt" noch die „Elitetheorie" eines Friedrich Nietzsche nach Nordamerika vor. Der „Aristokratismus" begrenzte nicht nur die Oligarchie auf den Villen-Höhen gegenüber den vermassten Proletariern in den Abgründen, sondern diente der Rechtfertigung ihrer Macht. „Eine Kriegserklärung der *höheren Menschen* an die Masse ist nötig!" hatte der „Dichterphilosoph" Nietzsche in seinem Machwerk „Der Wille zur Macht" gefordert.

Die Oligarchie konnte, ihrer Ideologie entsprechend, weder Moral noch Ethik akzeptieren. Wer das „Goldne Tor" von San Francisco oder die „Goldne Tür" von New York passiert hatte, unterlag dem kapitalistischen Wolfsgesetz. Und das lautete kurz und bündig:

„Friß oder werde gefressen!"

3.

San Francisco hatte sich nicht nur zu einem ökonomischen und politischen, sondern auch zu einem kulturellen Zentrum entwickelt.

New York bot einem Bret Harte keinen Erfolg. Da herrschte zu viel Gedränge und Konkurrenz zwischen Literaten und Intellektuellen. Frisco befand sich in einer stürmischen Entwicklung, so daß dort auch ein Schriftsteller seinen Ehrgeiz noch entfalten konnte. In den ersten Skizzen griff Bret Harte die verblühende, verdorrte spanische Tradition auf, er belebte Märchen- und Sagenstoffe und offerierte eine nostalgische Sehnsucht. Obwohl man durch das turbulente Gold- und Profitstreben am Schauplatz des American River wenig Sinn für solche Themen besaß, wurde man trotzdem auf diesen fabulierenden Buchdrucker und Journalisten aufmerksam. Man berief Bret Harte zum Herausgeber der

1868 gegründeten literarischen Zeitschrift „Overland Monthly", die als Gegenstück zur New-Yorker „Atlantic Monthly" dienen sollte. Der „western humor", eine saloppe, hemdsärmelige Fabulierweise, die man sich gewissermaßen am Biertisch vorstellen konnte, fand in der zweiten Nummer der „Overland Monthly" im August 1868 durch die Erzählung „The Luck of Roaring Camp", „Das Glück des Brüller-Lagers", den publizistischen Auftakt. Sie wurde begeistert von den Lesern aufgenommen. Das erfolgreiche Debüt mit dieser Erzählung aus der rauhen, aber herzhaften Fabelwelt der Goldsucher und Desperados, mit exotischen Arabesken verschönt, löste eine Nachfrage aus, die Bret Harte kaum bewältigen konnte. Die Idyllik von Poker Flat, Red Gulch, Sutters Creek, vorgetragen im Goldgräberjargon und scharf gewürzt mit amüsantem Humor, eroberte sich nunmehr auch die Leser des Ostens, weil in der nüchternen kommerziellen Welt der Wolkenkratzer die Exotik besonders intensiv wirkte. Man verpflichtete Bret Harte zum ständigen Mitarbeiter der „Atlantic Monthly". Vorher hatten die literarischen Würdenträger in Boston und New York den verwandten Friscoer Bret Harte eingeladen und feierlich empfangen. Literaten und Verlagsbosse schlossen ihn eindrucksvoll und fest in die Arme...

Als erfolgloser Silbergräber in Nevada war der Buchdrucker, Mississippi-Lotse und Geschichtenerzähler Samuel L. Clemens weitergetrampt nach San Francisco. Dieses berüchtigte „Sündenbabel" hatte seine Neugierde geweckt. Vielleicht fand er dort sein Glück? Er machte die Bekanntschaft mit Bret Harte, und am 18. November 1865 erschien seine Erzählung „Der berühmte Springfrosch von Calaveras" unter dem Pseudonym „Mark Twain". Dieser Glückssucher glich in seinem Metier dem Typ des Selfmademan der Rekonstruktionsperiode. Er hatte zwar keine Silberader mit der Spitzhacke freigelegt, aber mit seiner flotten und leichten Feder schuf er weitere „berühmte Springfrösche", die seinen Gold- und Silbertraum doch noch erfüllten. Obwohl Mark Twain öfter in seinen literarischen Werken soziale Auswüchse der kapitalistischen Ausbeutung und Korruptionsaffären kritisch darlegte, blieb er auch ein Kind dieser verteufelten Epoche, die ihn in Konflikte und Widersprüche stieß und für die er mit dem Romantitel „Das vergoldete Zeitalter" (1873) den treffenden Namen fand.

Joaquin Miller hatte schon als Elfjähriger den gefährlichen und beschwerlichen Marsch über den „Oregon Trail", den Präriepfad nach Kalifornien und Oregon, im Jahre 1852 mitgemacht und trieb sich dann unter Goldsuchern, Indianern, Banditen herum. Mit bürgerlichem Namen hieß er Cincinnatus Heine Miller. Seine ersten schmalen Gedichtsammlungen trugen die Titel „Joaquin et Al" (1869) und „Songs of the Sierra" (1871). Wie „Buffalo Bill", der durch seine „Wild-West-Schau" berühmt geworden war, trampte auch Joaquin Miller in die Welt hinein, kehrte 1890 nach Frisco zurück und errichtete sich eine „Poetenresidenz" hinter Oakland mit dem „Goldenen Tor" vor Augen. Dort empfing er als „Dichterpatriarch des Westens" reim- und liedermachende Globetrotter. In Verehrung Joaquin Murietas, der einen lokalen Krieg gegen die „Squatters" und „Yankees" geführt hatte, übernahm Miller dessen Vornamen. Und während dieser eigenwillige Schwärmer Joaquin Miller unter Tannen und zwischen drei Felsbrocken zum Gedenken für den Pionier Frémont, den Dichter Browning und den Propheten Moses hauste, tummelte sich unten im Arbeiterviertel von San Francisco und in Carmel der lärmende „Bohème-Club" junger Heißsporne. Der Lyriker George Sterling bildete die zentrale Figur. Diese Bohemiens haßten die Krämerwelt ihrer Väter, sie rebellierten durch vagabundische Lebensweise, schmiedeten Pläne für „sozialistische Kolonien" im Sinne der Utopisten Charles Fourier, Robert Owen und des „Miniaturkommunismus". Zwanglos lebten sie beieinander, teilten und tranken miteinander, ereiferten sich hektisch wegen der Ideen von Darwin, Haeckel, Spencer, Nietzsche, um sich wieder zu versöhnen im zügellosen Aufbegehren gegen die kapitalisierte, skrupellose Umwelt. Der „Boheme-Club" glich einer „Behausung für Faune", wie Upton Sinclair feststellte. Pamphlete, drastische Vagabunden- und Trinklieder entstanden in diesem Kreis. George Sterling, ein begabter Poet, verlotterte und verluderte in diesem „verfluchten Babylon", auch „Sündenbabel" genannt. Oder: Frisco. Dort verfiel George Sterling dem Laster Alkohol. Sein „Lied über Babylon" bezieht sich auf San Francisco. Der Alkohol war zu einer entsetzlichen Qual und Demütigung geworden:

„Sprich, warum hast du ihn verfehlt,
Den Mann, der ich nicht bin?"

Auf der Todesstraße des „Königs Alkohol" verendete der Desperado George Sterling 1926 durch Zyankali. Er war nur einer unter vielen...

Joaquin Murieta war durch Verse und Lieder zu einer legendären Gestalt unter den ehemaligen neuspanischen Ansiedlern geworden. Er galt als Rebell und als Rächer der Unterdrückten und ihres Landes Beraubten durch den „Yankee". Seine Gefährtin Teresa hatten die „Herren des Goldes" geschändet und ermordet. Und Joaquin Murieta, der sich mit seiner Rebellenschar zur Wehr gesetzt hatte, wurde 1853 gefangengenommen und von den Yankees als „Bandit" hingerichtet. Der chilenische Dichter Pablo Neruda hat ihm mit seinem Szenischen Oratorium „Glanz und Tod des Joaquin Murieta" ein Denkmal gesetzt:

„Als er auszog aus Valparaiso, um Gold zu suchen und den Tod zu finden, wußte er nicht, daß man seine Nationalität teilen, seine Persönlichkeit zerstückeln würde. Er wußte nicht, daß sein Andenken enthauptet werden würde... wider aller Gerechtigkeit."

Mit dem Leben und Sterben des Empörers Joaquin Murieta wurde der historische Kampfplatz am Fuße der Sierra Nevada als Gleichnis verdichtet und vergegenwärtigt. Hier lag der grausame Wendepunkt in der Geschichte Amerikas, der von Pablo Neruda im Poem „Canto General", dem „Großen Gesang", geschildert wird:

„VERKÜNDIGUNG DES GESETZES DES STÄRKEREN:

Sie gaben sich als Patrioten aus.// Und schließlich brachten sie im Kongreß/ das Oberste Gesetz ein, das vortreffliche,/ das respektierte, das unantastbare/ Gesetz des Stärkeren.//

Markttag im Chinesenviertel

Für den Reichen das üppige Mahl./ Den Kehricht für die Armen./
Das Geld für die Reichen./ Für die Armen die Arbeit./ Für den
Reichen das geräumige Haus./ Die Elendshütte für den Armen./

Das gesetzliche Privileg für den großen Dieb ..."

Es ist schon ein Unterschied, ob man von einem der sieben Hügel
Friscos die Bucht überblickt oder von einem der „Schlünde"
Ausschau zu halten versucht. Von den Villen aus reicht die Sicht

zweifellos über die Dächer der „Abgründe" hinweg bis zum „Goldnen Tor". Frank Norris war auf einer der Höhen aufgewachsen. Das Geschäft des Vaters, eines Juwelenhändlers, lag in der Market Street. Der Bildungsweg des Frank Norris war vielseitig: In Paris hatte er sich mit Malerei beschäftigt, Kunstgeschichte, Literaturwissenschaft studiert, bei Émile Zola verweilt; an der Berkeley-Universität vertauschte er den Pinsel mit der Feder, besuchte das Literaturseminar in Harvard, entdeckte Stevenson, verfaßte Essays und befand sich wieder auf der Villen-Höhe von Frisco. Unter den Dächern der Polk Street, wo sich die „middle-class", das Kleinbürgertum, zwischen Höhe und Tiefe angesiedelt hatte, fand Norris den Stoff für seinen Roman „McTeague", der in deutscher Übersetzung den Titel „Gier nach Gold" trägt. Mit dem Lotteriegewinn der Frau des armseligen Dentisten McTeague verändern sich die Charaktere. Die liebenswerte Trina wird krankhaft geizig, unausstehlich und hysterisch; der Ehemann wird raffgierig, triebhaft-brutal und verfällt der Trunksucht. Es erfolgt ein Abstieg im Sinne des Atavismus, ein biologistisch bestimmter Rückfall in das Animalische. Nachdem die wiedererweckte „Bestie Mensch" McTeague wegen seiner Gier nach Gold die geizige Trina ermordet hat, folgt ein stilwidriger Abschluß der Geschehnisse: Der Mörder entflieht in die Wüste von Death Valley, in das gespensterhafte „Tal des Todes". Dort wird er nach einer wilden Hetzjagd von seinem persönlichen Feind gestellt; und dort wird ein turbulenter Kampf ausgetragen, der mit einem schauderhaften Ende der beiden Rivalen ausklingt. Während der moralische Abstieg des Titelhelden vom schicksalsgeschlagenen Kleinbürger zum Sadisten und Mörder dem Naturalismus Zolas gleichkommt, wird mit der Flucht und mit dem Zweikampf um Leben und Tod eine Abenteuerromantik heraufbeschworen, wie sie in der Goldgräberära gebräuchlich war. Die Thematik mit ihrem zwielichtigen Milieu und den schicksalhaften Faktoren entsprach ganz und gar nicht dem verwöhnten, an den Salon gewöhnten, wohlerzogenen und stets sorgfältig gekleideten Bürgersohn Frank Norris. Die bis ins Detail geschilderte tierischtriebhafte Dämonie durch das Gold konnte nur eine Kompensation seiner empfindsamen Sanftmut sein, so wie auch die naturalistische Gestaltung fremder Umstände nur durch Zolas Vorbild diese phantastische und doch realistische Steigerung ins Außergewöhnliche, Schreckliche erringen konnte. Der Widerstreit zwischen Naturalismus und Romantik bot durch das eigenwillig-einzigartige Kolorit, diese grell-düstere Farbgebung, ein Spannungsfeld, das wahrscheinlich einmalig die mehrschichtigen Zwiespältigkeiten der Menschen und der Stadt hinter dem „Goldnen Tor" einzufangen verstanden hat.

Das nächste Projekt, das sich Frank Norris vornahm, war ihm durch die Ereignisse in unmittelbarer Nähe vom Stoff her gut vertraut. Dieses „Epos über den kalifornischen Weizen" sollte eine Roman-Trilogie werden, die aber wegen des frühen Todes von Frank Norris (1902) nicht mehr vollendet werden konnte. Schauplatz des ersten Bandes, „Der Octopus", sind die weiten Weizenfelder im San-Joaquin-Tal. Dort entbrannte der „Kampf zwischen Ranch und Eisenbahn", zwischen dem Eisenbahntrust und der Farmerliga, wobei „Octopus", das stampfende Ungeheuer aus Stahl und Dampf, in der Auseinandersetzung um die Frachtraten die Farmer besiegt und Tausende von Familien dem Elend ausliefert. Der soziale Darwinismus wird durch dramatisch zugespitzte tragische Schicksale im Gebiet zwischen San Francisco und dem San-Joaquin-Tal veranschaulicht. Es sind die verheerenden Auswirkungen fortschreitender Monopolisierung um die Jahrhundertwende.

Im zweiten Band, „The Pit", „Die Getreidebörse", verfolgen wir die Spekulationen an der Chicagoer Produktenbörse. Hier überlebt nur derjenige, der rücksichtslos manipuliert, der den kalifornischen Weizen in den Griff bekommt und dann als Magnat souverän das Geschäft beherrscht. Einerseits besitzt Frank Norris maßvolles Mitleid gegenüber den ruinierten, getöteten, in das Verbrechen und Unglück getriebenen Menschen im Joaquin-Tal, andererseits kann er sich der Sympathien gegenüber den Wirtschaftsbossen nicht erwehren. Letztlich liegt nach der Darstellung dieser Vorgänge die Schuld bei den Um- und Gegenständen, beim Weizen und der

Eisenbahn, bei der Nachfrage und dem Angebot. Mit diesem mechanischen Determinismus, mit dieser ausschließlichen Abhängigkeit von den gegebenen Umständen, hätte Frank Norris in einem dritten Band keine Lösung des Problems anbieten können. Unmißverständlich wetterleuchtet der von Norris beobachtete „strong man", der „starke Mann", der in der Gestalt des Eisenbahnmagnaten und des Börsianers zum Ausdruck kommt. Diese „starken Männer" entsprechen den nietzscheanischen „Übermenschen", die über den Unheil bringenden „Octopus" und den lebensvernichtenden Börsenhandel bedauernd die Schultern zucken: Es sind die Umstände, denen wir ausgeliefert sind... Und so rechtfertigen sich sowohl der Börsenjobber als auch der Magnat der Süd-Pazifik-Eisenbahn auf ihre Art:

„Der Weizen monopolisierte sich selbst. Ich befand mich zwischen zwei Gruppen von Umständen. Der Weizen monopolisierte mich, nicht ich den Weizen...", plaudert der ansonsten so zuvorkommende, biedere Herr Jadwinn daher. Und Herr Shelgrim: „Die Kräfte und nicht Menschen hatten sich in diesem Kampf ineinander verbissen... Dabei hat das stampfende Ungeheuer eine Spur von Blut und Trümmern hinterlassen."

In diesem Zusammenhang weiß Frank Norris nur folgenden Trost anzubieten: „Kurzlebig nur sind die Gier, die Grausamkeit, die Selbstsucht und die Unmenschlichkeit. Der Einzelmensch leidet, aber die Geschlechter gedeihen. (...) Vor dem weiteren Blick enthüllt sich dem Suchenden... die Wahrheit, und sie wird am Ende der Dinge siegen, und alles wird mit unüberwindlicher Kraft zusammenwirken für den ewigen Bestand des Guten."

Das „Gute" verkörpert nach Norris der Weizen; das „Schlechte" sieht er in der Eisenbahn. Wie diese beiden „Kräfte" zusammenwirken könnten, weiß der Bürger Frank Norris aus seiner Hügelsicht nicht zu sagen, weil seine soziale Position verhindert, zu den Ursachen, dem Grundwiderspruch des Kapitalismus, vorzustoßen.

Während Frank Norris anteilnehmend und doch ratlos dem zerstörerischen Wüten des „Octopus" zusah, setzten bereits Journalisten aus der „middle-class", der „Mittelklasse", dem Kleinbürgertum, zu kühnen Attacken gegen Korruptionspraktiken einzelner Monopolisten und Staatsbeamter an. Diese „Muckraker-Bewegung" begann wie ein Steinwurf in einen spiegelglatten See: Ring für Ring verbreiterte sich die Unruhe. Einer der ersten, der einen solchen Stein hineinschleuderte, war David Graham Phillips. Er hatte nach dem korrupten Senator von New York, Depew, gezielt und getroffen, so daß sich der Präsident Theodore Roosevelt bei einer Rede am 14. April 1906 im exklusiven Gridiron Club genötigt sah, diese Leute, die „frecher und frecher wurden", mit einer literarischen Gestalt aus Bunyans „Pilgrim's Progress", „Des Pilgers Wanderschaft", zu vergleichen. Dort stochert ein Mann mit einer Mistgabel im Dreck herum, ohne emporzuschauen nach der „Himmelskrone", die dort oben seiner wartete. Nach Roosevelt war dieser Mann ein „Muckraker", ein „Schmutzaufwühler", genauso wie dieser Phillips, Baker, Markham ... Diese „Muckrakers" stocherten seit 1902, und in den Jahren 1905/06 waren diese Attacken zu einer Bewegung geworden. Muckraker-Zeitschriften waren entstanden wie „McClure's Magazine", „Cosmopolitan", „Everybody"... Die Leser aus der Arbeiterklasse und den Mittelschichten verfolgten diese Skandale mit Behagen. Immer mehr talentierte Journalisten und Schriftsteller wagten mutig, gegen namhafte Monopole anzurennen: General Elektric Co., Standard Oil, Eisenbahnmonopole... Wirtschaftsverbrecher stellte man an den Pranger, um — gespickt mit handfesten Tatsachen — zu entlarven, anzuklagen: Andrew Carnegie, Morgan, Rockefeller ... Und diese Bosse konnten nicht zurückschlagen gegen D. G. Phillips, E. Markham, W. Churchill, Lincoln Steffens, weil sie die Wahrheit ausbreiteten in „Pearson's Magazine".

Diese heftigen Attacken bestanden aus sittlichen Entrüstungen und mündeten in erhoffte Reformen. Wahrscheinlich hatte Frank Norris den Anstoß gegeben. Was Norris nicht vollbrachte, erfüllten die Muckrakers: Sie suchten nach einem Ausweg. Einer, der über sie hinausragte, der den längsten Atem hatte und zur sozialen Empörung, zum Streik und zur Organisierung aufrief, war Upton Sinclair. Er paktierte in seinen Büchern mit den Sozialisten, ohne

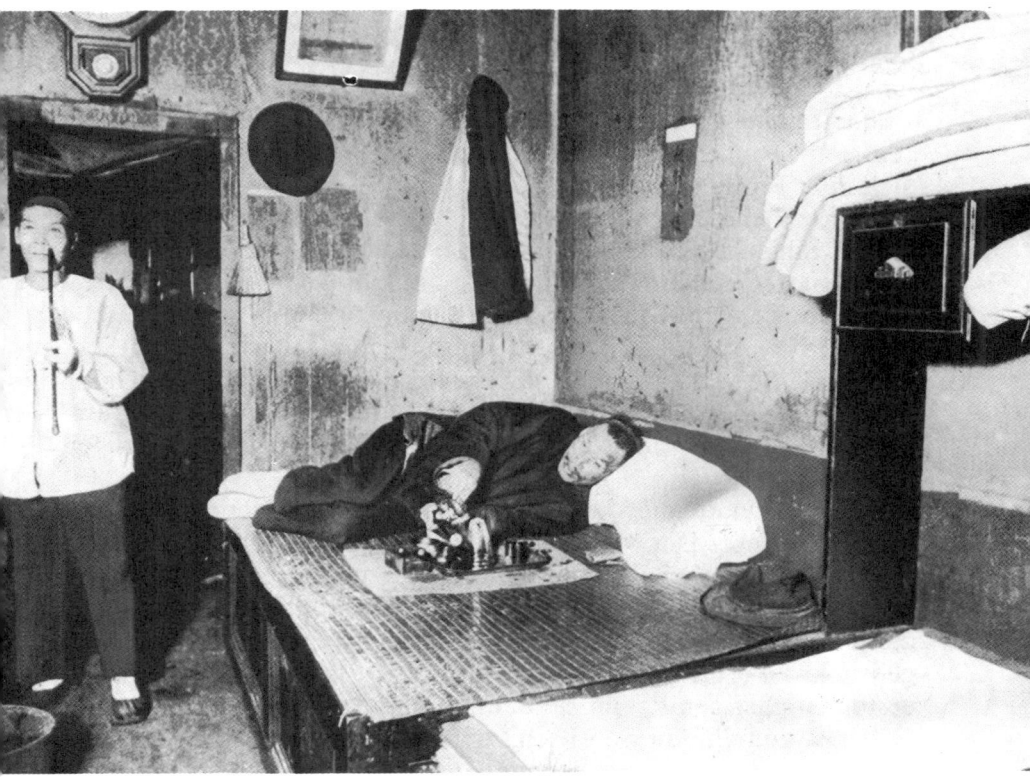

Opiumhöhle in Chinatown von San Francisco

selbst ein Mitglied der Sozialistischen Partei oder gar ein proletarischer Revolutionär zu sein. Upton Sinclair vertrat diese „middleclass", diese Mittelschichten, die trotz ihrer zwiespältig-widersprüchlichen Haltung in Krisen und Kampfzeiten für die Arbeiterbewegung Partei nahmen und deren Schritt beschleunigten.

Upton Sinclair war 1904 nach Chicago gekommen, um dort Informationen über die Schlachthofarbeiter für ein Buch zu sammeln. Er besuchte die Zusammenkünfte der Sozialistischen Partei und erlebte an einem der Abende einen „jungen Schriftsteller aus Kalifornien, der in den Slums von Whitechapel gewohnt und am Klondike Gold gesucht hatte. Das alles schilderte er in seinen Büchern, und weil er ein Genie war, zwang er die Welt, ihn anzuhören. Jetzt war er berühmt, doch wohin er auch kam, er bekannte sich zum Proletariat und dessen Partei." Upton Sinclair wurde an diesem Abend mit Jack London bekannt. Als der Muckraker Upton Sinclair sein Manuskript über die Chicagoer Schlachthöfe abgeschlossen hatte und keine Publikationsmöglichkeit fand, sorgte Jack London dafür, daß fortsetzungsweise die sozialistische Zeitschrift „Appeal to Reason" den „Dschungel" der Öffentlichkeit vorlegte. Jack London bezeichnete dieses Werk als „Onkel Toms Hütte der Lohnsklaverei". Die Buchausgabe „Der Dschungel", „The Jungle", im Februar 1906 wurde zu einer internationalen Sensation.

Der Autor hatte die Verarmung der kleinbürgerlichen Familie als Kind miterlebt. Der verzweifelte Vater endete als Trinker. Der Sohn war begierig im Lesen; und das Lesen spornte den Grübler frühzeitig an, Magazin-Geschichten, Skizzen und Artikel zu fabrizieren. Bald mußte er erfahren, daß es „schwerer ist, die Wahrheit gedruckt zu erhalten, als sie zu sagen". Deshalb verlegte er seine ersten Bücher selbst, um sie dann in den Straßen der Großstädte zu verkaufen. Für die Schriften Leo Tolstois hatte er sich begeistert und erstrebte ein „praktisches Christentum", weil auch Jesus, dieser Zimmermannssohn, „nach Gerechtigkeit dürstete und hungerte". Kurz darauf verfiel Upton Sinclair dem in Mode gekommenen „Übermenschentum" Friedrich Nietzsches, wandte sich nach schärfer gewordenen gesellschaftlichen Einsichten jedoch von dieser „kraftstrotzenden Überheblichkeit" wieder ab, weil zwei Dinge dem „Dichterphilosophen" fehlten: „Liebe und Menschlichkeit". Upton Sinclair neigte zur Romantik, so daß er sich schließlich für den „entfesselten Prometheus" Percy B. Shelley begeisterte. Shelleys revolutionäre Romantik hat diesen Muckraker Upton Sinclair zeitlebens begleitet. Wie dieser englische Dichter P. B. Shelley erstrebte auch Sinclair die Freiheit des einzelnen, die durch die unermüdliche Aufklärung des Künstlers geschaffen werde, um dann über die Solidarität zur „allgemeinen Befreiung des Menschen von Unterdrückung und Ausbeutung" zu gelangen. W. I. Lenin nannte Upton Sinclair 1915 einen „Gefühlssozialisten, ohne theoretische Bildung..., naiv in seinem Appell, obgleich dieser Appell im tiefsten Grunde richtig ist".

Upton Sinclair und Jack London waren seit dieser Begebenheit in Chicago Kampfgefährten der „Intercollegiate Socialist", des „Sozialistischen Bildungsverbandes", geworden. Als Sinclairs Freund Jack London wegen persönlicher Mißgeschicke und quälender Zweifel am 22. November 1916 zum Gift griff, war Upton Sinclair tief erschüttert. Er bekannte:

„Jack London ist der erste Schriftsteller des modernen Amerikas, der dem Proletariat entstammte und dessen literarische Laufbahn von seinem Klassenbewußtsein bestimmt wurde."

Und Upton Sinclair klagte im Namen des amerikanischen Proletariats an:

„Schmerzlich ist der Gedanke an all das, was Amerika diesem genialen Schriftsteller angetan hat."

Jack London, der erste Sohn des amerikanischen Proletariats, der das Schicksal der Arbeiterklasse in seiner Jugend erlebte und dieses später als talentierter Schriftsteller schilderte, war nicht frei von den Widersprüchen seiner Zeit, zumal er hinter dem Goldnen Tor von San Francisco aufwuchs: Bitterste Not und strotzender Reichtum, Demütigung und Triumphe, Liebe und Haß, Verachtung und Bewunderung lagen dicht beieinander. Jack London verachtete die Schwachen und Demütigen, aber er verband sich mit ihnen politisch und gab ihnen Lebensmut und Kraft. Er bewunderte die Starken und Herrschenden, und er haßte und bekämpfte sie gleichzeitig als Ausbeuter und Unterdrücker des werktätigen Volkes.

Im Gegensatz zu den unmittelbaren Vorgängern, die als bürgerlich-kleinbürgerliche Schriftsteller die kapitalistischen Auswüchse anprangerten und sich oft spontan auflehnten, wirkte Jack London, sobald er sich mit der Arbeiterpartei identifizierte, als proletarischer Revolutionär. Als ihn die „goldne Kette" des Zeitungsimperiums zum Einzelgänger wider Willen zwang und ihn behinderte, empörte er sich als Rebell. Mit letzter Anstrengung wollte er die Tyrannen des Monopolkapitals in die Knie zwingen. Schmerzlich verfolgen wir sein vergebliches Bemühen; und ebenso schmerzlich treffen uns die offenen und verborgenen Schicksalsschläge der Widersacher, denen es gelang, dieses Talent frühzeitig zu ruinieren. Und wir werden die Frage nach den Mächten stellen, die Jack London vernichteten und seitdem ignorieren. Diese Frage soll uns durch sein kurzes leidenschaftliches und wildes Leben begleiten. Und ich bin mir gewiß: Eine Antwort dürfte nicht nur die Ursachen des tragischen Weges von Jack London sichtbar werden lassen, sondern die wesentlichen Konflikte des weltweiten ideologischen Kampfes zwischen dem Sozialismus und dem Imperialismus müßten zu erkennen sein. Dabei gilt die optimistische Mahnung von Karl Marx, daß sie, „die Arbeiterklasse, lange Kämpfe, eine ganze Reihe geschichtlicher Prozesse durchzumachen hat, durch welche die Menschen wie die Umstände gänzlich umgewandelt werden".

II. Ein düsterer Morgen

So sitz' ich allein in der Dämmrung,
als sei's erst gestern geschehn.

Sean O'Casey

Das Neueste vom Tage!" rief ein zehnjähriger Zeitungs-junge in der Market Street und schwenkte die „San Fran-cisco Chronicle". Vom rechten Gehsteig jagte er wieder zum linken. Immerzu im Zickzack in der Richtung zur Bucht. Überall dort, wo Passanten zusammenstanden, witterte er sein Geschäft...

„Das Neueste vom Tage! Warum Misses Flora Chaney zweimal einen Selbstmord versuchte!" Der Verkauf blieb mäßig. Dann und wann winkte ein Passant, und der Junge wetzte hin zu seinem Geschäft. Es war sein Job am Freitagmorgen, dem 4. Juni 1875, in der Market Street von Frisco. Der Morgen begann düster, und es war viel zu kühl für diese Jahreszeit. Der Packen „Fris-Chros" unter dem linken Arm wog schwer. Dort schaute ein Mann zu ihm herüber. Er schien auf Frankie zu warten. Frankie schwenkte hinüber ...

„Wieviel?"

„Fünf Cents, Sir."

„Nein...", sagte der Alte schleppend, „wie viele Zeitungen?"

Frankie verstand nicht recht. Doch dann begriff er, zählte.

„Zweiunddreißig, Mister."

„Well", bestätigte der Alte und holte aus der Manteltasche zwei Dollar. Frankie staunte noch immer und überreichte den Packen „Fris-Chros".

Zwei Dollar! Müde winkte der Käufer ab. Der Zeitungsjunge eilte freudig davon.

Es war ein müder, gebeugter, bärtiger Mann gewesen, der die restlichen Exemplare der „San Francisco Chronicle" aufgekauft hatte. Langsam schlurfte er weiter, wobei er eine Zeitung nach der anderen unauffällig zusammenknüllte und in die Mülltonnen am Gehsteig stopfte. Und dabei schüttelte er den Kopf, als ob er mit sich selber spräche oder über irgend etwas nachgrüble, was er nicht verstehen konnte.

Alles Unsinn, dachte er. Es hat ja gar keinen Zweck. Fünfzigtausendmal „San Francisco Chronicle" vom 4. Juni 1875. Er war erledigt; er war ruiniert. Vorbei waren die Veranstaltungen an den Sonntagabenden in der Charter Oak Hall. Seine Gemeinde zerstob, und ein anderer würde seine Erfolge für sich ausnutzen. Und er wußte auch schon, wer dieser andere war. Dieser Schurke, dieser Scharlatan aus Mecklenburg...

Der einsame, geschlagene Mann in der Market Street war der William Henry Chaney, über den die heutige Presse den Stab gebrochen hatte. Er war dieser Mann der „Misses Chaney", die seinetwegen zweimal Selbstmord versuchte. Verdammt — alles Lüge! Er hatte Flora Wellman überhaupt nicht geheiratet. Acht Monate hatte er mit ihr Tür an Tür gewohnt. In der „Künstler-Pension", Mission Street 14.

„Professor W. H. Chaney, ein hartherziger, brutaler Unmensch!" So stand es in der „Fris-Chro" zu lesen. „C h a n e y" — sogar gesperrt gedruckt! Ein Glück, daß er gar nicht so hieß. Da blieb er wenigstens in seiner Heimat vor der Schande bewahrt. Als William H. O'Haney 1847 aus An Caphán in Irland nach Portland gekommen war, konnte er sich mit seinem Gälisch kaum verständlich machen. Der Registrierungsbeamte verlor die Geduld und schrieb statt „O'Haney" den Namen: Chaney. Jetzt und hier war er über diesen Irrtum zufrieden.

Im Cavan-Tal stank es damals von der Kartoffelpest genauso widerlich, wie hier in der Market Street die Mülltonnen der Reichen stanken. Der Gestank und der Hunger hatten damals die irischen Pächter zusammengetrieben. Die Alten siechten vor den Augen der Jungen dahin. Sie aßen nichts mehr, damit wenigstens die Kinder am Leben bleiben konnten. Der Gestank im Cavan-Tal war unerträglich geworden. Die Hitze im August 1846 ließ diesen aufsteigenden Dunst erzittern. Man konnte kaum atmen. Der pestige Gestank brannte in den Lungen. Manche erbrachen sich, obwohl sie den ganzen Tag nichts gegessen hatten. Und plötzlich standen die jungen Leute von An Caphán dicht beieinander. Eine Flasche Kartoffelschnaps hatte die Runde gemacht. Dann stürmten sie los und sprengten das Tor zum Gutshof von Earl Rutherfurt. William war einer der Rebellen gewesen. Der „Anführer" — so hieß es in der Zeitung von Drogheda, die nach diesem O'Haney fahndeten... Genug davon. Auch in der Heimat war es die Presse der Reichen gewesen. Und gerade deshalb würde man im Cavan-Tal mit Stolz seiner gedenken. Aber hier in Frisco war er erledigt ...

William H. Chaney war damals nach Chicago getrampt. Dort geriet er in eine spiritistische Runde. Im Halbdunkel bildete man eine Kette. Da gab es Klopfzeichen und Kratzgeräusche. Man stellte Horoskope. Die Astrologie war überall in Mode. Warum sollte sich Chaney weiterhin als Wanderarbeiter, Holzfäller und Zimmermann durchschlagen, wenn es so lohnende Geschäfte gab? Er beobachtete die Tricks und beherrschte sie schnell. Er versuchte zu hypnotisieren, und es gelang. Dann zog er 1853 los in Richtung Wisconsin. Reklamezettel ließ er in Madison drucken. Die City Hall war überfüllt. Chaney hatte sich in Schwarz kostümiert. Ein Medium fand sich. Chaney hypnotisierte. Das Experiment gelang. Das zweite ebenfalls. Das Publikum tobte.

Chaneys telepathische, spiritistische Genialität sprach sich herum. Nun stand auf den Werbezetteln „Professor W. H. Chaney". Die Säle waren krachend voll in Milwaukee, Duluth, St. Paul, Denver und Portland. Diese Stadt Portland lag gegenüber der gleichnamigen Stadt Portland, wo man ihn einst registrierte. Mit der Unsicherheit des O'Haney war es längst vorbei. Er war ein waschechter Amerikaner geworden. Er verstand es, eine effektvolle Reklame zu arrangieren, schlagkräftige Artikel zu schreiben, über Astrologie zu sprechen. Chaney verließ sich auf das Hypnotisieren. Das klappte immer. Und dann wagte er sich auch an Horoskope heran. Wer wollte sie überprüfen? So ein Horoskop brachte 20 bis 30 Dollar. Dann und wann ließ Chaney auch

Flora London, geb. Wellman,
Jack Londons Mutter
Prof. W. H. Chaney, Jack Londons Vater

DAMES & CO.

Broschüren über seine astrologischen Erfahrungen drucken, die bei den Veranstaltungen stets Käufer fanden.

Im Jahre 1874 traf der Wander-Astrologe Professor W. H. Chaney in San Francisco ein. Hier erlebte er den Gipfelpunkt seines Ruhmes. Seine Gemeinde vergrößerte sich von Sonntag zu Sonntag. Und dort in der Stadthalle lernte er Flora Wellman kennen. Sie wirkte etwas exaltiert, aber sie schien ungewöhnlich geschäftstüchtig zu sein. Sie imponierte ihm mit ihren Vorschlägen. Sie wollte bei den Veranstaltungen mithelfen. Warum nicht? Flora kassierte den Eintritt, und wenn Charter Oak Hall geschlossen wurde, half sie Chaney hinter der Bühne. Seit dem 11. Juni 1874 lebten Professor W. H. Chaney und Flora Wellman in derselben Pension. Sie galten als Mann und Frau. Die anderen Pensionsgäste sprachen Flora mit „Misses Chaney" an. Sie hörte es gern...

Aber der Professor Chaney hatte auch Konkurrenten und viele versteckte Feinde und Neider. Nicht wegen Flora. Sie war keine

Schönheit. Aber Chaneys Erfolg, sein Ruhm und insbesondere das Geschäft ... Das gefiel keineswegs dem Alphonso Caliostrano. Er beanspruchte die riesige Charter Oak Hall; er verfügte über Assistenten, er arbeitete mit Schwefel, mit Helium ... Der demonstrative „Selbstmordversuch von Misses Chaney" − der erste − kam ihm wie gerufen. Mit Hilfe eines Journalisten gelang es Alphonso Caliostrano, den lange gehegten Streich gegen den Konkurrenten zu verwirklichen ...

Die Familie der Wellmans stammte aus Wales. Um 1800 war sie nach Nordamerika eingewandert. In Ohio siedelte sich Marshall Wellman an und arbeitete am Kanalprojekt von den Cuyahoga Falls zum Erie-See mit. Sein Unternehmungsdrang und seine Vitalität wurden von der zentralen Leitung des Ohio-Kanals besonders geschätzt. Er fand durch seine Umsicht immer wieder Mittel und Wege, den Kanal durch das schwierige Gebiet der Cuyahoga Falls zu stechen und abzusichern. Etliche Erfindungen machte er nebenbei, die er sich patentieren ließ. So kam der „Wellmansche Feuerrost" in den Handel.

Seine Tochter Flora, geboren am 17. August 1843, besuchte das Mädchenpensionat in Massillon, lernte Klavier spielen und konversieren. Doch sie schien fast aggressiv eigenwillig zu sein; sie war oft gereizt und unzugänglich. Sicher rührte dieses Verhalten von einem Typhusanfall her, den sie als Vierzehnjährige erlitten hatte. Der Haarwuchs und das Augenlicht waren geschädigt. Sie neigte zur Nervosität, die sich bis zur Hysterie steigern konnte. Als ihr Vater versuchte, Flora für ein eigenes Erfinderbüro zu gewinnen, begehrte sie brüsk auf. Es kam zu einem Bruch mit dem Elternhaus. Sie verließ Massillon als knapp Fünfundzwanzigjährige und hat nie wieder mit ihren Angehörigen Verbindung aufgenommen. Wenn irgendwann und irgendwo das Gespräch ihren Vater berührte, schwieg sie verstockt. Ruhelos zog Miss Flora Wellman von Stadt zu Stadt, erteilte Klavierstunden bei begüterten Familien, pflegte Konversation mit Sprößlingen der Hautevolee, dieser „vornehmen Gesellschaft", die ihren Töchtern Bildung beizubringen bestrebt war. Längere Zeit hielt sich Flora in Seattle auf, wo sie im Hause des Majors Yesler dem Professor W. H. Chaney begegnet sein soll. Für den Spiritismus zeigte Flora Wellman damals bereits großes Interesse. Die Astrologie gehörte zu den Salongesprächen. Ab Juni 1874 konnte man Flora Wellman an den Sonntagabenden in der Stadthalle von San Francisco antreffen...

Am 4. Juni 1875, als William Henry Chaney verbittert und düster durch die Market Street schlurfte, um die „San Francisco Chronicle" aufzukaufen, befand sich Flora Wellman in der Wohnung des Dr. Ruthley und zitterte am ganzen Leib.

„So ein gemeiner, niederträchtiger Mensch!" stieß sie haßerfüllt hervor. „Verjagen wollte er mich! Auf die Straße setzen in diesem Zustand!"

Der Zustand von Flora Wellman bezog sich auf ihre Schwangerschaft im dritten Monat. Und Chaney war nicht gewillt, Flora zu heiraten. Er verlangte eine Verhinderung der Geburt.

„Bedenke doch", hatte Chaney zu Flora gesagt, „gerade jetzt, wo ich ..., wo wir solchen Erfolg haben, würde uns ein Kind nur stören."

Da begann Flora zu lamentieren; sie steigerte sich in heftigen Zorn und schimpfte drauflos. Doch Chaney schüttelte den Kopf: Er mache da nicht mit. Er sei für eine Familie nicht geeignet.

Als Flora drohte, sie werde überall erzählen, was für ein „hartherziger, egoistischer Mann" er sei, parierte Chaney in schärfster Weise:

„Wer", so fragte er langsam und bedächtig, um Flora auf die Folter zu spannen, „wer garantiert mir, daß es auch mein Kind ist?"

Flora tobte, rannte in das Nebenzimmer und nahm daraufhin eine Überdosis Opium. Doch damit konnte sie Professor Chaney nicht erweichen. Ihre ungewöhnliche Phantasie führte zu einem stärkeren Mittel, um ihren Willen durchsetzen zu können. Das war der Augenblick, den Alphonso Caliostrano so hinterhältig nutzte. Er gewann den Journalisten William Slocumb für den Plan. Slocumb brauche nur anwesend zu sein, er brauche nur ein wenig zu warten, denn jeder Bewohner der Pension habe die Auftritte der Flora mehr oder weniger mit anhören müssen. Und dann war Dr. Rutley gekommen, um Flora vor einer Morphinvergiftung zu retten. Nun befand sich Flora wieder auf den Beinen. Nervös lief sie in der Pension herum und wartete auf die Rückkehr des Professors Chaney. Und hinter der Tür warteten auch Caliostrano und der Journalist, der bald seinen Sensationsartikel haben würde ... Bald, so vertröstete der Konkurrent von Chaney.

Nun war es Mittagszeit. Die Pension belebte sich. Flora Wellman verließ das Haus. Chaney kehrte zur Tischzeit aus der Stadt zurück. Die Pensionsgäste saßen bereits im Speisezimmer. Da knallte ein Schuß. Ein markerschütternder Schrei folgte. Dann knallte es noch einmal. Das war im Hinterhof gewesen. Die Bewohner eilten zu den Fenstern; Caliostrano und Slocumb rannten in den Hof. Flora jagte gerade über den Hof, schrie und hielt einen rauchenden Colt in der Hand ... Alphonso Caliostrano und William Slocumb nahmen sich hilfsbereit der am Kopf blutenden verzweifelten Frau an und führten sie zu Dr. Rutley, dessen Praxis sich zwei Häuser weiter befand. Der Würfel war gefallen...

Professor Chaney schloß sich in seinem Zimmer ein, sortierte seine Aufzeichnungen, seine Schriften; dann rollte er die plakatgroßen Karten über Planeten-Konstellationen und Horoskopzeichnungen zusammen und verschnürte das Arbeitsmaterial. In einer besonderen Ledertasche verstaute er die „Rupaschen Medium-Karten" und die Hefte von Otero Acevedo, W. Crookes, E. Christmas-Dircking-Holmfeld und die Hypnose-Anleitungen von C. Marré. Er wußte, daß seine Zeit in Frisco zu Ende war. Er sah im Geiste den Alphonso Caliostrano vor sich, wie er wie ein Schmierenkomödiant lächelte und sich immerzu devot verbeugte...

Inzwischen untersuchte Dr. Rutley die Kopfverletzungen der passionierten „Selbstmörderin", dieser gepeinigten „Misses Chaney", und stellte fest, daß sie reichlich rote Tinte an der Schläfe verspritzt und daß sie sich eine geringfügige Brandwunde durch einen Coltschuß an der Stirn zugefügt hatte. Das genügte. William Slocumb war zu seiner Skandalgeschichte gekommen; Alphonso Caliostrano zog mit seinem Personal in die Stadthalle ein...

Die Spuren der beiden Ganoven Slocumb und Caliostrano konnten aufgedeckt werden: Slocumb war Besitzer des „San Francisco Bulletin" geworden. Zwei Jahre genoß Slocumb sein Glück. Dann schluckte das San-Franciscoer Zeitungsimperium W. R. Hearst dieses Provinzblatt. Dies geschah im Jahre 1901. Der Sensationsjournalist Slocumb rutschte tiefer und tiefer und verreckte in einer Opiumhöhle der Chinatown. Der Friscoer Notdienst scharrte ihn wie einen Hund ein...

Der Hellseher Alphonso Caliostrano irrte sich bei der Prophetie zur Wahl im Jahre 1903. Die Wahlmänner der siegreichen Partei machten reinen Tisch: Die republikanische Presse legte das Strafregister des Alphonso Caliostrano alias Freddy Kohlmeyer vor. Die Betrügereien und Unterschlagungen beim Schwiegervater, einem Viehhändler und Schnapsfabrikanten in Mecklenburg, bestätigten erneut die Prognose von Oskar Wilde: Frisco ist eine „entzückende

Stadt", denn jeder, der etwas „auf dem Kerbholz hatte" und verschwand, soll irgendwann und irgendwo in „San Francisco gesehen worden sein".

Der ehemalige Professor William Henry Chaney alias O'Haney starb als zerlumpter Vagabund auf seinem Trip zu den Niagarafällen. Für Horoskope war eine Flaute gekommen. Aus dem Friscoer Tumult blieb ein Kind zurück. Die Geburt wurde sechs Monate nach dem Skandal am 14. Januar 1876 in der „San Francisco Chronicle" angezeigt:

CHANEY — In dieser Stadt wurde am 12. Januar der Frau von W. H. Chaney ein Sohn geboren.

Dieser Sohn empfing den registrierten Geburtsnamen John Griffith Chaney.

Es war der spätere Jack London.

III. „Hunger, Hunger!
... nichts als Hunger!"

1.

Jack London trug nur acht Monate den Namen „Johnnie Griffith Chaney", denn dann heiratete seine Mutter Flora Wellman den Witwer John London, der Johnnie adoptierte.

Die Familie des John London stammte aus England. John wurde am 11. Januar 1828 in Pennsylvania geboren. Er besuchte die Landschule, übernahm als Neunzehnjähriger ein Baukommando bei der Pennsylvania-Erie-Bahn und heiratete die Tochter seines Vorgesetzten Cavett. Während des Sezessionskrieges 1861—1865 kämpfte John London für die Nordstaaten und übersiedelte dann mit seiner Familie nach Moscow in Iowa, wo er auf Kredit von der Regierung ein Stück Land erworben hatte. Damals war es üblich, daß man gelegentlich den Beruf wechselte. So arbeitete John London einige Zeit als Landwirt, dann als Zimmermann; und als man einen Sheriff benötigte, schenkte ihm die Bevölkerung ihr Vertrauen. Zu Beginn der siebziger Jahre starb seine Frau Ann. John London war tief erschüttert. Kurz darauf erkrankte sein einziger Sohn. John gab den Sheriffstern zurück, weil der Arzt das günstige kalifornische Klima empfohlen hatte. Der Sohn starb jedoch nach wenigen Wochen in San Francisco. Die beiden Töchter mußten vorerst in einem Waisenhaus untergebracht werden. John London irrte durch die Stadt. Der Spiritismus war noch immer in Mode. Für viele Leute war der Besuch solcher Veranstaltungen eine Art Ersatz des sonntäglichen Gottesdienstes. In der Charter Oak Hall lernte John Frau Flora kennen. Am 7. September 1876 unterzeichnete sie die Heiratsurkunde als Flora Chaney. John London fand eine Wohnung im Arbeiterviertel südlich der Market

Street und holte seine beiden Töchter aus dem Waisenhaus zurück. Flora London besaß aber weder Lust noch Geduld, ihren mütterlichen Pflichten den drei Kindern gegenüber nachzukommen. Die achtjährige Eliza übernahm hinfort die Betreuung ihrer jüngeren Schwester und ihres Stiefbruders Johnnie. Flora London hatte bereits kurz nach der Geburt ihres Sohnes eine Amme engagiert. Es war Jenny Prentiss, eine gutherzige, mütterlich besorgte Negerin, die dem kleinen Johnnie als „Mammy Jenny" ihre ganze Liebe schenkte. Die Mutter Flora wurde von einer steten Unrast getrieben. Sie wollte Geld verdienen, viel Geld, damit sie auf dem nördlichen Hügel leben konnte. Mit wahrer Besessenheit setzte sie die spiritistischen Sitzungen in der neuen Wohnung fort und betrieb mit Horoskopen ein regelrechtes Geschäft. Sie hatte dem Astrologen W. H. Chaney einiges abgeguckt. Schließlich fertigte sie auch graphologische Gutachten an.

John London fand eine Beschäftigung als Zimmermann und Maurer. Die wirtschaftliche Depression, die bereits Ende 1873 mit dem Bankrott des größten Bankhauses Jay Cook and Company begonnen hatte, verschärfte sich, so daß auch John London nur noch Gelegenheitsarbeiten verrichten konnte. Flora wurde ungeduldig. Ihre Nervosität steigerte sich. Immer weniger Kunden kamen ins Haus. Von zugkräftiger Reklame, wie sie einst von Professor W. H. Chaney gemacht wurde, verstand sie nichts.

In der Landwirtschaft boten sich Existenzmöglichkeiten. Man konnte ein Farmgebiet pachten und bewirtschaften. John London besaß Erfahrungen. Hinter Burlinggame konnte eine Farm erworben werden. John London griff zu, denn so, wie die Familie jetzt dahinvegetierte, konnte es nicht weitergehen. Die Farm bei Burlinggame entpuppte sich als sumpfiges Gelände. Hier war nichts zu machen. Ein Glück, daß John London handwerklich begabt war. Er mauerte, zimmerte, strich Wände, reparierte Fuhrwerke. Die Farmer in der Gegend zwischen San Mateo und Redwood City litten ebenfalls unter der allgemeinen Krise und konnten kaum oder nur wenig zahlen. Meist empfing John London Lebensmittel. Er mußte fast darum betteln. Und wieder trieb es die Familie zur Stadt.

Flora wollte es so, denn dort konnte sie vielleicht auf irgendeinem Wege Geld verdienen. Ihre Behausung lag diesmal im „Schlund", also tief drunten im Elendsviertel. Flora versuchte sich im Hausiererhandel. Sie konnte reden und verkaufen. Alle möglichen Patentartikel kamen auf den Markt, die man gegen Provision abzusetzen vermochte. John London suchte Gelegenheitsarbeiten als Kistenöffner auf dem Markt, als Lastenträger, als Fuhrknecht. Knapp zwei Jahre schlug sich die Familie in einer Bretterbude recht und schlecht durch.

Die Kindheitseindrücke des Jack sind noch nicht von dieser Unrast und Unsicherheit getrübt. Aus dieser Zeit des Elends blieben die Erinnerungen an das Hafenviertel: die engen Gassen der Chinatown, die düsteren, geheimnisvollen Winkel und Ecken, die lauten Kneipen und schließlich der weite Strand mit den ein- und ausfahrenden Seeschiffen und Segelbooten.

Vater John hatte auf der gegenüberliegenden Seite der Bucht ein leeres Farmhaus entdeckt, das preiswert zu mieten war. Deshalb eröffnete er im südlichen Teil von Oakland einen Obst- und Gemüseladen. Auf den benachbarten Farmen kaufte er die Ware mit einem Fuhrwerk ein. Seine Tochter Eliza und gelegentlich auch seine Frau Flora bedienten die Kunden. Das Geschäft begann sich zu lohnen, weil keine Konkurrenz in der Nähe vorhanden war. Den Laden konnte man noch ausbauen und den Verkauf erweitern. Doch Mutter Flora wollte gleich wieder hoch hinaus. Um das Unternehmen zu vergrößern, veranlaßte sie durch eine Annonce den Verkauf des halben Geschäftsanteils. Mit einem Kompagnon, der sich Stowell nannte, mietete sie auf der östlichen Höhe ein modernes Gebäude. Abgesehen von den hohen Unkosten, die Umzug und Umbau verursachten, entschwand nach kurzer Zeit der Geschäftspartner mit der Barschaft. Polizeiliche Fahndung blieb bei solchen Betrügereien meist erfolglos. Diese Pleiten waren damals an der Tagesordnung und galten unter den Kleinbürgern nicht als blamabel. Man wechselte den Wohnsitz. Zu holen war nichts, so daß die Gläubiger meist das Nachsehen hatten.

Nicht weit von Oakland lag Alameda. Dort konnte Land gepachtet werden. Diesmal setzte sich Vater John durch. Er pochte auf seine Erfahrungen als Farmer. Außerdem kannte er den Boden um Alameda. Er hatte in dieser Gegend mit dem Fuhrwerk Obst und Gemüse eingekauft. Diesmal ließ er sich nicht so leicht über das Ohr hauen. Es handelte sich um zwanzig Morgen Land. John London baute Obst und Gemüse für den Markt. Dies geschah im Jahre 1880. Gegenüber von Alameda, südlich von San Francisco gelegen, bot sich kurz darauf eine noch günstigere Gelegenheit: Ein Gehege von fünfundsiebzig Morgen war ungewöhnlich billig zu erwerben. John London begann mit Pferdezucht und pflanzte Kartoffeln. Die Gehöfte in diesem Distrikt lagen weit voneinander entfernt. Sie gehörten meist eingewanderten Italienern und Iren.

Der sechsjährige Johnnie fühlte sich in dieser einsamen Gegend gar nicht wohl. Es war die hungrigste Periode seines Lebens. In der Nähe lag die rauhe Küste von San Mateo. Spielgefährten gab es nicht. Mutter war mürrisch und gereizt. Sie ereiferte sich oft: „Was sollen wir eigentlich hier unter windigen Italienern und heruntergekommenen Iren? Wir entstammen einer alten amerikanischen Familie!" Ihr kleinbürgerlicher Geltungsdrang und ihr Ehrgeiz konnten in diesem Distrikt nicht befriedigt werden. „Nur noch eine einzige altamerikanische Familie gibt es hier weit und breit!" Dieser protzige Yankeestolz war typisch für die Mutter. Vater John hörte sich geduldig diese Ausbrüche an und schwieg. Er hatte ganz andere Sorgen: Die Farm mußte hochgebracht, Schulden und Pacht mußten bezahlt werden. Er sah die hohlwangigen Gesichter der Kinder und die großen, fragenden Augen von Eliza, die sich abrackerte. Flora war unberechenbar. Mit ihrem Wohlstandsspleen und ihrem Standesdünkel wirkte sie lächerlich und abstoßend. Immerzu hatte sie verrückte Einfälle. Und nun hatte sie in San Mateo tatsächlich wieder eine spiritistische Runde beisammen. In dem großen Raum im Erdgeschoß organisierte sie Sitzungen und stellte sie Horoskope. Bei diesem Geschäft war es ihr völlig gleich, ob die „Kunden" nun „windige Italiener", Spanier, Mexikaner oder „armselige Iren" waren. Hauptsache, sie brachten Dollar ins Haus...

Johnnies Schulbesuch verlief katastrophal. Vier bis fünf Klassen in einem Raum! Der Lehrer konnte einem leid tun. Er vermochte nicht einmal die verschiedenen Jahrgänge auseinanderzuhalten, geschweige denn einzelne Schüler zu unterscheiden. Ein Glück, daß Johnnie die Stiefschwester Eliza besaß: Als er den Schulranzen packte, konnte er bereits dank Eliza lesen und schreiben. Eliza hatte längst Wißbegier und Intelligenz des Bruders entdeckt und gefördert. Mutter Flora verwendete dagegen den sechs- und siebenjährigen Sohn als Medium für ihren spiritistischen Kreis. Das Kind überkam ein Grauen, wenn es dunkel wurde, wenn Mutter wie eine Fremde „Beschwörungen" mit sakraler Stimme herunterleierte und ihn ungereimte Sachen fragte, so daß er verblüfft und verwirrt stotterte. Die Leute ringsum glotzten starr und fiebrig, gewissermaßen weltentrückt. Man rief längst verstorbene Ahnen. Wenn sich ein Vorhang bewegte, wenn eine Tür knarrte, glaubte Johnnie in seiner fiebrigen Phantasie die beschworenen Geister zu hören und zu sehen. Die spiritistische Runde grinste ihn an mit Tierköpfen. Wie Ungeheuer, gespensterhaft und gefährlich. Sie verfolgten Johnnie bis in die Träume. Nervöse Reiz- und Angstzustände machten sich bemerkbar. Am hellen Tag erschreckten ihn Halluzinationen. Heulend entfloh Johnnie dann zur Schwester Eliza, die ihn wieder beruhigte.

Der Vater John hatte am Tag hart auf dem Feld gepflügt. Erschöpft sank er gegen Abend ins Bett. Zu dieser Stunde schien die Mutter Flora erst richtig munter zu werden. Gäste trafen ein. Das natürliche Dunkel der Nacht verwandelte sich in ein gespensterhaftes Flackern der Kerzen. Man flüsterte. Da und dort schien jemand vorbeizuhuschen. Und dann wurde das Kind Johnnie von einer Runde Fratzen angestarrt...

Hier in dieser Einsamkeit gab es am Tag nur selten Zusammenkünfte von mehreren Menschen. Und wenn es einmal geschah, so wurde der Junge auch dann durch sie verwirrt. Bei einem Hochzeitsfest der benachbarten Italiener schien die ganze Gegend zusammenzuströmen. Der siebenjährige Knabe Johnnie begegnete hier erstmalig diesem „Teufel Alkohol", der alle Gäste in frohe

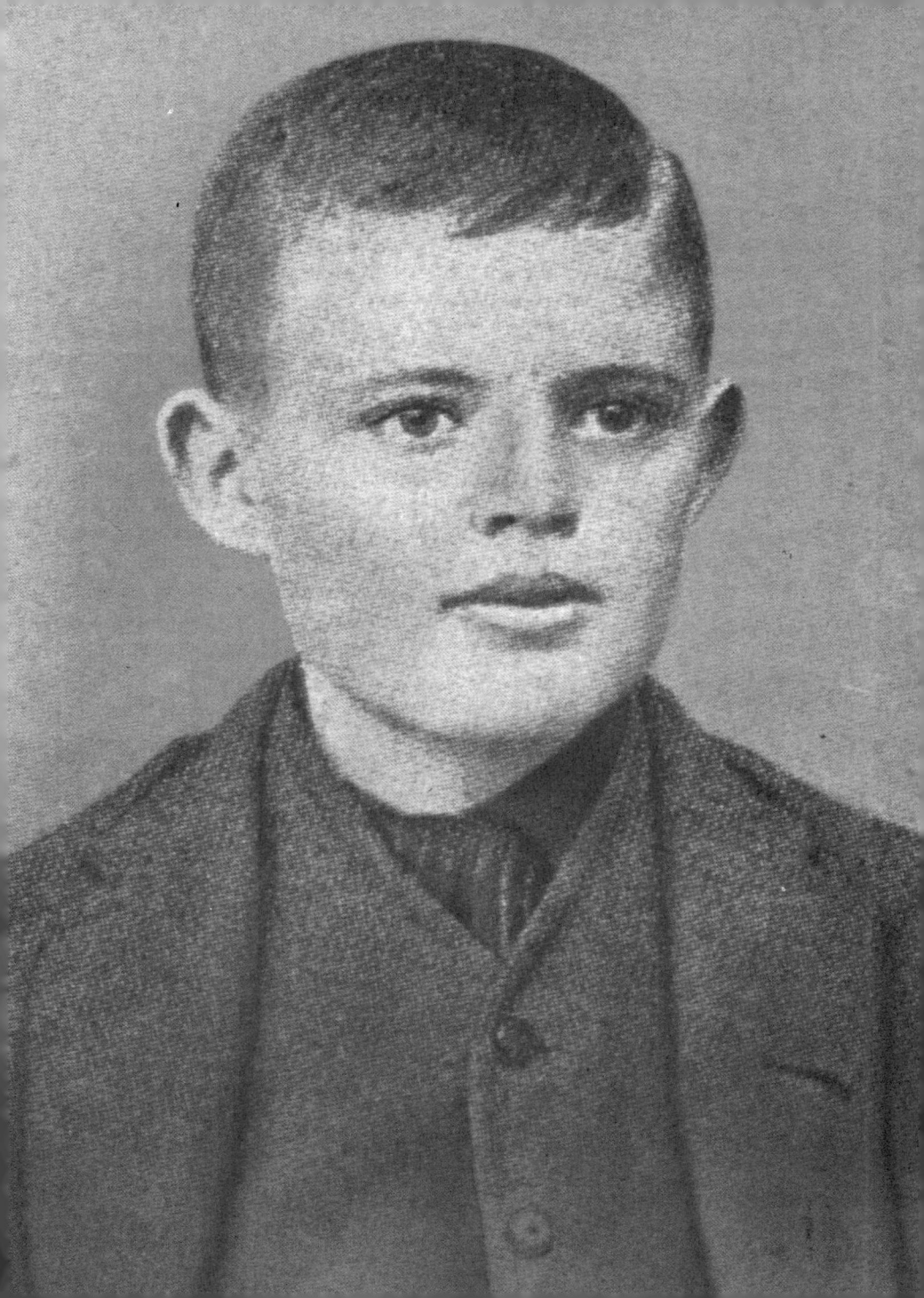

Stimmung versetzte, der sie erst beschwingte, um sie dann allesamt niederzuschlagen. Diese alkoholisierten Erwachsenen versetzten Johnnie in Schrecken, sie wirkten genauso unheimlich wie die Gespenster, die bei den Sitzungen der Mutter heraufbeschworen wurden. Erst dieses Lachen und Tanzen, dann diese stumpfen und glasigen Blicke, das unverständliche Lallen und Röcheln, bis die meisten zusammenknickten und niederfielen. Der „Teufel in der Flasche" hatte sie alle besiegt. Er triumphierte wie ein König.

Zwei Jahre vorher hatte Johnnie einmal den Schaum des Bieres geschlürft. Je mehr er Vaters Kanne schüttelte, um so lustiger stieg dieser weiße Schaum empor. Es war ein heißer Tag. Vater schritt hinter dem Gespann übers Feld. Der Durst und das lustige Spiel verlockten ihn. Dann begann die Welt ringsum zu schaukeln und zu schwanken. Übelkeit stieg in die Kehle, die Glieder wurden schwerer und schwerer und zogen ihn zu Boden. Den Brechreiz begleitete ein rhythmisches harfenartiges Zittern. Melodisch am Anfang, dann ein Flüstern und Zischen, das plötzlich abbrach. Das sich ausbreitende Gift stieß den Knaben in einen schwarzen Schlund. Als er mit Sonnenuntergang erwachte, fühlte er sich hundeelend. Johnnie war eine Woche krank; er war vergiftet gewesen...

Und nun dieses Hochzeitsfest: so laut, so wild. Die Töne der Harmonika empfand der Knabe wie etwas Göttliches. Alles war irgendwie wundervoll. Die Gäste bewegten sich, tanzten. Das Gesöff, das man herumreichte, mied Johnnie. Schon der Geruch stieß ihn ab. Und dann kam Pietro, ein Teufelskerl.

„Komm, trink, du Knirps!"

Pietro lachte und stellte ein Glas Wein vor Johnnie. Was sollte er tun? Durfte er ein Geschenk abschlagen? Johnnie griff zu. Und wieder ein Glas. Johnnie erschrak. Pietro besaß schwarze Augen. Mutter hatte ihm erzählt, daß man brünette, dunkeläugige Menschen nicht beleidigen dürfe. Sie würden sich sonst rächen. Blutig rächen! Eindringlich hatte Mutter wiederholt:

„Diese Leute mit den schwarzen Augen erdolchen einen hinterrücks!" Und Pietro sah ihn jetzt an mit solchen schrecklich

Heinolds Schenke „Erste und letzte Chance"

dunklen Augen! Johnnie überlief ein kalter Schauer. Pietro hatte das
dritte Glas eingeschenkt... Mit Todesverachtung griff der Knabe
das Glas und schüttete den Wein in sich hinein, als sei es das
Selbstverständlichste in der Welt... Pietro schien entzückt zu sein:
Er hatte ein Wunderkind entdeckt! Er rief Dominico herbei. Das

mußte sein Freund mit erleben. Dominico goß das Glas voll. Es war ganz einfach nicht zu fassen! Ohne mit der Wimper zu zucken, kippte dieser Knirps ein Glas nach dem anderen hinunter. Die jungen Burschen strömten zusammen, bildeten einen Kreis um Johnnie und staunten, applaudierten... Sie konnten ja nicht wissen, daß ihm das Messer des Schwarzäugigen im Rücken drohte.

Als ein schwerkrankes Kind erwachte Johnnie anderntags zu Hause im Bett. Furchtbare Delirien reihten sich aneinander. Visionen tanzten über das Bett und purzelten durch den Raum: Mörderfratzen und blinkende Messer sprangen ihn an; Gelächter erdröhnte. Ein Gnom hockte auf Johnnies Brust... Dann fühlte er sich wieder eingemauert in irgendein Tollhaus. Wieder diese Fratzen. Peitschen wurden geschwungen. Ein Schlag brannte... Jetzt spürte Johnnie den eisernen Ring um die Brust. Die Zwangsjacke. Sie wurde enger und enger geschnürt... Das Kind schrie.

„Er wird den Verstand verlieren!" hörte Johnnie plötzlich die Mutter rufen. Es kam aus weiter Ferne. Und dann sackte er wieder in das Dunkel...

Johnnie spürte die kühlende Hand Elizas auf der Stirn. Er sah Eliza, doch ihr Gesicht schien sich zu entfernen und entschwand. Man zog ihn mit Gewalt in eine Lasterhöhle der Chinatown. Ringsum schwarze Augen. Man wetzte blinkende Messer... Herz und Gehirn schienen zu zerbersten. „König Alkohol" spielte mit diesem Kind wie eine Katze mit einer gefangenen Maus: Er hatte Johnnie gelähmt, und nun prügelte er ihn langsam tot. Dies geschah in rhythmischem Schmerz: tot, tot, tot... Ein starkes Jungenherz widersetzte sich dem Gift. Der „Totschläger" hatte nicht mit der kräftigen Natur dieses Jungen gerechnet. Sie vereitelte ihm diesmal den Triumph. Langsam entwich das Gift dem Körper...

Obwohl Johnnie längst wieder herumlaufen durfte und konnte, war er zeitweise noch verwirrt. Vor den Augen flimmerte es; Schwindel überkam ihn; Brechreiz stieg hoch... Eine physische Abneigung gegen Alkohol blieb zurück. Es ekelte ihn, wenn er das Gesöff nur roch. Doch dies war nur die eine Seite der Medaille. Die andere betraf das „Wunderkind": Wohin er auch geriet, man bestaunte ihn, man lobte seine außergewöhnliche „Trinkfestig-keit", man klopfte ihm wohlwollend auf die Schulter, weil er zum Hochzeitsfest wahre „Heldentaten" vollbracht hatte. Wieviel Gläser hatte er geschafft? Acht, neun, zehn...? Donnerwetter! Man zollte ihm Respekt wie einem Erwachsenen. Man schmei-chelte ihm, man rühmte ihn. Warum sollte man ihm Vorwürfe machen? Alle tranken..., alle wollten einmal lustig sein; alle lieb-ten Frohsinn, Lachen, Tanzen. Und diese Stimmungen konnten wahrscheinlich nur durch diesen „Teufel in der Flasche" hervor-gerufen werden.

2.

Trinken war das Zeichen der Männlichkeit. So schlußfolgert Jack London in seinem Buch „König Alkohol". Die Zurückhaltung wurde einfach weggewischt, die Bescheidenheit schmolz dahin, ein „zweites Ich" schien plötzlich zu reden... Man war berauscht, fühlte sich wie *ein junger Gott,* man war *unglaublich weise,* man empfand sich herrlich genial... Aber — man zahlte nach eisernen Regeln: für jede Höhe mit der Tiefe, für jeden Triumph mit einer Erschöpfung. Auf die Dauer waren es Schläge gegen das Leben. Was nutzte dabei eine „eiserne Natur" und ein Magen, *der altes Eisen verdauen konnte?*

Vielleicht hatte Mutter Flora die Gefahren für Johnnie begriffen; vielleicht befriedigte sie auch nur ihre kleinbürgerliche Raffsucht. Horoskope und „Geheimwissenschaften" lohnten sich nicht in dieser gottverlassenen Umgebung von San Mateo. Flora verfiel auf Spekulationen mit Aktien, Lotterie-Einsätzen, Grundstücken zum Bau von Landhäusern. Die Einnahmen der Farm wollte sie durch Gewinne, Zinsen und Maklergebühren vergrößern. Nach einigen Erfolgen begann das schwer erarbeitete Ergebnis von drei Jahren Landwirtschaft wieder zu zerrinnen... Vater John fraß Ärger und Sorgen in sich hinein. Sie mußten das Anwesen aufgeben; sie mußten verschwinden und die Spur vor den Gläubigern verwischen. John London fand eine verwahrloste Ranch im Livermore-Tal hinter Oakland. Er lieh sich etwas Geld und pachtete den Landstreifen. Das Farmhaus glich einer brüchigen Bude, die Vater John wieder herrichtete. Dann legte er Wein- und Obstgärten an, setzte Kartoffeln und zog Gemüse. Nur langsam gedieh das Unternehmen. Im Livermore-Tal lag der tiefste Punkt der Not und des Hungers. *Nur wer gehungert hat, weiß, was Essen wert ist...* Acht Jahre zählte Johnnie. Mutter erwarb sein erstes Hemd im Ausverkauf. Er weigerte sich hartnäckig, einen Rock darüber anzuziehen. Alle Leute sollten sein Hemd sehen! Mutters kleinbürgerliche Arroganz gegenüber den ganz Armen trieb kuriose Blüten... Flora wollte stets hoch hinaus. Doch Vater John schien müde und stumpf geworden. Wieder kam Mutter Flora mit kühnen Plänen: Sie wollte eine Hühnerfarm anlegen. Die Eier konnten auf dem Oaklander Markt rasch verkauft werden. Der Umbau erforderte eine weitere Hypothek. Als sich das Unternehmen in der Tat zu rentieren begann, raffte eine Epidemie die Hühner hinweg. Die Zinsen konnten nicht beglichen werden, die Hypothek verfiel, Haus und Farm wurden gepfändet. Auf einem Fuhrwerk mit zwei Pferden befand sich der gesamte Besitz der Familie London. Sie verließen das Land und verzogen sich nach Oakland. Bei diesem Umzug fehlte Eliza. Mutter Flora hatte im Farmhaus zwei Räume an den Witwer James H. Shepard und dessen drei Kinder vermietet. Noch kurz vor dem Bankrott verließ Eliza die Familie: Als Sechzehnjährige heiratete sie den dreißig Jahre älteren Kapitän Shepard. Johnnie weinte bitterlich. Auf Schritt und Tritt würde ihm die Schwester Eliza fehlen...

Mißerfolge, Drangsale, seelische Erschütterungen, Not und Elend lagen auf dem bisherigen Weg der Familie London. Mühselig verdeckte Mutter Flora die Armut. Jack London schrieb später in seinem Essay „*Revolution*" über die Zeit seiner Kindheit: *Meine Umgebung war ungebildet, roh, hart. (...) Mein Platz in der Gesellschaft war tief unten, wo nichts als Schmutz und Elend war, wo Körper und Geist ausgehungert und zerquält wurden.* Zynisch bemerkte er, daß er „auf der falschen Seite" der Market Street geboren sei. Südlich lagen die Fabriken, Kesselhäuser, Bretterbuden und Wohnlöcher der arbeitenden Klasse. Je weiter man in dieser Richtung sich bewegte, je tiefer lag das Gelände und wurde schließlich sumpfig. Mutter Flora strebte ständig nach der anderen Richtung. Ihre Bemühungen waren nur von kurzer Dauer. Hartnäckig und zäh hielt sich eine Depression seit dem Jahre 1873. Immer tiefer fiel die Familie ins Elend zurück. Jack London schrieb später: *„Ich war ein armes Kind gewesen. Arm hatte ich gelebt. (...) Meine ersten Lebenseindrücke waren von der Armut geprägt. Das Gepräge der Armut war chronisch...*

Oft stoßen wir bei Jack Londons Rückerinnerungen auf Satzfetzen in Schriften und Briefen, die von einem verzweifelten Kind zu kommen scheinen: *Hunger, Hunger!... nichts als Hunger!*

Einer Schulkameradin stahl er das Frühstücksbrot.

Jack Londons Kindheit war mit zehn Jahren beendet. Es war alles in allem eine kümmerliche Kindheit unter Kleinbürgern, die nicht mehr auf die Beine kommen sollten. Sie waren zu tief drunten im „Schlund". Sie mußten sich verkriechen im Elendsviertel von Oakland, denn es lauerten die Gläubiger...

3.

Das Domizil in Oakland war kläglich. Hinterhof, Gestank, Gelärm. Keifende Marktweiber, betrunkene Männer, bettelnde Vagabunden, Spitzbuben... Das Leben schritt weiter: Miete mußte gezahlt werden, die Familie wollte essen. Vater John befand sich auf Arbeitssuche. Mutter Flora war ebenfalls unterwegs. Johnnie entfloh zu „Mammy Jenny". Sie hatte immer etwas für Johnnie bereit. Der Junge sah abgehetzt aus. Seine Kleidung war heruntergerissen. Auch hier half die Negerin Jenny Prentiss, die ehemalige Amme...

Es blieb gar nichts anderes übrig: Johnnie mußte mitverdienen. Für Kinder gab es noch Arbeit. Sie waren billig. Und Zeitungsjungen gehörten zum Stadtbild.

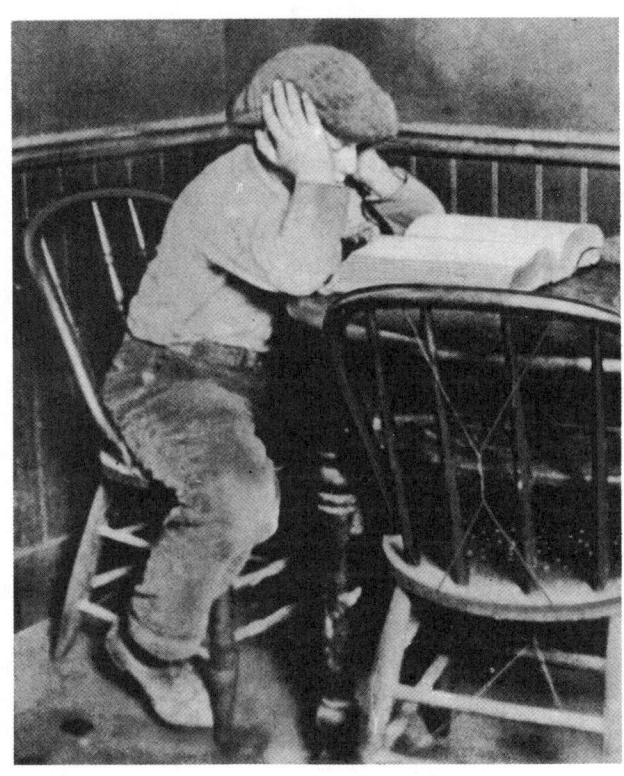

Zeitungsjunge
in Heinolds Schenke

Vater kehrte zurück und wirkte gelöst. Auf dem Güterbahnhof
hatte er eine Beschäftigung gefunden. Vater nahm den Jungen auf
den Schoß und strich ihm über den Kopf. Dies geschah immer,
wenn — wie Vater es ausdrückte — „ein neuer Stützpunkt" gefun-
den worden war. Im Verlauf der letzten Jahre waren sich Vater und
Sohn nähergekommen. Vater hatte stets geschuftet und nur wenig
Zeit für Johnnie. Doch dann und wann gab es glückliche Stunden:
Beide saßen auf dem Kutschbock. Gleichmäßig trabten die
Pferde. Auch sie schienen froh zu sein. Das Fuhrwerk war leer. Die
Kartoffeln waren verkauft. Vater hatte gleich das Geld erhalten.

Dann kam die Gastwirtschaft. Die Pferde erhielten ihren Hafer; Vater trank seinen Krug Bier; Johnnie bekam seine Bonbons. Manchmal leisteten sie sich auch ein Mahl. Wie lustige Kameraden bestiegen sie dann wieder das Fuhrwerk. Johnnie hielt die Zügel und spornte die Pferde zum Galopp an. Wie ein Sturmwind sausten sie durch die Gegend. Dann verschnauften die Pferde in der Nähe der Steilküste von San Mateo. Vater nahm plötzlich den Jungen in die Arme und drückte ihn. In diesen Augenblicken schaute Vater traurig. Es schmerzte ihn bitterlich, daß er diesem aufgeweckten Knaben so wenig bieten konnte. Die Liebe zur Landwirtschaft hatte er bei dem Kind geweckt. Aber niemals besaß Vater John sein eigenes Stück Land.

„Land ist ewig", pflegte er zu sagen. „Alles andere ist vergänglich. Der Dollar wandert von Hand zu Hand und greift sich ab. Aber das Land ist von Bestand..."

Und jetzt geschah es wieder. Er drückte den Sohn fest an sich. Sie besaßen kein Land. Die Umgebung war stickig. Vater schaute traurig. Wie alt er geworden war! Johnnie spürte Vaters Herzschlag...

Johnnie liebte und verehrte den Vater. In den autobiographischen Schriften des Jack London nimmt der Stiefvater John London stets die Stelle des leiblichen Vaters ein. Er tritt uns entgegen als stiller, bescheidener, arbeitsamer Mensch, den die Schicksalsschläge mürbe gemacht hatten. In den Tagen der Unrast und des Ärgers im Oaklander Domizil hörte Johnnie einen Streit zwischen Mutter und Vater. Der zehnjährige Junge mußte erfahren, daß sein Vater ein „Herumtreiber" und „Strolch" gewesen sei. So heftig diese unfreiwillige „Eröffnung" den Knaben auch traf, sie änderte nichts an der Liebe und am Vertrauen zwischen Vater John und seinem Sohn.

Als Johnnie die Gegend durchstreifte und hinunter zum „Tummelplatz" im Hafengelände wollte, entdeckte er die Volksbücherei von Oakland. Schüchtern trat er ein und bestaunte diese Masse von Büchern auf den Regalen. Bisher waren ihm nur vier Bücher in die Hände gekommen. Die Zufallslektüre bestand aus:

„Das Leben Garfields", Irvings „Alhambra", die afrikanischen Reiseberichte des Paul du Chaillus und schließlich Ouidas „Signa", ein Roman, der ihn besonders beeindruckte, obwohl die letzten vierzig Seiten fehlten. Ouida schildert die Geschichte eines armen Jungen, der mit Fleiß und Ausdauer ein berühmter Komponist wird. Diese romantische Lebensgeschichte beflügelte Johnnies Phantasie. Er hat sich später immer wieder daran erinnert: Warum sollte nicht auch er irgendwann einmal berühmt werden?

Und nun diese vielen Bücher hier in den Regalen! Sie warteten nur darauf, ausgeliehen zu werden. Wahllos griff er nach einem dieser Bände. Er las. Vergessen war die Mole, vergessen waren die häßlichen Tage des Umzugs. Den Sachkatalog begriff Johnnie im Handumdrehen. Dann die Schlagwörter. Er verweilte bei „Abenteuer". Dort standen unendlich viele Namen. Auf dem Bestellzettel notierte er auf gut Glück: „Smollett, Tobias George". Man überreichte ihm gleich einige Bände. Er eilte nach Hause...

Die Bibliothekarin Ina Coolbrith war auf diesen jungen Leser aufmerksam geworden. Sie verwickelte ihn in ein Gespräch und merkte, wie wißbegierig und intelligent dieser Knabe war. Hinfort lenkte Ina Coolbrith unaufdringlich den Bildungsprozeß des so eifrigen, aber äußerst schüchternen Johnnie London. Neben den Abenteuer- und Seefahrergeschichten folgten Berichte über Forschungsreisen und Entdeckungen. Es gab Fragen und kurze Gespräche zur Länderkunde und zu historischen Ereignissen. Ina Coolbrith war verblüfft über die Beziehungen und Vergleiche, die dieser Junge herstellte. Und wie eifrig, wie schnell er las! Dieser ungestüme Wissensdrang versetzte die Bibliothekarin in Staunen. Die kluge, hilfsbereite Ina konnte nicht wissen, wie sie von Johnnie verehrt und geliebt wurde. Sie wußte ihm eine Menge zur Geschichte Kaliforniens und insbesondere zu den Ereignissen in der Bucht von San Francisco und im „Sonoma-Land" zu erzählen. So wie Vater John die Liebe zum Land und zur Landwirtschaft bei seinem Sohn weckte, so verstand es die Bibliothekarin, nicht nur die Leidenschaft für die künstlerische Literatur zu entwickeln, sondern ihm auch Kenntnisse über Land und Leute zu vermitteln,

die später als Stoffgrundlage für den Roman „Das Mondtal"
dienten.

Vier Monate später stockten die Besuche der Oaklander Volksbibliothek. Und wenn Johnnie einmal hastig hereingestürmt kam,
hatte er oft einen Packen Zeitungen unter den Arm geklemmt. Er
mußte jetzt regelmäßig früh und abends Zeitungen verkaufen; er
mußte zum Unterhalt der Familie beisteuern. Vater war auf dem
Güterbahnhof schwer verunglückt und lag nun zu Bett. Bereits zur
Nachtzeit, so gegen drei Uhr, wurde Johnnie wachgerüttelt, damit
er seinen Packen Zeitungen bei der Druckerei abhole und die
Morgenausgabe pünktlich auf der ihm zugeteilten Strecke abliefere.
Dann zwängte er sich für einige Stunden in die Schulbank. Nach
dem Unterricht empfing er die Abendausgabe, die frei verkäuflich
war. Bei diesen Touren drängte es den Elfjährigen in das Hafenviertel. Den Raufhandel mit den Konkurrenten nahm er in Kauf.
Er streifte die Kais entlang, bewunderte die Jachten der Reichen,
verfolgte neugierig die seemännischen Handgriffe und bot seine
Dienste an. Von der Mole aus blickte er in das Goldne Tor von
San Francisco. In seiner Phantasie zog er dann mit manchem Schiff
hinaus aufs Meer. Durch seine Lektüre fehlte es nicht an exotischen Schauplätzen hinter dem Horizont...

Mit dreizehn Jahren hatte er sich einige Dollars zusammenge-
spart, um eine alte Schwertjolle zu erwerben. Er brachte das Boot
wieder in Ordnung und setzte Segel. Es schoß hinaus in die Bucht.
Stolz erfüllte ihn. Er sang gegen den Sturmwind. Er fühlte sich als
Seemann und nannte sich hinfort „Jack". Als das Klassenverzeich-
nis der nächsten Stufe aufgestellt wurde, bestand er hartnäckig
darauf, mit dem Namen „Jack London" eingeschrieben zu werden.

Nicht jedes Unterrichtsfach bereitete ihm Freude. Aufsätze
schreiben, das machte Spaß! Geschichte und Geographie konnten
ihn begeistern. Schlecht stand es mit dem Gesangsunterricht. Jack
fühlte sich „unmusikalisch". Der Musiklehrer schickte Jack zum
Rektor Garlick. Dem Rektor war dieser kluge, aufgeweckte und
frische Bursche schon lange aufgefallen. Nun gut! Er sollte vom
Singen befreit werden. Aber um diese Zeit zu nutzen, sollte er

jeweils einen Aufsatz schreiben. Herr Garlick hatte das rechte Gespür: Die Aufsätze wurden im Lehrerzimmer herumgereicht. Dieser Knabe schien Talent zu haben. Und Phantasie. Er schilderte Ereignisse aus vergangenen Tagen Friscos. Der Einfluß der Bibliothekarin Ina Coolbrith machte sich bemerkbar ...

Das letzte Schuljahr. Die Entlassungsfeier wurde vorbereitet. Jack als Chronist der Klasse sollte die Schülerrede halten. Doch er weigerte sich. Er verfaßte zwar die Rede, aber auftreten würde er auf keinen Fall. Er lehnte ab ohne Begründung. Er schämte sich seines Anzugs, denn der war schäbig und alt. Er hatte nur diese Kleidung, die er wochentags, sonntags und an Feiertagen trug. Und von der Arbeit her gab es Flicken und abgewetzte Knie. Jack verkaufte nicht nur Zeitungen. Er wusch Kneipen aus, putzte Fenster, stellte zum Wochenende Kegel auf, half Straßenhändlern beim Verkauf, erledigte Botengänge ...

Jeden Cent lieferte ich zu Hause ab, und in der Schule schämte ich mich immer der Mützen, Schuhe und Anzüge, die ich trug. Zur Entlassungsfeier fehlte Jack. Mit seiner Schwertjolle durchschnitt er die Bucht von San Francisco. Er steuerte zum Liegeplatz der Walfänger. Dort schaukelten auch die Schaluppen der Opiumschmuggler und aller möglichen Piraten. Jack brauchte keinen „guten Anzug". Was er benötigte, wußte er genau: Lederjacke, Südwester, Seestiefel, Ölzeug. Aber all dies kostete Geld, viel Geld.

Mutters Geschäftssinn rettete die Familie wieder einmal vor dem Ruin. Baumwolle stand hoch im Kurs. Die Spinnerei in Oakland erweiterte sich um etliche Hallen. Weibliche Arbeitskräfte kamen aus Europa. Sie benötigten Unterkunft und Verpflegung. Mutter Flora eröffnete eine Pension für zwanzig schottische Mädchen. Der Betrieb hatte sich gerade eingespielt und begann zu florieren, als Mutter schon wieder den voreiligen zweiten Schritt tat: Sie wollte die Pension vergrößern. Das nahe gelegene Grundstück verlockte sie, eine zweite Pension anzugliedern. Eine weitere Gruppe schottischer Arbeiterinnen konnte einziehen. Als aber die Hypothekensumme am Fälligkeitstag nicht vorlag, brach das gesamte Unternehmen wieder zusammen ...

Vater John war inzwischen genesen. Er fand einen Posten als Nachtwächter auf der Fähre zwischen Oakland und San Francisco. Aber der geringe Lohn reichte nicht einmal für ihn selbst. Sein Sohn Jack hatte nunmehr die Schule beendet. Es war an der Zeit, eine regelmäßige und feste Arbeit anzutreten. Vierzehnjährig begann er als Hilfsarbeiter in der Konservenfabrik im Westen Oaklands. Dort mußte er mindestens zehn Stunden am Tage gegen einen Stundenlohn von zehn Cent schuften. Oft stand er achtzehn bis zwanzig Stunden an der Maschine. Die Luft in der Fabrikhalle war stickig; das monotone Hämmern und Rattern der Maschinen machte stumpf und müde; dazu hatte Jack ununterbrochen dieselbe mechanische Bewegung zu wiederholen. Für den Schlaf blieben ihm durchschnittlich fünf Stunden. Mutter hatte ihre Not, Jack wachzurütteln. Er war erschöpft und mürrisch. Zorn stieg in ihm hoch: Für die Bücher blieb ihm kein Augenblick...

Jack Londons Jugend hatte begonnen. Es war die Jugend eines amerikanischen Proletariers.

Ganz selten blieb Jack einmal ein Sonntag, um sich auszuschlafen oder um mit seiner Jolle ein Stück durch die Bucht zu segeln. Bei diesen Ausflügen begegnete er waghalsigen Burschen, die sich in seinem Alter befanden. Die meisten von ihnen trugen Lederjakken, Südwester, Seestiefel. Sie trieben sich ungebunden und frei herum und lebten von allen möglichen undurchsichtigen Geschäften. Manche betätigten sich als Fischer, Austernräuber, Schmuggler oder auch als ganz gewöhnliche Spitzbuben. Eine dieser Schaluppen mit dem Namen „Razzle Dazzle" stand zum Verkauf. Der Besitzer, Franzosen-Frank genannt, war mit einer kleinen Anzahlung einverstanden. Mammy Jenny lieh Jack zwanzig Dollar. Nun galt es, hart zu schuften, Überstunden zu machen, damit das Geschäft perfekt werde. Monate verstrichen. Jack war völlig erschöpft. Auf dem Weg zur Fabrik taumelte er wie ein Betrunkener. Auf dem Rückweg knickte er oft ein und fiel vor Schwäche nieder. Doch er biß die Zähne aufeinander. Er wollte durchhalten. Sein Wunschtraum hieß „Razzle Dazzle"...

IV. Jack unter Piraten

ch wollte dort sein, wo der Wind des Abenteuers wehte. Und der Wind des Abenteuers wiegte die Schaluppen der Austernräuber. Jack zählte jetzt fünfzehn Jahre. Er hatte geschuftet und gespart. Nun war es geschafft: Der Restbetrag für die „Razzle Dazzle" konnte Franzosen-Frank überreicht werden. Dies geschah in Johnny Heinolds Hafenschenke „Erste und letzte Chance". Franzosen-Frank besiegelte das Geschäft, indem er eine Runde schmiß. Jack trank seinen ersten Whisky. Dieses Gesöff schmeckte ihm ganz und gar nicht. Er empfand Widerwillen. Aber es war eigentümlich. Nach den ersten Gläsern breitete sich Stimmung aus, ihm wurde behaglich zumute, der Widerwille schien zu weichen. Tumult kam auf. Man war lustig, man fühlte sich beschwingt, man sprach lauter, und es verlockte ihn nach Taten...

Trotz alledem: Dieses Trinkgelage zeigte wieder zwei Seiten: Einerseits triumphierte Jack, weil er genauso wie diese wilden Gesellen allerhand vertragen konnte; andererseits entsetzte ihn die leichtsinnige Geldverschwendung. Wie schwer hatte Jack arbeiten müssen, um einige Dollars zu verdienen. Doch die Piraten hier in der Runde schienen reichlich Geld zu besitzen. Der eine hieß „Spinne", der andere wurde mit „Whisky-Bob" angesprochen. Und da waren noch Bill Kelly, Soup Kennedy, Nelson, der „Grieche" und schließlich Franzosen-Frank, der den gerade empfangenen Betrag regelrecht aus dem Fenster schmiß. Zur Abenteuerromantik der Austernräuber schienen auch solche Orgien zu gehören. Beschwingt torkelte Jack nach Hause. Jetzt war er Kapitän der „Razzle Dazzle". Zur bisherigen Besatzung gehörten die „Spinne", ein erfahrener Freibeuter ohne Namen, und „Mamie", ein sechzehnjähriges zigeunerhaftes Mädchen, das man die „Königin der Austernräuber" nannte. Mamie wollte bei Jack bleiben. Bereits bei den ersten Raubzügen der Piratenflottille erwies sich Jack als ein kühner und erfolgreicher Skipper. Er beherrschte die seemännischen Handgriffe; er besaß ein Gespür für die richtige Nutzung des Windes; und er schien die jeweilige Küste und die Jagdgefilde zu riechen. Die erste Nacht brachte bereits einen Betrag, der einem Arbeitslohn von drei Monaten entsprach.

Sobald sich der Mond verdunkelte und die Brise günstig stand, segelten die Schaluppen nach Süden in die Bai von San Francisco hinein. Die Lichter waren längst gelöscht. Gespensterhaft glitten die Piratenschiffe längs von Asparagus Island dahin. Mit langen Stangen lotete man nach dem Grund. Man spürte weichen Schlamm, der dichter und dichter zu werden schien, bis Muschelschalen knirschten. Die Austernbänke! Man warf die Schraper über Bord. Mit eisernen Zähnen kratzten sie die Austern vom Boden los, die sich in einem Netz stauten. Oder man setzte geräuschlos die Beiboote aus und pflückte die Austern und stopfte sie in Jutesäcke. Alles mußte schnell und reibungslos erfolgen. Dazu ein günstiger Wind, denn wenn es zu dämmern begann, jagte die Flottille zurück nach Oakland, um die „heiße Ware" rasch abzusetzen. An Kunden mangelte es nicht. Man mußte nur rechtzeitig den Frühmarkt erreichen. Nach einigen erfolgreichen Raubzügen glitt Jacks Schaluppe „Razzle Dazzle" der Piratenflottille voran. Man nannte ihn hinfort den „König der Austernräuber".

Die Fischereistreife lag ständig auf der Lauer. Wurde man beobachtet oder gar verfolgt, so war es ratsam, in Richtung San Leandro zu steuern. Dort lagen die „verlassenen Bänke". Sie gehörten niemandem. Warf man die Schraper aus, so gab es mehr Schlamm als Austern. Auf jeden Fall hatte man die Seepolizei abgelenkt. Doch neben dieser ständigen Gefahr der Streifen, die man gelegentlich mit Bestechung abwenden konnte, gab es oft heftige Auseinandersetzungen zwischen den Piraten selbst. Die Messer wurden gezückt, so daß solche Zusammenstöße manchmal mit Totschlag endeten. Der fünfzigjährige Franzosen-Frank haßte Jack

Jack als
„Austernräuber"

wegen des Verlustes seiner Mamie und wegen der Erfolge des neuernannten „Königs der Austernräuber". Franzosen-Frank suchte immerfort Händel. In voller Fahrt wollte er beispielsweise die „Razzle Dazzle" mit einer schweren Schaluppe rammen. Jack stand an Deck mit einer Schrotflinte und zwang den heransausenden Rammer zum Abscheren. Bei den Trinkgelagen in der „Letzten Chance" provozierte Franzosen-Frank dauernd Handgemenge. Jack wich aus. Er schloß sich dem „jungen Fuchs Nelson" an. Nelson war ein todesmutiger Freibeuter, der mit seinem schneidigen „Renntier" fast tänzelnd über die Wellen dahinjagte und die Segler, Fischer, Polizisten in der Bai erschreckte. Haarscharf schoß er oft an den Booten vorbei. Fahrgäste größerer Schiffe und der Fähre zollten ihm Bewunderung.

Eines Tages gelang dem blindwütigen Franzosen-Frank die Rauferei. Jack verlor einige Zähne. Ein Daumen wurde steif. Doch der Kampf tobte weiter. Zwei feindliche Gruppen hatten sich gebildet. Man zerstörte gegenseitig die Boote. Schließlich verbrannte das Großsegel der „Razzle Dazzle". Dem „Renntier" versetzte die Bande von Frank ein Leck, so daß es sank. Nachdem sie die Jacht wieder gehoben und instand gesetzt hatten, machten Nelson und Jack gemeinsame Sache. Nelson war ein Teufelskerl von zwanzig Jahren, auf den man sich verlassen konnte. Jack bewunderte diesen „Wikinger". Seine Lektüre hatte ihm solche Wunschvorstellungen suggeriert. Auch er, Jack London, dieser „König der Piraten", gewöhnte sich an den Gedanken, ein Sprößling der „Wikinger" zu sein. War er nicht groß, stark, blond und blauäugig wie der Rotschopf Nelson?

Nach einem dicken Fischzug folgte meist ein feucht-fröhliches Gelage. Man begoß den Sieg. An Geld mangelte es nicht mehr. Die Konflikte Jacks waren anderer Art geworden. Nur Mamie wußte von Jacks „Doppelleben": Sobald sich eine Gelegenheit bot, schlich Jack heimlich davon, in die Volksbibliothek, und ließ sich von Ina Coolbrith Bücher empfehlen. Später verriegelte Jack seine Kabine und las. Während seiner Piratenzeit machte er gleichzeitig die Bekanntschaft mit Werken von Kipling, er lernte Melvilles

Reiseschilderung „Typee", Zolas Roman „Germinal" und Shaws „Der Amateursozialist" kennen. Und es war wiederum nur Mamie, die wußte, daß Jack viel lieber Bonbons lutschte, als daß er diesen harten Whisky herunterkippte. Doch Bonbons gehörten nicht zu handfesten Männern. Man flegelte sich an die Theke. Alkohol besaß etwas Männlich-Heldenhaftes. Allzuoft zerrten die Kumpane ihren „König" in die „Erste und letzte Chance", um die Ausbeute einer räuberischen Nacht zu begießen. Jack verspürte, wie Geist und Körper erschlafften. Er wurde stumpf und gleichgültig. Sein Geist der grüblerischen Unruhe und des Aufruhrs versiegte. Alkohol war auch ein „König", ein brutaler „Totschläger", dessen teuflische Verlockung zu Bitternis führte, um erneut Bedrängnis hervorzulocken, damit man überhaupt wieder „auf die Beine" kam. *König Alkohol ist ein wunderlicher Zauberer...: Mein Leben hing an seinem teuflischen Griff...*

„König Alkohol" inspirierte das Verbrechen, den Amoklauf... Ab und zu entschwand ein Kumpel aus der Piratengilde, weil er eingelocht worden war. Messerstechereien waren gang und gäbe. Jacks Wikingerfreund Nelson erlag einem sinnlosen Tod: Blindwütig und sternhagelvoll manövrierte er sein „Renntier" gegen die Seepolizei. Ein Polizist legte an und schoß. „König Alkohol" hielt Jack einmal drei Wochen hintereinander fest im Würgegriff. Als Jack endlich „heimwärts" nach seiner Schaluppe torkelte, glitt er am Steg aus und klatschte ins Wasser. Es war gegen Mitternacht. Der Ebbestrom trug den Bewußtlosen längs der Pier mit sich fort. Diese Reise war begleitet von einem „Totengesang", den Jack London später literarisch gestaltete. Tiefe Schwermut bemächtigte sich seiner unter den kalten Sternen des Himmels, Lichtpunkte des Hafens zuckten auf und entschwanden wieder. Dann öffnete sich ein schwarzer Schlund, Jack stürzte eine unendliche Treppe hinab. Eine „Apotheose", die in der Finsternis endete. Am anderen Morgen fand ein griechischer Fischer den Bewußtlosen in der Bucht von San Pablo. Ein Wunder, daß er überhaupt noch am Leben war. Eine nachträgliche Todesangst bemächtigte sich seiner, die eine Zäsur in seinem Leben schuf: Jack mied die Kneipen, diese

„Klubs der Armen". Dort lauerte der „Totschläger", der „John Barleycorn", dessen Tricks Jack allmählich zu durchschauen begann.

Einige Tage später rannte die mit Austern beladene Schaluppe mitten in eine Polizeistreife. Eine Flucht war sinnlos. Die Fracht war zu schwer, und Jack war erschöpft und träge geworden. Um nicht die „gestreifte Tracht" anziehen zu müssen, ging Jack auf das Angebot des Offiziers ein: Er wechselte über zur Seepolizei. Auch hier boten sich Romantik und Abenteuer, so daß er bald darauf zum Patrouillenführer einer Fischereistreife avancierte. Fast ein ganzes Jahr jagte Jack den Dschunken der Chinesen nach, wenn sie in den Nächten durch die Bai glitten, um Lachs und Garnelen zu erbeuten. Nicht selten kam es zu Nahkämpfen. Man erkletterte die Dschunken. Alles blieb stumm. Dann blitzten die Dolche. Jack erlebte etliche Handgemenge auf Leben und Tod. Den flinken Handgriffen und Sprüngen der Chinesen war man kaum gewachsen. Doch das Risiko lohnte sich. Von den Strafgeldern, mit denen die gefaßten Freibeuter belegt wurden, erhielt der Patrouillenführer jeweils die Hälfte. Trotzdem verspürte Jack Unbehagen. Die Gefahren vermehrten sich. Das Chinesenviertel von San Francisco galt es zu meiden. Unter den Austernräubern befanden sich ebenfalls Todfeinde. Was sollte er machen? Ein weiteres Jahr war inzwischen vergangen. *Ich überdachte meine Lage und kam zu der Erkenntnis, daß ich einen schlechten Lebensweg eingeschlagen hatte. Er führte schneller zum Tode, als meiner Jugend und meiner Lebenslust angemessen war. Und es gab nur noch die eine Möglichkeit, dieser gefährlichen Lebensweise zu entgehen: fortziehen.*

Aber wohin? Auf jeden Fall wollte er raus aus der Bai von San Francisco. Die alte Unrast drängte ihn. Und da kam der siebzehnte Geburtstag. Jetzt konnte er als Matrose anheuern. Die unbekannte Welt jenseits des Goldenen Tores verlockte. In den Kneipen traf Jack mit Fischern, Maaten, Jägern, Bootsmännern und Matrosen zusammen. In der Bai überwinterten die Robbenfänger. Jack machte die Bekanntschaft des Jägers Peter Holt, der versprach, ihm eine Stelle auf seinem Schoner zu verschaffen. Dieser Abmachung folgten etliche Runden. Jack hielt im Trinken den alten Seebären stand. Doch mehr als das. Jack selbst war verwundert: Er hatte sie alle unter den Tisch getrunken. Plötzlich verspürte er hautnah den giftigen Atem des „Totschlägers". In diesem Augenblick haßte er sein bisheriges Leben hier in der Bucht. Anderntags sprach Jack London beim Heuerbaas vor . . .

V. Auf der Robbenpirsch

1.

Es war am 20. Januar 1893, acht Tage nach seinem siebzehnten Geburtstag, als Jack London beim Heuerbaas den Kontrakt mit dem Schiffer des Robbenfängers „Sophie Sutherland" unterzeichnete. Als Vollmatrose. Seine Tätigkeit lautete „Bootsruderer". Neunzehn skandinavische Seebären gehörten zur Besatzung. Sie sahen in diesem Neuling einen Halbwüchsigen, unerfahren und schwach. So schien es. Und Jack London hatte während der ersten Wochen nichts zu lachen. Wie einen Schiffsjungen wollte man ihn ausnutzen, herumkommandieren. Deshalb griff Jack gleich vom ersten Tag an hart zu und machte sich mit den Besonderheiten des achtzig Tonnen schweren Dreimastschoners vertraut. Doch es half nichts: Als Jack während einer Freiwache in seiner Koje lag und las, spritzte der Rote John gerade das Mannschaftsquartier ab. Er forderte Jack auf mitzuhelfen. Als Jack nicht reagierte, versetzte ihm der Rotschopf einen Schlag. Jack schnellte hoch. Die Schlägerei war im Gange. Geschmeidig wie eine Katze wich Jack aus, sprang dem schwedischen Riesen in den Nacken, verbleute ihm aus diesem Sitz den Kopf, rammte mit dem eigenen Schädel gegen die Decke, so daß Blut spritzte. Aber er hielt den Roten John trotzdem weiter im Clinch, bis der rauhe Seebär aufstöhnte und den Kampf abbrach. Jack hatte mit diesem Zusammenprall, der von den anderen Matrosen verfolgt worden war, endgültig gesiegt. Man ließ ihn künftig in Ruhe und akzeptierte ihn wohl oder übel als Vollmatrosen.

Kurz darauf folgte Jacks zweite Bewährung. Die „Sophie Sutherland" geriet in einen Sturm. Jack stand gerade am Steuer. Er kannte sein Risiko. Der Bootsmaat kam in die Nähe des Ruders.

Er beobachtete den jungen Steuermann nur kurze Zeit und lächelte zufrieden. Dann ging der Bootsmaat beruhigt hinunter in seine Kajüte. Und Jack wußte, daß er erneut einen Sieg errungen hatte. Aber mehr als das: Trotz heftigsten Sturms lavierte dieser junge Matrose mit Ruhe und Geschicklichkeit das Schiff durch die tobende See. Und dabei berauschte er sich am Triumph des Menschen über die Tücken und Gefahren der Natur. Es war das erste Erlebnis, das er später literarisch mit Erfolg gestalten sollte: *„Taifun vor der japanischen Küste"*.

Einundfünfzig Tage dauerte die Fahrt auf der südlichen Route nach den Bonin-Inseln. Dort strömte die kanadische und amerikanische Robbenfängerflotte zusammen. Man füllte die Wasserbehälter, erledigte notwendige Reparaturen, um dann zur Robbenpirsch entlang der japanischen Küste bis zur Beringsee aufzubrechen.

Wenn Jack sich nachts nach dem Dienst in seine Bunk verkroch und seine Arbeitskameraden längst schnarchten, hockte er bei einem abgeschirmten Kerzenstummel und las. Etliche Bücher hatte er mitgeschleppt, neben weiteren Büchern von Melville auch das Neueste aus der Privatbibliothek von Ina Coolbrith: Flauberts „Madame Bovary" und Leo Tolstois „Anna Karenina".

Als sich die Vulkankegel der Bonin-Inseln vom Horizont abhoben und als deren Bewohner mit ihren Sampans über die Bucht paddelten, um an Bord zu klettern, brannte Jack darauf, die Exotik dieser Inselkette kennenzulernen. Mit dem Schweden Victor und dem Norweger Axel Gunderson hatte er Freundschaft geschlossen. Als „lustiges Kleeblatt" zogen sie los, um während der zehn Tage Rast mit Land und Leuten, Sitten und Gebräuchen vertraut zu werden. Es sollte aber ganz anders kommen. *„König Alkohol"* lenkte ihre Schritte. Kaum hatten sie den Strand betreten, waren Vorsätze und Pläne vergessen. Sie folgten den anderen Seeleuten, setzten sich mit in die Kneipen, tranken, amüsierten sich und randalierten.

Die Robbenfängerflotte glitt dann nordwärts weiter, um die Robbenherden aufzustöbern. Bei eisigem Winterwetter und dichtem Nebel begann die wilde Jagd. Das Deck glich einem Schlacht-haus. Es stank nach Blut. Die Kadaver klatschten ins Meer zurück. Die Häute stapelten sich. Sie wurden eingesalzen und verstopften jeden Raum vom Vorder- bis zum Achtersteven. Fast hundert Tage dauerte der Arbeitswirbel bei eisigem Wind und ohne Sonne. Jack biß die Zähne zusammen. Arme und Beine waren wie Blei. Doch dann nahm die „Sophie Sutherland" südlichen Kurs. Mit reicher Beute ging es nach Yokohama. Eine dicke Löhnung stand in Aussicht. Jeder brannte darauf, an Land zu kommen. Jack freute sich riesig, Japan kennenzulernen. Zwei Wochen würden sie im Hafen von Yokohama liegen.

Und wieder folgte die alte Geschichte: Zu einem Drink kehrte man in die erste beste Kneipe ein, und in der blieben sie dann kleben. Was sie von Japan sahen und erlebten, das waren die Hafenkneipen.

Zur Heimfahrt schlugen sie die nördliche Route ein und kreuzten den Stillen Ozean in siebenunddreißig Tagen. Nach der Abmuste-rung vor dem Heuerbaas strömte die Besatzung der „Sophie Sutherland" nochmals in die unvermeidliche Kneipe.

Jack London berichtet, wie die meisten Kameraden der „Sophie Sutherland" später durch „König Alkohol" tragisch zugrunde gin-gen. *Was mich rettete, war der Umstand, daß ich Heim und Familie besaß. Ich fuhr über die Oaklander Bucht und warf noch schnell einen Blick auf den Todesweg. Nelson war verschwunden — erschos-sen, als er in der Trunkenheit den Behörden Widerstand geleistet hatte. Sein letzter Partner saß im Gefängnis wegen der gleichen Geschichte. Whisky-Bob war verschwunden. (...) Franzosen-Frank sollte sich irgendwo am Flusse versteckt halten, weil er etwas aus-gefressen hatte. Andere trugen die gestreifte Tracht in San Quentin oder Folsom. (...) Und so ging es die belebte, gut gehaltene Straße des Todes hinab, und nach allem, was ich von den Opfern wußte, trug König Alkohol die Schuld...*

2.

Die noch vor einem Jahr so verlockende Welt der Abenteuer unter todesmutigen Burschen verblaßte. Jack begann sich abzuwenden. Wie sinnlos war das alles gewesen. Stets trieb man am Rande des Todes. Sie vernichteten sich untereinander. Und kriminell waren die Diebstähle, die Raubzüge, die Schießereien... *Meine Begeisterung für das Hafenviertel von Oakland war ganz verschwunden. Sein Leben und Treiben stießen mich ab. Ich kehrte zur Oaklander Volksbibliothek zurück und las die Bücher jetzt mit größerem Verständnis.*

Die wenigen Dollars, die Jack noch in seiner Tasche trug, reichten bestenfalls zum Kauf der notwendigen Kleidung. *Meine Familie brauchte Geld,* heißt es in der Autobiographie „*König Alkohol*":

So nahm ich denn eine Stellung in der Jutemühle an — zehn Stunden täglich zu zehn Cent die Stunde. Trotz meiner Zunahme an Kraft und Leistungsfähigkeit erhielt ich also nicht mehr als seinerzeit in der Konservenfabrik. Dafür wurde mir aber eine Lohnerhöhung auf fünf Viertel Dollar täglich nach einigen Monaten in Aussicht gestellt.

Die Krise des Jahres 1893 lähmte nach wie vor die Wirtschaft des Landes: Achttausend Firmen hatten inzwischen Bankrott gemacht; das Heer der Arbeitslosen führte zu erheblichen Lohnsenkungen; die Kinderarbeit stand wieder hoch im Kurs. Rechts und links von Jack standen ärmlich gekleidete, schwächliche Kinder, einige erst acht Jahre alt, und betätigten ermüdende Handgriffe, während die Väter zu Hause hockten oder in den Schlangen der Arbeitsvermittlung warteten. Die Kinder erhielten für den zehnstündigen Arbeitstag nur dreißig Cent.

Als in dieser trüben Zeit die „San Francisco Call" ein Preisausschreiben für die beste Erzählung bekannt gab, drängte die Mutter Flora ihren Sohn, sich zu beteiligen. Vielleicht sprang etwas dabei heraus? Jack hatte doch immer so gute Aufsätze geschrieben. Und Flora erinnerte sich auch an den Professor Chaney, der so zugkräftige Artikel und Broschüren verfaßt hatte. Jack war nach einem Arbeitstag wie gerädert. Doch Mutters Hartnäckigkeit siegte: Gegen Mitternacht setzte sich Jack an den Küchentisch und begann zu fabulieren. Am nächsten Abend führte er die Geschichte weiter, und am dritten Abend feilte und kürzte er den Text auf das vorgeschriebene Maß von zweitausend Wörtern. Zu seiner eigenen Überraschung erhielt er den ersten Preis in Höhe von 25 Dollar. In der Zeitung stand es fett gedruckt zu lesen: *„Story of a Typhoon off the Coast of Japan, by John London aged 17 — address — 1321 Twentysecond Avenue, Oakland".*

„San Francisco Call" urteilte: „Am erstaunlichsten sind die überlegene Auffassung und die durchgehende Ausdruckskraft, die den jungen Künstler offenbaren."

Den zweiten und den dritten Preis empfingen Studenten. Jacks alter Traum von Ouidas „Signa" war wieder geweckt worden: Fieberhaft fabulierte er weiter und schuf eine zweite Erzählung aus dem Erlebnisbereich der Robbenpirsch mit der „Sophie Sutherland". Postwendend kam diese Arbeit zurück. Und dann versuchte er es noch einmal... Vergeblich. Mürrisch trottete er weiter in die Jutespinnerei. Als die versprochene Lohnerhöhung um fünfundzwanzig Cent ausblieb, brach er brüsk diese Schinderei in der Schwitzhöhle ab. Aber was sollte er jetzt anfangen? Er mußte Geld zum Unterhalt der Familie verdienen. Jack war kräftig gebaut; er besaß breite Schultern und starke Arme. Irgendwo würde er unterkommen...

Vielversprechend war die schnelle Entwicklung der Elektrotechnik. Fachkräften bot sich eine gesicherte Zukunft. Jack bewarb sich beim Kraftwerk der Oaklander Straßenbahn. Er saß dem Direktor des Werkes gegenüber und spann sich die Mythe vom Straßenjungen aus, der zum Präsidenten emporklettern kann oder als Schwiegersohn eines Unternehmers zum Juniorchef avanciert, um schließlich genauso souverän hinter dem Schreibtisch zu sitzen und wohlwollend mit jungen, hoffnungsvollen Bewerbern zu plaudern. Die Rückerinnerung an diese Szene hat Jack London später mit bissiger Ironie heraufbeschworen:

Der Direktor des Kraftwerkes dirigierte geschickt und gönnerhaft die verlockende Laufbahn zum Elektrotechniker in immer tiefere Etagen, da man ja doch „von der Pike her" anfangen müsse, um ein Meister seines Faches zu werden. Endlich gelangte dieser Beschwörer an den Ort, wohin er den unerfahrenen, begeisterungsfähigen Jungen haben wollte: in den Heizraum. Ja, das war der richtige Start, und die Situation war gerade günstig... Ja, ja, dort könne Jack gleich als Kohlenschlepper beginnen. Das sei seine Chance. Dann würde es bald aufwärtsgehen, Stufe für Stufe, bis zum Elektrotechniker, zum Ingenieur und — wer weiß? Vorerst zehn Stunden täglich bei einem Monatslohn von dreißig Dollar. Ein freier Tag im Monat. Aber, wie gesagt, so hart ist nur der Anfang, die Bewährung, damit es aufwärtsgehe.

In Wirklichkeit hatte Jack jetzt zwölf bis dreizehn Stunden täglich zu schuften. *Ich leistete die Arbeit von zwei Männern. Vor mir hatte ein reifer, kräftiger Arbeiter die Tagschicht und ein anderer, ebenfalls reifer, kräftiger Arbeiter die Nachschicht besorgt. Sie hatten jeder vierzig Dollar den Monat bekommen.* Jack merkte bald, daß er durch seine Gutgläubigkeit dem Direktor auf den Leim gegangen war.

Als Jack von einem Heizer unter dem Siegel der Verschwiegenheit erfahren mußte, daß er durch den betrügerischen Schachzug des Direktors zwei Kohlenschlepper arbeitslos gemacht hatte, reagierte er vorerst durch blindwütigen Arbeitseifer. Er wollte dem Oberingenieur beweisen, daß er stark und tüchtig sei. Er werde nicht zusammenbrechen! Er werde trotz alledem durchstehen und vorankommen. Stufe für Stufe.

Wenige Tage später zeigte ihm der Heizer den Zeitungsbericht von einem Selbstmord. Es war einer der entlassenen Kohlenschlepper, ein Familienvater mit drei Kindern. Jack verließ daraufhin den Arbeitsplatz. Noch ein ganzes Jahr mußte er einen Verband um seine Handgelenke tragen, die durch diese ungewöhnlich harte Arbeit geschwollen waren und bei jeder Bewegung unerträglich schmerzten.

Zu dieser Zeit begann Jack zu begreifen, daß der Konkurrenzkampf nicht nur die Ausbeutung der Arbeiter immer mehr verschärfte, sondern daß sich das Dschungelgesetz des Kapitalismus auch unter den Arbeitern selbst auswirkte. Diese verhaßte Gesellschaft bot ihm nur zwei Möglichkeiten: Entweder schuftete er sich durch übermäßige körperliche Anstrengungen völlig kaputt, oder er wurde ein Tramp. Jack hatte inzwischen eine solche Abscheu gegen die körperliche Arbeit, daß er beschloß, Oakland den Rücken zu kehren. Es blieb ihm nur das Vagabundendasein: *So stürzte ich mich denn wieder kopfüber ins Abenteurerleben und wanderte ostwärts auf dem Schienenstrang...*

VI. Abenteuer eines Tramps

In Zeitungen, Zeitschriften und biographischen Nach-
schlagewerken stoße ich immer auf Abrisse meines
Lebens, in denen es in eleganten Wendungen heißt, daß ich
Landstreicher wurde, um soziologische Studien zu betrei-
ben. Diese Darstellung der Biographen ist gewiß nett und
rücksichtsvoll, nur ist sie leider ungenau. Ich wurde
Landstreicher einfach aus meiner überschäumenden
Lebenskraft heraus, wegen der Wanderlust in meinem
Blute, die mir keine Ruhe ließ. (...)
Ich wurde zum Tramp, weil ich nicht anders konnte, weil
ich das Fahrgeld für Reisen mit der Bahn nicht in der
Tasche hatte, weil ich so gebaut war, daß ich nicht mein
ganzes Leben auf „ein und demselben Gleis" arbeiten
konnte, weil — na, weil es einfach leichter war, es zu tun,
als es zu lassen.

Jack London

Die Wirtschaftskrise des Jahres 1893 hatte Erschütterungen im
ganzen Land ausgelöst. In der Industrie zählte man bereits
drei Millionen entlassene Arbeiter. In der Landwirtschaft sah
es nicht besser aus. Börsenspekulationen trieben Weizen, Baumwolle und Korn im Preis hinunter bis zu den Selbstkosten. „Octopus" zog seine blutige Furche. Eine Welle des Hungers und der
Unruhe wogte durchs Land. Streiks und Protestdemonstrationen
führten zu Zusammenstößen mit Polizei- und Regierungstruppen.
Die Landstraße bevölkerte sich mit Arbeitssuchenden, Deklassierten, Bettlern. Banden von Jugendlichen bedrohten die Farmer. Im
Frühjahr 1894 brachen Krawalle aus.

Da trat ein Mann an die Öffentlichkeit, der Beachtung fand: Es
war „General" Coxey mit seiner Idee von einer „Armee des Gemeinwohls". Der Geschäftsmann Jacob Sechler Coxey aus Massillon in Ohio hatte ein Programm entworfen, wonach die wachsende
Arbeitslosigkeit durch den Bau öffentlicher Straßen eingedämmt
und schließlich beseitigt werden könne. Für dieses Unternehmen
forderte Coxey vom Kongreß fünf Millionen Dollar Papiergeld.

Neben diesem nationalen Straßenbau-Programm sollten die Straßen der Städte, die öffentlichen Gebäude und vieles mehr unter der Leitung der einzelnen Bundesländer instand gesetzt und erweitert werden. Diese zwei Programme wurden am 19. März 1894 dem Kongreß durch Senator Pepper vorgeschlagen. Die Amerikanische Gewerkschaftsvereinigung, American Federation of Labor, hatte diese Möglichkeiten der öffentlichen Arbeiten für die Arbeitslosen bereits im Dezember 1893 beraten und akzeptiert.

Sechs Tage nach der Kongreßdebatte am 19. März 1894 verließ Coxeys Armee, diese „Petition in Straßenschuhen", Massillon, um bei der Regierung in Washington den Programmen für das Gemeinwohl Nachdruck zu verleihen. Als dieser Aufbruch der Arbeitslosen im Land bekannt wurde, bildeten sich spontan weitere „Armeen", um durch die Bundesstaaten nach dem Capitol zu marschieren, um weitere „Rekruten" aufzulesen und um Coxeys Vorschläge vor der Regierung zu unterstützen.

„Auf nach Washington!" So lautete der Kampfruf dieser „Armeen des Gemeinwohls", die sich aus allen Teilen des Landes militärisch organisiert und diszipliniert sternförmig in Richtung der Hauptstadt bewegten. Dieses Unternehmen glich einer gewaltigen Willensdemonstration der werktätigen Massen.

In San Francisco stellte Colonel William Baker, der durch „General" Charles T. Kelly abgelöst wurde, die größte Arbeitslosenarmee zusammen. Am 7. April sollten fünfzehnhundert Demonstranten für das Gemeinwohl mit Güterzügen nach Utah abfahren. Als Jack von Kellys Aktion hörte, eilte er zum Stellplatz in Oakland. Die beunruhigten Stadtväter hatten jedoch vorzeitig am 6. April 1894 die unheimlich wirkende und sich ständig vergrößernde Armee Kellys mit einem Güterzug nach Sacramento abgeschoben. Jack fackelte nicht lange: Er sprang einfach auf den nächsten Zug, der den Bahnhof verließ. Omaha war die Endstation. Nun begann sein Landstreicherleben, das „tramp business", das Geschäft des Tramps. Sein Kumpel war Frank Davis, der ebenfalls zu Kellys Armee wollte und der schon etliche Erfahrungen „auf dem Schienenstrang" als „road kid", als

Landstraßen-Bengel hatte. Der ganze „Rummel" machte Jack mächtigen Spaß: *Der größte Reiz des Landstreicherdaseins besteht vielleicht darin, daß es nie langweilig wird. Das Leben eines Tramps ist wechselvoll — ist ein ewig wechselndes Bild -, wo das Unmögliche geschieht und das Unerwartete einem bei jeder Wegbiegung aus dem Hinterhalt entgegenspringt. Der Tramp weiß nie, was im nächsten Augenblick geschieht; folglich lebt er nur dem Augenblick. Er kennt die Sinnlosigkeit zielgerichteten Strebens, aber auch die Lust, sich von den Launen des Zufalls treiben zu lassen.*

Wie oft denke ich an meine Vagabundentage, und immer wieder ergötze ich mich an der raschen Folge von Erlebnisbildern, die in meiner Erinnerung auftauchen... So schrieb Jack London, als er diese wilde Zeit des Schienenstrangs heraufbeschwor und seine „*Abenteuer eines Tramps"* schilderte.

So bunt, abwechslungsreich und verlockend diese Erlebnisse des Tramps Jack London auch waren: Jeden Augenblick lauerte bei den tollkühnen Schwarzfahrten der Tod. Und hier begann für den „*Hobo"*, den Schienen-Tramp, das „Abenteuer", das „*Spiel"* mit der ständigen Gefahr. Wiederum ein Risiko, das Mut, Geschicklichkeit, Kraft und Intelligenz bestätigen sollte.

Der Tod lauerte aber nicht nur in der Gestalt der Bremser, die vor jeder Abfahrt sowohl den Anfang als auch das Ende des Zuges bewachten und jeden Hobo, den sie während der Fahrt faßten, kurzerhand herunterschmissen. Der Tod war schon gegenwärtig beim Aufsprung, der für den Hobo erst dann erfolgen konnte, wenn die Bremser bei der Anfahrt aufgesprungen waren und der Zug sich bereits in schneller Fahrt befand. Und der Tod war allgegenwärtig, wenn der Schienen-Tramp bei einer Durchschnittsgeschwindigkeit von 100 Kilometern über die abwärts gewölbten Dächer balancierte, wenn er „auf den Stangen ritt" oder wenn er sich im unteren Gestänge der Wagen verkrochen hatte. Für solche Plätze gab es ein „*Billett"*, das ein Vagabund ständig mit sich trug. Das war ein kleines Brett mit einer Rille. Überall dort, wo sich Gestänge befand, konnte man dieses „Billett" auflegen, um darauf zu hocken, zu sitzen und oft auch zu liegen. Manchmal gelang es sogar, auf

Ein „Hobo" bei Antritt der Reise

einem solchen „Platz" zu schlafen. Und der Tod war gegenwärtig, wenn die Beamten einen Hobo entdeckt hatten und eine hartnäckige Jagd aufnahmen.

In das untere Gestänge der Wagen wagte sich kein Bremser. Da bot sich ein anderer Zugang: Von der Plattform des vorangehenden Wagens ließ man einen Kupplungsbolzen an einem Drahtseil über die Schwellen tanzen. Diesem „Zapfenstreich des Todes" entging nur selten ein Vagabund.

Weder die „*Gondel*", ein offener Güterwagen, noch der „*Blinde*", ein Wagen ohne Durchgangstüren, bot den Hobos Sicherheit. Ein „Blinder" folgte meist nach der Lokomotive. So warf beispielsweise der Heizer nach dem „auf Deck" liegenden blinden Passagier entweder mit Kohlenbrocken, oder er schoß mit einem scharfen Wasserstrahl. Der kanadische Winter führte bei einer solchen Prozedur zur Vereisung und zum Kältetod.

Jack London berichtet voller Genugtuung, wie er die Züge „enterte" und fast immer sein Ziel erreichte. In ihm schlummerte Protest gegen die Eisenbahn-Gesellschaften und gegen die gutsituierten Bürger, die sich einen bequemen Pullmanwagen leisten konnten. Der Heimatlose fand eine Heimat unter den Hobos. Er befand sich im Aufruhr. Sie nannten ihn „*Frisco-Boy*", den „Jungen aus San Francisco". Seine „*Monica*", der „eingetragene" Spitzname, oft eingekratzt am Tender, lautete „*Jack Seemann*". Dies galt als Korrespondenz zwischen den „Eisenbahn-Kids", deren Wege man verfolgen konnte und die sich gelegentlich auch kreuzten.

Als sich „Jack Seemann" beispielsweise in den Abendstunden im Bahnhofsgelände von Ottawa einfand, um seine Reise mit der Kanada-Pazifik-Bahn über Manitoba und die Rocky Mountains fortzusetzen, traf er bereits zwanzig Vagabunden, die ebenfalls auf diesen Überlandzug warteten. Auf dieser Fahrt von dreitausend Meilen entbrannte ein Kampf auf Tod und Leben mit mehreren Beamten. *Mit der Zeit war unsere Zahl auf vier reduziert worden, und nun begann sich das ganze Zugpersonal dafür zu interessieren... Einer nach dem anderen verschwand, bis ich schließlich allein übrig war. Nun ja, ich war nicht wenig stolz darauf!* „Frisco-Boy" fühlte sich bestätigt als der Stärkste, der „einzige", der den verhaßten bürgerlichen Privilegien und Gesetzen mit Erfolg Trotz zu bieten verstand.

Höhepunkt seiner Triumphe als Aufrührer bildete die nächtliche Hetzjagd, die einen *Überlandzug mit seinen vielen Passagieren und*

Wagen, seiner Regierungspost und seinen zweitausend Pferdekräf-
ten mehrmals zwang, *wegen des armseligen Landstreichers auf der*
Walze auf freier Strecke anzuhalten. Stets überlistete „Jack
Seemann" das gesamte Zugpersonal. Fast zweihundert Hobos
hatten sich bei der Anfahrt des Zuges bemächtigt. Und als er
schließlich als letzter blinder Passagier von den Bremsern am
anderen Morgen doch noch „geschnappt" werden konnte, kamen
sie zu folgendem Ergebnis: „*Na, dann wollen wir dich fahren las-*
sen, Kamerad! Es hilft ja nichts, daß wir versuchen, dich runterzu-
kriegen." Jack pochte auf seine Intelligenz. Hier lag sein ganzer
Stolz.

Die Verpflegung auf diesen Reisen „erarbeitete" man sich als
„Fechtbruder". Die „Opfer" mußten blitzschnell eingeschätzt
werden, damit man ihnen jeweils die „passende Geschichte" erzählen konnte. Tief gerührt wurden „diese armen verstoßenen Jungen"
manchmal in die Küche genötigt, wo sie zum Entsetzen der Gast-
geberinnen ungeheure Portionen gebratener Eier verschlangen.
Andererseits verwies man sie oft unwirsch der Tür oder verscheuchte sie wie ganz gewöhnliche Spitzbuben. „Frisco-Boy"
sammelte etliche Erfahrungen. Zum Beispiel das Bitten um etwas
Essen: *Fast hatte es den Anschein, als müßte ich zu den Ärmsten*
der Armen gehen, um etwas zu essen zu bekommen. Die wirklich
Armen sind für den hungrigen Tramp die letzte sichere Zuflucht. Auf
die wirklich Armen kann man sich immer verlassen. (...) Mehr als
einmal... wurde mir etwas Eßbares von dem vornehmen Haus auf
der Anhöhe abgeschlagen; aber in der kleinen Hütte unten am Bach
oder Sumpf, die zerbrochenen Fensterscheiben mit Lumpen aus-
gestopft, die Frau verhärmt und abgearbeitet, da habe ich immer
etwas zu essen bekommen.

Jack entwickelte durch solche Erlebnisse einen untrüglichen
Klasseninstinkt. Er selbst hatte meist „in kleiner Hütte unten" in
der sumpfigen Senke gelebt. Sein Aufruhr drängte schließlich noch
weiter voran bis zu den Ansätzen des Klassenbewußtseins.

Im Chautauqua Park, Iowa, stieß der achtzehnjährige Hobo
Jack endlich auf die kampierende Armee des Generals Kelly. Der

Ein „Hobo" reitet mit einem „Billett" auf den Stangen

Marsch dieser zweitausend Landstreicher wälzte sich weiter nach Council Bluffs. Es war geradezu imposant. General Kelly auf einem schwarzen Schlachtroß; wehende Fahnen vornweg, dazu Trommeln und Pfeifen. So marschierte man kompanieweise und in zwei Divisionen unterteilt auf der Fahrstraße nach dem Städtchen Weston. Jack gehörte vorerst zum „Nachtrab". In Weston sollte mit einem Zug weitergereist werden. Die Armee war müde; viele Demonstranten hatten wunde Füße. Doch die Eisenbahngesellschaft machte den Reiseplan zunichte: Nur noch wenige Züge rasten in voller Fahrt durch den Bahnhof. Dann waren die Gleise tot. Man marschierte weiter bis Des Moines.

Der Marsch durch Iowa hatte sich in das Gedächtnis des Frisco-Boys Jack eingebrannt. Die Farmer kamen ihnen mit Fuhrwerken entgegen und transportierten die Bagage. Sie hielten am Weg warmes Frühstück bereit und halfen, wo sie nur konnten. Die Bürgermeister und Honoratioren der wohlhabenden Städtchen begrüßten sie, hielten Reden, spendeten Beifall und taten alles, um die Reise der Arbeitslosenarmee zu beschleunigen. Die geballte Kraft der Massen war hautnah zu spüren. Wenn eine Rast am Rand oder in der Stadt nicht zu vermeiden war, so traten die braven Bürger aus den Häusern, faßten die Arbeiter unter die Arme, marschierten mit, organisierten Verpflegung und Unterkunft, schickten Deputationen von Kindern und jungen Mädchen. Noch nie auf dem langen Weg hatte man die rauhen Gesellen so herzlich empfangen.

Aber auch die Landstreicher sorgten für Unterhaltung: Unter ihnen befanden sich stellungslose Artisten, Komödianten, Humoristen und Sänger. Sozialistische Funktionäre hielten Ansprachen, diskutierten am Lagerfeuer. An den Sonntagmorgen gab es manchmal auch Gottesdienst, wenn ein Geistlicher zur Stelle war. Zwischen all diesen Veranstaltungen klang immer wieder der Kampfruf: „Auf nach Washington!"

Doch in Des Moines nutzten auch die anfeuernden Reden der lokalen Politiker nichts. Natürlich: Man wollte nach der Regierungsstadt; man wollte dem Kongreß „Beine machen", damit es wieder genügend Arbeit gebe und damit wieder Ruhe und Ordnung im Lande einziehe. Doch jetzt hatte die Armee wunde Füße; sie war von den langen Märschen erschöpft; sie benötigte Sammlung. Vergeblich telefonierte der Stadtrat mit der Eisenbahngesellschaft, damit sie einen Zug zur Verfügung stelle; vergeblich versuchte man, Fuhrwerke zu organisieren, weil die vorhandenen für eine zweitausend Mann starke Armee nicht ausreichten. Endlich fand sich ein „Lokalgenie" und setzte General Kellys Einheiten wieder in Bewegung. Die Stadt veranstaltete ein Subskription, und mit dem

Erlös wurden Flöße und Boote gezimmert. Nunmehr glitt die Armee nach elf Tagen Rast am 9. Mai 1894 den Des-Moines-River hinunter zum Mississippi, um die Fahrt bis Hannibal fortzusetzen. Jack stellte mit neun Mann den „Nevada-Stoßtrupp" zusammen und fuhr der Armee weit voran. Am Ufer hatten die Farmer Lebensmittel und Getränke aufgestapelt, so daß der Vortrupp das Beste vom Besten auswählen konnte. Im Tagebuch von Jack findet sich auf diesen Seiten immer wieder der Freudenruf: *Lebten großartig!!*

Abenteuerliche Romantik beherrschte diese Flußfahrt. Sorgen und Nöte schienen vergessen. Doch Jack hatte nun andere Reisepläne. Er desertierte mit einem Freund; sie ruderten in einer Jolle nach Illinois, erwischten eine Draisine und gelangten nach Hull bei Wabash. Dort trafen sie mit vier Mitgliedern des „Nevada-Stoßtrupps" wieder zusammen, schnappten einen Zug nach Bluffs, zwei Hobos wurden von den Bremsern „geschmissen", die vier anderen kamen vierzig Meilen über Bluffs hinaus. Der nächste Zug führte nach Jacksonville. Jack „enterte" den Kansas-City-Personenzug, der ihn nach der Stadt Masson City brachte. Hier sprang er wiederum auf einen Viehzug, der die ganze Nacht rollte. Als Jack am 29. Mai in den frühen Morgenstunden aufwachte, befand er sich in Chicago. Auf dem Amt lag von Eliza für Jack mit dem Decknamen *„John Drake"* postlagernd ein Brief mit fünf Dollarnoten. Jack konnte sich zivilisieren: *Glatt rasiert und mit einem guten Mittagessen im Magen,* durchbummelte er die Stadt, besuchte abends das Theater und leistete sich nach zweimonatigem Vagabundieren wieder ein Bett.

Bald darauf trampte Jack in gewohnter Weise weiter über Washington nach New York, wo er wegen seines verlotterten Aussehens den Gummiknüppel eines Polizisten zu spüren bekam. Tief verletzt und empört stromerte er weiter nach Boston. Von dort aus zog es ihn westwärts über Montreal nach Buffalo, um die Niagarafälle zu besichtigen. Im Angesicht der „donnernden Wasserfälle" war er überwältigt von dem Schauspiel ungebändigter Naturkraft. Deshalb verweilte er auch in der Nacht in unmittelbarer

Nähe und lief am Morgen einem *belohnungslüsternen Polizisten* in die Arme. *Die Polizei war auf frühe Vögel aus.(...) Ich war geschnappt.*

Mit weiteren Vagabunden zusammengekettet, gelangte Jack nach Buffalo zurück, stand vor dem Schnellrichter und erfuhr innerhalb von 15 Sekunden ohne Gelegenheit zur Verteidigung das widerspruchslose Routine-Urteil:

Einen Monat!

Ich war vollkommen verstört. Ich war zu Gefängnis verurteilt nach einer verrückten Farce von Verhör, bei der mir nicht nur mein Recht, von einer Jury abgeurteilt zu werden, versagt worden war, sondern auch das Recht, mich schuldig zu bekennen oder nicht.

Unter einer *Horde von Kettensträflingen* führte der Weg in das Erie-County-Zuchthaus. Dort nahm man den Häftlingen sämtliche Sachen ab, schor ihnen den Kopf und steckte sie in *gestreifte Tracht.* Am Erie-Kanal mußten die Sträflinge bereits anderntags *bei Wasser-und-Brot-Diät* Boote löschen.

Diese Demütigungen und Ungerechtigkeiten in New York und in Buffalo brannten sich bei Jack London unvergeßlich in das Gedächtnis ein. Ressentiments und politische Schlußfolgerungen treten in seinen späteren Schriften aus diesem Erlebnisbereich oft hervor. In dem Aufsatz „Wie ich Sozialist wurde" schrieb Jack London, daß damals sein *Nationalpatriotismus beträchtlich zusammenschmolz...*

Als Jack nach einigen Tagen die Spielregeln im Zuchthaus mit Hilfe eines erfahrenen Kumpans erfaßt hatte, avancierte er zum Vertrauensmann und ermöglichte sich dadurch etliche Vorteile. Und dabei mußte er erkennen, daß „die Methoden der Geschäfte" hinter Gittern den Methoden der „großen Finanzmänner" ähnlich sind. Wer die Lebensmittelzufuhr im Gefängnis beherrschte, handelte genauso wie „die anderen Banditen draußen", damit das Volk wahnsinnige Preise zahle.

Nach der Entlassung vagabundierte „Frisco-Boy" vorerst kreuz und quer in nördlicher Richtung weiter, fror in den kanadischen Herbstnächten, bettelte sich vorsichtig durch, ließ sich dann in

Vancouver anheuern und stach mit dem Dampfer „Umatilla" nach San Francisco in See.

Die Vagabunden- und Haftzeit besaß einen entscheidenden Einfluß auf die geistige und politische Entwicklung des Neunzehnjährigen. In der Konservenfabrik, in der Jutemühle und im Kraftwerk hatte Jack das Leben eines Proletariers geführt und die Ausbeutung zu spüren bekommen. Nunmehr sah er die gesellschaftliche Situation vom Klassenstandpunkt aus. In seinem Buch *„König Alkohol"* betonte Jack vor allem die stets gefährdete Existenz des Arbeiters unter kapitalistischen Verhältnissen: *Während meiner Wanderungen durch die Vereinigten Staaten ging mir bald eine neue Erkenntnis auf. Als Vagabund befand ich mich hinter den Kulissen der Gesellschaft — ja ganz unten im Maschinenkeller. Ich sah, ... daß es sich mit der Würde körperlicher Arbeit doch etwas anders verhielt, als Lehrer, Geistliche und Politiker mir erzählt hatten. (...) Wenn ein Arbeiter alt wurde oder zu Schaden kam, so flog er auf den Müllhaufen...*

Die Ausbeutung und Entwürdigung des Menschen durch den Menschen erkannte Jack als den Klassencharakter des Kapitalismus. Er empörte sich zutiefst, begriff aber in diesem Zusammenhang bereits, daß der einzelne machtlos war. Er begann den Klassenkampf zu erkennen. Der Eindruck vom Marsch der Arbeitslosenarmee durch Iowa und die Verhaltensweisen der Bürger blieben ihm unvergessen. Neben diesen Erfahrungen hatte Jack Gelegenheit, durch vielseitige Unterhaltungen seinen Horizont zu weiten. Unter den Tramps befand sich so mancher „Gebildete", so mancher „verkommene Gentleman", von denen der wißbegierige „Frisco-Boy" einiges lernte. So begegnete er beispielsweise einem *Rechtsanwalt mit einer akademischen Würde,* an dessen *geschliffenem Verstande* er seinen eigenen bildete. Und gerade bei den Mitgliedern der Kelly-Armee lauschte er am nächtlichen Lagerfeuer Gesprächen und Reden über soziale Bestrebungen, über die Notwendigkeit des Klassenkampfes, über die Solidarität, die Rolle der Gewerkschaften, die Zusammenhänge über die kapitalistische Ausbeutung. *Meine neue Erkenntnis war daher, daß sich... Wissen bezahlt machte, nicht Muskelkraft...* Die „Ware Arbeitskraft" unterlag diesem kapitalistischen Sklavenmarkt.

In seiner Schrift „*Wie ich Sozialist wurde*" setzte Jack London diese Gedankengänge und Überlegungen fort, indem er feststellte, daß er gegen Ende seiner Trampzeit bereits *ein Sozialist geworden sei, ohne mir dessen bewußt zu werden. (...) Ich war ein ganz anderer geworden, auch wenn ich noch nicht wußte, was das andere war. Mit Hilfe der Bücher fand ich dann heraus, daß ich zu den Sozialisten gehörte. (...) Ich kehrte nach Kalifornien zurück und fing an, eine Menge Bücher zu lesen, von denen ich auf der Landstraße als Tramp gehört hatte...*

Wieder saß Jack in der Oaklander Volksbibliothek und versuchte diesmal, systematisch seine vielfältigen Eindrücke und Anregungen, die er in Notizen festgehalten hatte, zu klären und zu vertiefen. Die Ausleihe der Titel, die an Hand der Buchkarten ermittelt werden konnte, läßt anschaulich verfolgen, in welchen Bereichen sich die Gespräche und Tendenzen bewegten. Eingangs studierte Jack London Schriften von Babeuf, Saint-Simon, Fourier und Proudhon. Diese utopischen Sozialisten waren typisch für die beiden letzten Jahrzehnte des 19. Jahrhunderts. Durch Robert Owens „New Harmony" war die Idee von einer Musterkolonie im Sinne des „Miniaturkommunismus" ins Gespräch gekommen. Der deutschamerikanische Publizist Horace Traubel, Sekretär und Nachlaßverwalter von Walt Whitman, hatte mit der Künstlerkolonie „Rose Valley" experimentiert und mit „Weckrufe. Kommunistische Gesänge" (1906) Literaturpropaganda betrieben. Einen ähnlichen Versuch wagte Upton Sinclair mit dem Honorar für sein erfolgreiches Buch „The Jungle", „Der Dschungel". Die „Helicon Home Colony" scheiterte genauso wie all die anderen kooperativen Experimente, die von den utopisch-sozialistischen Ideen bestimmt worden waren. Es ist besonders auffällig, daß gerade in Nordamerika ununterbrochen utopische Siedlungen als krasser Kontrast zur hektisch-brutalen Kapitalisierung gewagt wurden. Auch die urchristlichen und sektenbedingten Kolonien sind mit diesen Bestrebungen verwandt. Eine ganz außergewöhnliche

Resonanz hatte Edward Bellamys „Looking Backward: 2000–1887", „Rückschau vom Jahre 2000", ausgelöst. Die erste Übersetzung in Deutschland (1890) wurde wie ein spannender Roman gelesen und mit Begeisterung unter den Sozialisten aufgenommen.

Proudhons Anarchismus, der durch Bakunin eine ideologische Fortsetzung erfuhr, ist wohl auch durch die hektische Entwicklung des Kapitalismus „im Tempo eines Expreßzuges" als situationsbedingter Kontrast der Extreme Harmonie – Chaos, Einer-gegenalle – Brüderlichkeit, Nächstenliebe – Egoismus zu verstehen. Zum Verständnis der Entwicklung des Jack London muß dieses Stadium berücksichtigt werden. Unmittelbar wird der „Siedlungskommunismus" in die Tendenz „zurück zur Natur" einbezogen.

Im Leseplan des Jack London um 1894/95 erfolgt jetzt ein weiter Sprung: das „Kommunistische Manifest". Dieses Dokument hat seitdem Jack London begleitet: bei seinen Agitationsauftritten an den Straßenecken und auf öffentlichen Plätzen, bei seinen Audienzen als Schriftsteller in Universitäten, bei seinen Diskussionen unter Geschäftsleuten, in seinen revolutionären Essays, Kurzgeschichten und Romanen. Das „Kommunistische Manifest" bestätigte Jack Londons Erfahrungen als Teil der Massen, als aktives Mitglied seiner Klasse. Also: seine Überzeugung von der Notwendigkeit des Klassenkampfes.

Wir müssen nun aber eine Lektüre und einen ideologischen Einfluß berücksichtigen, die nicht unmittelbar in diesem Stadium des politischen Klärungsprozesses liegen, die aber mittelbar niemals ganz überwunden wurden. Gemeint sind Kipling, Darwin, Herbert Spencer und Nietzsche. Die Reihenfolge bezeichnet nicht die Intensivierung des Ideengutes. Das Ergebnis ist mehr oder weniger ein Konglomerat. Und diese Einflüsse liegen sowohl vor den utopischen Sozialisten, dem wissenschaftlichen Kommunismus von Marx und Engels als auch nach diesen Bildungserlebnissen. Unmittelbare Erlebnisse nachfolgender Stadien intensivierten diesen Bildungsprozeß, der später nachgewiesen und veranschaulicht wird.

Jack London saß nach der Trampzeit wieder in der Bibliothek, so daß sich nunmehr die ersten sozialpolitischen Einsichten in seinem Notizbuch abzeichnen müssen. Sie sind noch stark sozialdarwinistisch beeinflußt. Diese Eintragung ist jetzt und hier ganz besonders wichtig, um Jack Londons Entwicklung zu verstehen:

Die ganze Geschichte der Menschheit ist die des Ringens zwischen Ausbeutern und Ausgebeuteten; eine Geschichte dieser Klassenkämpfe zeigt die Entwicklung der ökonomischen Zivilisation wie Darwins Forschungen die Entwicklung des Menschen. Mit dem Aufkommen der Industrialisierung und der Kapitalkonzentration ist ein Zustand erreicht worden, bei dem der Ausgebeutete sich nicht von der herrschenden Klasse befreien kann, ohne daß die ganze Gesellschaft ein für allemal von aller künftigen Ausbeutung und Unterdrückung und von jedem Klassenunterschied und Klassenkampf befreit wird.

Jack London hatte das „Kommunistische Manifest" gelesen und war stark beeindruckt. Kurz darauf hat er sich diese Schrift käuflich erworben. Bei seinen Reisen hatte er das „Manifest" meist dabei. Es ist vom vielen Gebrauch zerschlissen. Die Seiten tragen viele Unterstreichungen und Randbemerkungen zu unterschiedlichen Zeiten. Und es gibt Merkmale und Fingerabdrücke aus Gegenden, wo weder Waschbecken noch fließendes Wasser der Zivilisation vorhanden waren. Die Zeugen für dieses soeben beschriebene Dokument sind Jack Londons Vertrauter Cloudesley Johns, der Lyriker George Sterling und Emma Goldman. Das „Manifest" trug Jack London meist in der Rock- oder Manteltasche.

Nachdem er in der Oaklander Volksbücherei das „Kommunistische Manifest" gelesen hatte, unterstrich er dick den abschließenden Aufruf, der gleichzeitig seine politischen Erkenntnisse in diesem Stadium zusammenfaßte:

„Proletarier aller Länder, vereinigt euch!"

VII. Das Abenteuer des Lernens

Jack Londons eifriges und leidenschaftliches Lesen weckte erneut das Bedürfnis, selbst zu schreiben. Die theoretischen Ergebnisse der Philosophen und utopischen Sozialisten veranschaulichten sich oft durch eigene Erlebnisse, Erfahrungen, Eindrücke. Sie drängten nach künstlerischer Gestaltung. Und außerdem: Hatte er sich nicht schon einmal in einem literarischen Wettbewerb bewährt? Oder war es nur ein glücklicher Zufall gewesen? Immerhin hatte die Jury eine „durchgehende Ausdruckskraft" festgestellt. Sicher, inzwischen hatte er seine erste Seegeschichte erneut gelesen und festgestellt, daß sein Stil noch recht ungelenk gewesen war. Warum sollte er nicht noch einmal seine Kräfte in diesem Bereich erproben?

Doch bald spürte der Neunzehnjährige, daß sein Schaffensdrang noch arg in Fesseln lag. Es mangelte ihm an elementaren Kenntnissen und Fertigkeiten für eine schriftstellerische Arbeit. *Meine Erlebnisse waren Bilder ohne Sinn und Zusammenhang. Als ich aber begann, mein Wissen und meinen Wortschatz zu erweitern, da sah ich, daß meine Erlebnisse mehr waren als bloße Bilder.*

Und so entschloß er sich, noch einmal die Schule zu besuchen, um anschließend an der Universität sein Wissen zu vervollkommnen. Sein Stiefvater besaß zu dieser Zeit einen auskömmlichen Wächterposten, so daß Jack nur für seinen eigenen Lebensunterhalt zu sorgen hatte. Die Situation war also günstig für ein neues Wagnis. Und hatte er bisher nicht stets triumphiert?

Eingezwängt in die enge Schulbank der Oaklander Oberschule, saß nunmehr dieser ehemalige Seemann und Tramp zwischen vierzehnjährigen Mädchen und Jungen aus dem Bürgertum und

Jack als Oberschüler in Oakland (1895)

büffelte mit ihnen systematisch Geschichte, Algebra, Sprachen. Das notwendige Geld für das Leben verdiente er nebenbei als Hilfspförtner an dieser Schule; er heizte die Öfen, fegte nach Schulschluß die Klassenräume, putzte die Fenster, scheuerte die Toiletten. Dann und wann half ihm auch seine Stiefschwester Eliza. Und er war nicht darüber erhaben, *in fremden Gärten Gras zu mähen oder Teppiche zu klopfen... Ich arbeitete, um von der Arbeit loszukommen, und tauchte darin unter mit einem grimmigen Verständnis des Widersinnigen meines Geschickes.*

Aus der Oaklander Volksbücherei besaß Jack sämtliche Leihkarten der Familie London und schleppte die Bücher bergeweise nach Hause. Das „Kommunistische Manifest" hatte ihn nicht nur den Klassenkampf, sondern seine eigene politische Position als Proletarier erfassen lassen. Er versuchte nunmehr, die vielfältigen Eindrücke der Landstraße noch stärker zu intensivieren und systematisch durch die entsprechende wissenschaftliche Literatur zu dringen. *In einer bestimmten Art von Büchern fand ich die einfachen soziologischen Erkenntnisse, die ich mir schon selbst erarbeitet hatte, wissenschaftlich formuliert. Andere größere Denker hatten, schon bevor ich geboren wurde, alles das ausgearbeitet, was ich dachte, und noch vieles mehr.*

Je mehr sich Jack seiner Klassenzugehörigkeit und seines harten Lebens bewußt wurde, um so mehr distanzierte er sich von seinen Mitschülern. Zum Teil waren es verwöhnte und eitle Pinkel. Sein Weg führte zum „Henry-Clay-Debattierklub". Hier traf sich die geistige Elite von Oakland: Lehrer, Ärzte, Rechtsanwälte, Musiker und etliche Studenten. Soziale Probleme rückten in den Mittelpunkt der Auseinandersetzungen. Nachdem Jack einige Versammlungen miterlebt hatte, meldete er sich zu Wort und vertrat die gerade begriffenen sozialistischen Ideen. Ganz intensiv wirkte die Lektüre des „Kommunistischen Manifestes". Seine Kenntnisse und deren praktisches Umsetzen erweckten in diesem Kreis eine ungewöhnliche Beachtung und hinterließen bei einigen Mitgliedern neben einem starken Eindruck auch Widerwillen. Jack machte interessante Bekanntschaften und befreundete sich mit Edward

Applegarth, einem Jüngling aus kultivierter englischer Familie, der den urwüchsigen, weitgereisten und intelligenten Burschen Jack London zu sich nach Hause einlud. Dort erfolgte die Begegnung mit der „*Lilienmaid aus Britannien*", wie Jack die Schwester von Edward, Mabel Applegarth, hinfort nannte.

Mabel war so ganz anders als all die Mädchen, die Jack bisher kennengelernt hatte. Ein Vergleich mit Mamie oder mit dem Arbeitermädchen Haydee kam ihm zu dieser Zeit gar nicht in den Sinn, weil er von der weiblichen Schönheit und Grazie Mabels derart überwältigt war, daß er nur noch für sie schwärmte wie ein *von Gott erkorener, wahnsinngeschlagener Liebender... Ihr Körper war mehr als ein Gewand ihres Geistes, er war eine Ausstrahlung ihrer Seele, eine reine, anmutige Kristallisierung des Göttlichen in ihrem Wesen. Dies Gefühl des Göttlichen überraschte ihn. Es scheuchte ihn aus seinen Träumen und zwang ihn zu ernstem Nachdenken.*

Doch das „ernste Nachdenken" blieb ihm vorerst versperrt, weil er sich in einer Umgebung befand, die ihn völlig im Bann hielt. Mabel Applegarth studierte bereits an der Universität von Berkeley und war drei Jahre älter als Jack. Immerfort bewunderte er die ungewohnte Umwelt, die Gemälde und die umfangreiche Bibliothek; er lauschte den Gesprächen über Literatur, Kunst und Musik; er beobachtete scheu die Umgangsformen und versuchte recht unbeholfen, sich diesem Milieu anzupassen und einzugliedern. Sowohl durch den „Henry-Clay-Debattierklub" als auch durch die Besuche im Hause der Applegarths reinigte er seinen rauhen Wortschatz; er lernte, seine Gedanken in klare und logische Formen zu kleiden und langsam seine Schüchternheit zu überwinden.

Jack Londons Gegenüber am weiß gedeckten Tisch mit den vielen „Gerätschaften", deren Gebrauch er erst den anderen abgucken mußte, war die Tochter des Hauses, Mabel, die durch die Faszination der anscheinend harmonischen und vornehmen Gesellschaft eine Verklärung erfuhr. Das Arbeitermädchen Haydee und ihre Freundinnen hatten sich natürlich und ungezwungen verhalten; Jack hatte mit ihnen gelacht, geplaudert und geschäkert. Da gab es keine Ziererei, keine Verhaltensnormen. Man hakte sich ein, man ging ein Eis essen, ein Bier trinken, setzte sich auf eine Bank im Park, und man küßte sich. Diese natürlichen Umgangsformen kamen Jack nunmehr „ungebildet" und „ordinär" vor, weil er die Bildung des Bürgertums so hoch einschätzte, daß Mabel Applegarth zu einem Idol wurde. Der „wahnsinngeschlagene Liebende" Jack war vorerst „blind" geworden. Doch solche Zustände gehen vorüber…

Der Bildungshunger hatte auch seine positiven Seiten. Das nächste Ziel, beim Bildungsbürgertum Eingang zu finden, war die Hochschulreife. Jack hätte dafür drei Jahre an der Oaklander Oberschule benötigt. Nach einem Jahr verlor er bereits die Geduld. Es ging ihm viel zu langsam voran. Außerdem konnte er sich den Schulbesuch auch finanziell nicht mehr leisten. Seine Kleidung zerschliß; sein Geist rebellierte.

Durch den „Henry-Clay-Klub" hatte Jack inzwischen auch mit Oaklander Sozialisten engeren Kontakt bekommen. Die Versammlungen interessierten ihn so sehr, daß er für einen regelmäßigen Schulbesuch und die zusätzlichen Verpflichtungen kaum noch Zeit fand. Deshalb beschloß Jack, die Vorbereitungszeit zur Hochschulreife radikal abzukürzen. Dafür gab es die sogenannten Pressen, Institutionen, die den Lernprozeß für das Universitätsstudium erheblich beschleunigten. Jack lieh sich das notwendige Geld von Johnny Heinold und begann in der „Presse" von Alameda, um sich für die Aufnahmeprüfungen im Herbst vorzubereiten. *Und wie ich paukte! In vier Monaten hatte ich die Arbeit von zwei Jahren zu leisten. Fünf Wochen lang ochste ich, bis mir die mathematischen Gleichungen und die chemischen Formeln vor den Augen tanzten.*

Die Fortschritte, die Jack nunmehr machte, waren so außergewöhnlich, daß ihn der Direktor der „Presse" ängstlich zur Seite nahm und ihn bat, seine Schule wieder zu verlassen. Er würde die Vorbereitungsanstalten bei den Universitäten in Verruf bringen, wenn man erfahre, daß ein Schüler das Zweijahrespensum in wenigen Monaten bewältige. Der ungewöhnliche Zögling Jack London erhielt das Schulgeld zurück. Voller Stolz berichtete er später über dieses Ereignis. Jack hatte hiermit bewiesen, daß er auch geistig überdurchschnittliche Kräfte besaß. Mutig wagte er die nächste Kraftprobe: Er biß die Zähne zusammen und setzte auf eigene Faust die Studien fort: *Ohne Laboratorium, ohne Anleitung setzte ich mich in meine Schlafkammer und begann mir in den beiden noch übrigen Monaten den Kopf mit den Kenntnissen zweier Jahre vollzupfropfen... Neunzehn Stunden täglich arbeitete ich. Drei Monate lang büffelte ich in diesem Tempo... Ich erschlaffte körperlich und geistig, aber ich blieb dabei. Meine Augen trübten sich, aber ich hielt durch. Ja ich glaube, mein Verstand begann sich zu verwirren, denn ich war überzeugt, die Formel für die Quadratur des Kreises gefunden zu haben...*

Diese selbst auferlegten Torturen zeugen zweifellos von einer ungeheuren Willensstärke, die nur durch Jacks vitale Kraftnatur heil überstanden werden konnte. Jack scheute kein Risiko, weil er das Siegen gewohnt war.

Dann kamen die Examenstage: Der besessene Autodidakt hielt den Fragen und schriftlichen Aufgaben stand. Das Ergebnis wartete er gar nicht erst ab. Er wußte, daß er erneut gesiegt hatte. Deshalb packte er Decken und Lebensmittel zusammen, lieh ein Boot, segelte in die Bucht, stieß bei Benicia auf Fischerboote ehemaliger Kumpane und feierte mit ihnen eine wilde Orgie.

Jack London betont in diesem Zusammenhang, daß er in den vorangegangenen anderthalb Jahren *nicht einen Tropfen Alkohol* zu sich genommen hatte. *Ich hatte einfach keine Zeit dazu und verspürte auch keinen Drang danach. (...) Ich entdeckte eine neue Welt, und meine Leidenschaft, sie zu erforschen, war so groß, daß die alte Welt König Alkohols keine Lockungen mehr für mich bot.* Zwar hatte Jack in dieser Zeit mehrmals seine Stammkneipe „Erste und letzte Chance" besucht, aber nicht, um zu trinken, sondern um sich bei dem befreundeten Wirt Johnny Heinold etliche Dollars ohne Zinsen zu borgen.

Nach dem Trinkgelage an der Suisun-Bai lieh man Jack ein Lachsboot. Er jagte geradewegs in den brodelnden Schaum der Sturzseen hinein und sang aus voller Herzensfreude. Er war wieder ein tollkühner „Wikinger". Der Sturmwind zersauste seinen blonden Haarschopf. Er sang mit und gegen den Sturmwind sein trotziges Lied. Seine wild-verwegene Fahrt führte am Black Diamond vorbei in den San Joaquin, und dann stieß er flußauf bis Antioch vor. In diesem Schlupfwinkel fand er wiederum frühere Kameraden der Piratenzeit. Es galt Abschied zu nehmen. Noch einmal frohlockte „König Alkohol". Er ließ die krampfige Zeit des Büffelns vergessen und zauberte Zukunftsbilder hervor. Eine Woche lang dauerte bereits diese abenteuerliche Fahrt. Es war Zeit, die Universität zu beziehen.

Das erste Semester verlief reibungslos; im Januar 1897 sollte das zweite folgen. Zu dem *drückenden Geldmangel* gesellte sich nunmehr die Überzeugung, *daß mir die Universität in der Zeit, die ich dazu bestimmt hatte, nicht geben konnte, was ich wünschte. Ich hatte zwei Jahre studiert und – was das wichtigste war – meine Sprache in Wort und Schrift gebildet.*

Durch seine politisch klaren Diskussionsbeiträge im „Henry-Clay-Debattierklub" interessierte sich nunmehr auch die Gruppe der Sozialistischen Partei in Oakland für diesen intelligenten Jungen. Man lud ihn offiziell zu den parteiinternen Besprechungen ein. Die Zusammenkünfte trugen damals vorwiegend kulturellen Charakter: Es wurde musiziert, man trank sein Glas Bier und diskutierte über aktuelle sozialpolitische Fragen. Ab und zu traten Persönlichkeiten auf, die Jack Londons politischen Gesichtskreis über den bürgerlichen Debattierklub hinaus weiteten. So lernte er beispielsweise Austin Lewis von der britischen Arbeiterpartei durch Referate kennen; deutsche Sozialdemokraten, die wegen des Sozialistengesetzes ihre Heimat verlassen mußten und über die Arbeiterbewegung in Deutschland berichteten, und Universitätsprofessoren, die entlassen worden waren, weil sie mit ihrem Wissen nicht mehr der herrschenden Klasse dienen wollten und jetzt in diesem Kreis richtig aufzuleben schienen. *Hier fand ich warmen Glauben an die Menschheit, glühenden Idealismus, Selbstlosigkeit, Selbstverleugnung und Bekennertum, all die herrlichen und bewegenden Taten des Geistes. Hier erneuerte sich das Leben wieder*

und wurde voller Wunder und Größe, und es war eine Lust für mich,
zu leben. Im April 1896 ließ sich Jack London als Mitglied der
Sozialistischen Partei Oaklands einschreiben.

Als Jack nunmehr auch Gewerkschafts- und Arbeiterversammlungen besuchte, wurde seine Begeisterung für die sozialistische
Parteigruppe etwas gedämpft: Er mußte feststellen, daß sie fast
ausschließlich Intellektuelle zu ihren Mitgliedern zählte, also meist
Theoretiker, die weder das Proletariat kannten noch unmittelbar
im Klassenkampf standen. Die Arbeiterversammlungen im City
Hall Park besaßen eine ganz andere Sprache und Atmosphäre. An
einem Nachmittag bestieg Jack eine der Rednerbänke und entwik-
kelte vor der Zuhörermenge seine Gedanken über die kapitalistische Ausbeutung und das wachsende Elend des Proletariats. Die
gesellschaftlichen Verhältnisse in den USA prangerte der feurige
Redner als ein „System organisierter Räuberei" an. Jack hatte
kaum zehn Minuten gesprochen, da näherten sich vom Broadway
berittene Polizisten. Ein schwarzer Polizeiwagen folgte. Zwei
Beamte packten den Redner und transportierten ihn in das Oaklander Gefängnis. Anderntags berichteten die Zeitungen mit riesigen
Schlagzeilen von diesem „sozialistischen Jüngling", der es gewagt
hatte, eine „umstürzlerische Rede" zu halten. Der Richter ließ
jedoch in Anbetracht der Jugend des „Aufrührers" mildernde
Umstände walten. Nach der Entlassung interviewte ihn ein Reporter und schrieb einen sensationellen Artikel, in dem er den „sozialistischen Jüngling" als „Rothemd, Bombenschmeißer und Anarchisten" brandmarkte.

Etliche Mitglieder des Debattierklubs zogen sich von Jack London zurück. Bei den Applegarths durfte er weiterhin verkehren. Die
Eltern sahen in ihm jedoch einen sozial niedrigstehenden Handlan-
ger, der als Partner für ihre Tochter nicht in Frage kam. Auch Mabel
erschrak oft vor Jacks politischen Interessen und Ansichten. Sie
verstand ihn kaum. Ihr gemeinsamer unerschöpflicher Gegenstand
war die Literatur, und Mabel bemühte sich, aus ihrer bürgerlichen
Sicht dem Autodidakten die Poesie zu erschließen.

Als er ihr einige eigene literarische Arbeiten vorlegte, um sich beraten zu lassen, empfand Mabel seine Erzählungen *dilettantisch und schülerhaft.* Sie glaubte nicht an seine Zukunft als Schriftsteller. *Sie verglich mich mit Tennyson, Browning und ihren anderen Lieblingsschriftstellern, und natürlich fiel ich dabei hoffnungslos ab.* Hoffnungen als zukünftiger Schriftsteller zeigten sich trotz alledem: Das literarische Schülermagazin „The Aegis" veröffentlichte von Jack einige Erzählungen, Berichte und einen Aufsatz. Die Form wirkte noch roh und ungelenk, aber man spürte sowohl die Fähigkeit, Atmosphäre, Spannung und einprägsame Bilder zu schaffen, als auch den hartnäckigen Willen, die Erlebnisse und Erfahrungen in einen sozialpolitischen Zusammenhang zu bringen.

Der erste Bericht trägt den Titel *„Die Bonin-Insel".* Geschildert werden Erlebnisse aus der Zeit der Robbenpirsch. Es folgen Erzählungen, die zur Stoffgrundlage die Abenteuer auf dem Schienenstrang haben: *„Frisco Kid"* und *„Frisco Kid kehrt heim".* Dort werden Sprachporträts von Landstreichern gegeben, die dem Leser einen Einblick in die Mentalität der Arbeitslosen und Deklassierten gewähren.

Und dann trat das Thema von Ouidas „Signa" in einer Variante hervor, überschattet von des Autors bisherigen literarischen Mißerfolgen und den Mißbilligungen Mabels: *Ein Unglücklicher mehr.* Der „Unglückliche" ist ein junger Musiker, der mit seiner Kunst die Welt erobern wollte und nach schweren Jahren zu der Erkenntnis kommt, daß er nur ein mittelmäßiges Talent besitzt. Er fristet sein Leben als Geiger in einem Biergarten. Als er sich eines Nachts seiner Situation durch den Verlust seiner Geliebten, die die Mittelmäßigkeit nicht mehr ertragen konnte, bewußt wird, begeht er Selbstmord.

Diese tragische Geschichte steht im Widerspruch zu Jack Londons Seefahrerromantik: „The Aegis" veröffentlichte im selben Jahr *„Die Fahrt hinüber",* eine Erzählung, die wiederum auf Erlebnisse mit der „Sophie Sutherland" zurückführt. Einerseits tritt die See mit ihrer Schönheit und ihren Gefahren hervor; andererseits wird der Mensch sichtbar, der sich an dieser Schönheit berauscht und der die Gefahren zu bewältigen versucht. Physisch wirkt der Mensch gegenüber den Naturgewalten wie ein Stäubchen im Wind, aber durch seinen Willen und durch seine Fähigkeiten und Fertigkeiten wächst er empor zu einem alles beherrschenden „Gott".

Und schließlich publizierte „The Aegis" auch den Artikel *„Optimismus, Pessimismus und Patriotismus",* mit dem der Autor die bestehenden Mächte heftig anklagt, weil sie den werktätigen Massen die Bildung verwehren. Jack London schlußfolgert: Sobald sich die Arbeiter Wissen und Bildung zu eigen machen, werden sie ihr Sklavendasein durch eine Revolution beseitigen.

Während des Studiums an der Berkeley-Universität traf Jack seinen ehemaligen Schulkameraden James Hopper, der später die Eindrücke von dieser Begegnung schilderte: „Schon damals hatte Jack einen gewissen unbestimmten Ruf unter uns Jungs als einer, der Männerwerk getan und wilde und romantische Erlebnisse gehabt hatte... (...) Jack begegnete mir mit einer offenen Freimütigkeit, die wie heller Sonnenschein war. (...) Er war eine seltsame Vereinigung von einem skandinavischen Seemann und einem griechischen Gott. (...) Er war voll von gigantischen Plänen – wie er es immer war, wenn ich ihm später im Leben begegnete ... Er wollte alle englischen Vorlesungen hören – alle, mehr nicht. Dann wollte er natürlich auch die meisten naturwissenschaftlichen Vorlesungen besuchen, dazu viele geschichtliche und einen tüchtigen Happen von den philosophischen abbeißen ..."

Jack Londons Bildungshunger war maßlos, so wie er sich stets maßlos in jedes Abenteuer stürzte und maßlos gegen seine eigenen Kräfte wütete.

In seiner Autobiographie *„König Alkohol"* spricht er nur beiläufig von dem *drückenden Geldmangel,* der ihn unter anderem veranlaßte, sein Universitätsstudium aufzugeben. Er hatte aber noch etliche andere Gründe. Einen davon bildete das Urteil eines Professors für englische Literatur, der unter das Manuskript einer Erzählung von Jack London das griechische Wort für „Mist" setzte. In seinem Roman *„Martin Eden"* rechnet Jack voller Haß mit den bürgerlichen Literaturprofessoren ab. Er vertritt dort die Meinung, daß sie nur das Bestehende anerkennen – *tatsächlich sind sie selbst das Bestehende. (...) Und ihre Aufgabe ist es, all die jungen Leute, die an den Universitäten Vorlesungen hören, einzufangen, jeden Funken von Originalität, der sich möglicherweise bei ihnen findet, auszulöschen und ihnen den Stempel des Bestehenden aufzudrükken.*

Jack London ließ sich dadurch nicht erschüttern. Im Gegenteil: Die Widerstände schienen ihm zusätzliche Energien zu verleihen. Trotz und Empörung trieben ihn voran. Er blieb Optimist und versuchte nunmehr, mit dem inzwischen erworbenen Wissen und den erlernten Fertigkeiten seine Existenz als Schriftsteller zu bestreiten. Ein *schöpferisches Fieber* hatte ihn gepackt, und Tag für Tag schrieb er fast fünfzehn Stunden hintereinander einfach drauflos: *Essays, wissenschaftliche und soziologische Aufsätze, Humoresken, Verse aller Art, von Terzinen und Sonetten bis zu Trauerspielen in Jamben und ungeheueren Epen in Spencerschen Stanzen. (...) Zuweilen vergaß ich zu essen oder weigerte mich, meine leidenschaftlichen Ergüsse nur um des Essens willen zu unterbrechen.*

Von seinem Schwager Shepard konnte er sich die Schreibmaschine für die Nachtstunden ausleihen. Es war *ein vorsintflutliches Modell,* und Jack quälte sich ab, seine handschriftlich fixierten Gedanken durch dieses *Monstrum von Maschine* in den Nächten niederzuhämmern. *Hirn und Nerven brachen zusammen und der Körper nicht weniger, und doch: im Himmel meines Schöpferdranges war ich selig!*

Umsonst blieben jedoch alle seligen Mühen: *Meine Manuskripte machten Rundreiserekorde zwischen dem Stillen und dem Atlantischen Ozean.* Sie fanden vorerst ihren Platz in einer großen Kiste unter seinem Arbeitstisch.

Schließlich fehlte das Geld für die Briefmarken. Jack verkaufte seine Lehrbücher an den Antiquar; er versetzte sämtliche entbehrlichen Gegenstände im Leihhaus, lieh sich bei Freunden einige Dollars. Die Arbeitskraft des Vaters hatte erheblich nachgelassen. Er mußte seinen Wächterposten aufgeben und schlug sich recht

Universitätsbibliothek von Berkeley um 1896

und schlecht als Hausierer durch. So vergingen mehrere bittere Wochen der Not und Entbehrung, *bis ich nachgeben und wieder an die körperliche Arbeit gehen mußte.* Noch einmal verkaufte er seine Muskelkraft; noch einmal unterwarf er sich der kapitalistischen Fron. Doch diesmal besaß er umfangreiches Wissen, so daß er seine Situation als Proletarier unter Proletariern im gesellschaftlichen Zusammenhang erfaßte und durchdrang, um sie später in seinem literarischen Schaffen durchschaubar zu machen. Jack war belesen, gebildet und nach wie vor wissensdurstig und hungrig nach eigenschöpferischer geistiger Arbeit. Diese Eigenschaften traten im nachfolgenden Arbeitsmilieu besonders kraß hervor und lösten extreme Reaktionen aus.

Militärschüler bei einer Übung (1897)

Jack fand eine Stelle als Bügler in der Dampfwäscherei der Militärakademie von Belmont. Diese Drangsale werden ausführlich in dem Roman „*Martin Eden*" beschrieben. Es war eine endlose Plackerei, die früh um sechs Uhr begann und nachts gegen zehn Uhr abschloß. Jack mußte die schmutzige Wäsche sortieren, während sein Kumpel die Waschmaschine betätigte. Dann bediente Jack die Trocken- und Wringmaschine, nachmittags die Rolle, und anschließend bis in die Nacht hinein hatten beide bei grellem elektrischem Licht Oberhemden, Kragen und Manschetten zu plätten. Als der Sommer kam, trugen die Lehrkräfte und die Studenten der Akademie weiße Leinenhosen, so daß sich die Haufen schmutziger Wäsche noch vergrößerten. Vom Kellerfenster aus konnte man durch Hitze und Dampf die weißgekleideten „Herrschaften" im Park sorglos plaudernd und lachend flanieren sehen. Jack und sein Arbeitskollege waren in Schweiß gebadet, schufteten blindwütig und fluchten. Wenn Jack diese „Militär-Jünglinge" bei der Parade in ihren blütenweißen Hosen sah, stieg bei ihm bitterer Haß auf.

Diese Zöglinge waren es, die später als Offiziere die Soldaten gegen streikende Arbeiter befehligten.

Für die Tätigkeit als Bügler erhielt Jack einen Monatslohn von dreißig Dollar bei freier Kost und Wohnung. Er hatte einen ganzen Koffer voll Bücher mitgeschleppt, doch zum Lesen kam er nicht: *Die Buchstaben verschwammen, die Zeilen liefen vor seinen Augen zusammen, und er begann einzunicken. Er ging auf und ab, schlug sich wütend mit den Fäusten an den Kopf, konnte aber seine Schläfrigkeit nicht überwinden. Er stellte das Buch vor sich hin und sperrte die Lider mit den Fingern auf, schlief aber mit weit offenen Augen ein.*

Dafür schien jeweils gegen Wochenende die *„weiße Logik"* des „Königs Alkohol" in erschreckender Weise die Augen zu öffnen: *Dies war das zweitemal in meinem Leben, daß ich den unverkennbaren Ruf König Alkohols vernahm. Das erstemal war der Grund geistige Überreizung gewesen und jetzt das Gegenteil — die dumpfe Gefühllosigkeit eines arbeitslosen Hirns. Und das schlimmste war, daß mein Geist, erweckt durch das Wunder der Bildung, nun das ganze Elend seiner Stockung und Untätigkeit doppelt fühlte.*

Neben diesen Erfahrungen mußte Jack gleich in den ersten Tagen feststellen, daß er sich durch die inzwischen empfangene Bildung von den Arbeitern irgendwie entfernt hatte. Da waren der Maschinist, der Gärtner und dessen Gehilfe. Ihr geistiger Tiefstand bedrückte Jack. Es gelang ihm keine rechte Unterhaltung, und ihre Gespräche und Interessen wirkten banal, primitiv und nichtssagend. Deshalb strebte er nach den gemeinsamen Mahlzeiten in der Küche so schnell wie möglich wieder fort. Eine Kluft zeichnete sich ab, obwohl er doch zu ihnen gehörte, mit ihnen gemeinsam die anderen, diese verwöhnten und arroganten Offiziersschüler, für die sie zu schuften hatten, ablehnte und verachtete. Jack spürte, daß er sich gegen seinen eigenen Willen zu einem Einzelgänger, einem Abseitsstehenden, entwickelte. Das gefiel ihm ganz und gar nicht, weil er sich mit den Kumpels in der Dampfwäscherei, im Maschinenraum und im Garten verbunden fühlte. Und wenn sich dann „König Alkohol" mit seiner „weißen Logik" in die

Gedankengänge einschob, wurde Jack London elend zumute. Seine Position entsprach einer Sinnlosigkeit der schwer errungenen Bildung, des Lebens- und Klassenkampfes, des verfluchten Daseins überhaupt... Selbst Mabel Applegarth bot ihm nicht den Halt, den „Stützpunkt", der ihn aufrichten konnte. Für seine Lage hatte sie kein Verständnis. Sie konnte sich überhaupt nicht in seine Situation versetzen. Für Mabel war die Lösung einfach: irgendeine Stelle im Büro, im Unternehmen ihres Vaters oder sonstwo annehmen; ein Kleinbürger der Mittelmäßigkeit werden. Also Preisgabe seiner künstlerischen Ambitionen? Wo stand er überhaupt? Und schlimmer noch: In welche Richtung wurde er getrieben? Vielleicht hatte „König Alkohol" recht? Alles war sinnlos, lächerlich... Eine unnötige Belastung der Welt mit seinem Gewicht. Vielleicht war es wirklich an der Zeit zu gehen, sich aufzulösen. War er nicht schon längst ein Toter? War er „überfällig"?

Manchmal raffte er sich auf, radelte übers Wochenende hinüber nach Oakland, traf sich mit Mabel, unternahm mit ihr entweder einen Ausflug nach den Hügeln von Berkeley, oder sie segelten in einem geliehenen Boot in die Bucht. Bei solchen Gelegenheiten las ihm Mabel Gedichte vor, insbesondere von Swinburne. Jack war so erschöpft, daß er einschlief. Mabel war so vorzüglich ausgeschlafen, daß sie Jacks „Gleichgültigkeit" gegenüber der exklusiven Poesie nicht verstand und mißbilligte.

Jack war der Verzweiflung nahe. Die wöchentliche Plackerei, dieses übermäßige Schuften von ungefähr achtzig Stunden, hatte ihn wieder hinabgeschleudert zum *alten, gedankenlosen Arbeitstier,* das er wegen seiner übermäßigen Bildung nicht mehr sein konnte. Trotz alledem: Die körperlichen Strapazen verschlossen ihm die Bücher. Im Koffer befanden sich Spencers „Philosophie des Stils", Nietzsches „Wille zur Macht", Miltons „Wiedergewonnenes Paradies". Seine Lage war kurios, paradox. Die Konfliktsballung war reif zum Wahnsinn, zur Vernichtung... Was sollte er nur tun? Was...? „König Alkohol" flüsterte an der Theke, auf dem Heimweg immerfort von sinnloser Mühe. Jack starrte ins Leere. Nur ein außergewöhnliches Ereignis konnte ihn retten...

110

VIII. Lockruf des Goldes

Aber ein Mann ist erst besiegt, wenn er ganz vernichtet ist.
Jack London: Alaskagold

Aber der Mensch darf nicht aufgeben. Man kann vernichtet
werden, aber man darf nicht aufgeben.
Ernest M. Hemingway

Und wieder kam es über Nacht zu einem Ereignis, das Jack London Anlaß bot, sein bisheriges Leben jäh abzubrechen: In Alaska wurde Gold gefunden. Die Nachrichten häuften und bestätigten sich in der „San Francisco Chronicle": Ein neues Eldorado, ein neues Gold- und Glückslager lockte am Klondike. Bret Hartes Ära der Goldgräber in Kalifornien war noch gegenwärtig und weckte jetzt die Söhne der ehemaligen Pioniere.

Am 25. Juli 1897 sollte der Dampfer „Umatilla" nach Alaska auslaufen. Es war dasselbe Schiff, mit dem Jack seine Trampzeit abgeschlossen hatte. Jack London wollte bei dem ersten *Goldgräbersturm* in das Klondike-Gebiet dabeisein. *Ja, ich hatte meine „Laufbahn" zum Teufel gehen lassen, war wieder auf Abenteuer aus und suchte das Glück.*

Doch zu solch einem Unternehmen benötigte man nicht nur eine kostspielige Ausrüstung, sondern auch siebenhundert Pfund Lebensmittel und fünfhundert Dollar in bar. Die Lebensmittel und das Geld mußten der berittenen Polizei im kanadischen Grenzgebiet, den sogenannten Yellow Legs, den „Gelbhosen", vorgewiesen werden. Stiefschwester Eliza kam Jack wieder zu Hilfe, zumal ihr Mann, der sechzigjährige Kapitän Shepard, ebenfalls vom Goldfieber erfaßt worden war und einen kräftigen Partner benötigte.

Auf dem Dampfer „Umatilla" versammelte sich eine bunte, wilde Reisegesellschaft von Glückssuchern, Abenteurern, Spekulanten. In Port Townsend übernahm das Schiff „City of Topeka"

Goldsucher nach ihrer Ankunft in Dyea (1897)

Passagiere und Fracht und setzte am 2. August 1897 die Fahrt fort. Die letzte Strecke führte mit Booten bis zu dem Indianerdorf Dyea. Dort herrschte ein wüstes Treiben. Bergehoch lagen die Packen von Ausrüstungen, Verpflegung, Werkzeugen. Zwischen den Gassen jagten die Schürfer nervös hin und her. Es fehlte an indianischen Trägern. Man übertraf sich in den Preisen, verlor die Geduld, geriet aneinander, schimpfte mordsmäßig und saß fest. Der Trägerkurs war derart gestiegen, daß auch Shepard und London auf eine Hilfe verzichten mußten. Vor ihnen lag ein steiles Gletschergelände, der Chilkoot Pass. Nur die Stärksten unter den Goldsuchern konnten es wagen, mit ihrem Gepäck diese „goldene Treppe des Glücks", die dem „Vorhof der Hölle" glich, zu bezwingen: Eintausendfünfhundert Stufen hatte ein Kanadier in die Eiswand gehackt und kassierte für die Benutzung einen Dollar Zoll. *Wir sind aneinandergeschmiedet wie Galeerensträflinge, wir sind eine Kette von Verdammten,* notierte Jack London. Sechs Stunden benötigte man bis zur Paßhöhe, dort warf man die Last ab, glitt auf einer Persenning wieder abwärts und trat diesen Höllenmarsch erneut an. Viele Glückssucher gaben bereits im Angesicht der ersten Strapaze ihr Unternehmen auf. So verzichtete auch Shepard, und Jack war froh darüber. Er hatte sich mit drei kräftigen Gefährten aus Frisco angefreundet. Gemeinsam nahmen sie den Kampf auf. *Ich war mit meinen einundzwanzig Jahren in glänzender Körperverfassung. Auf der achtundzwanzig Meilen langen Strecke von Dyea Beach über den Chilkoot Pass nach Lake Linderman nahm ich es mit jedem Indianer auf. Das letzte Stück nach Linderman betrug drei Meilen. Ich machte den Weg viermal an einem Tage hin und zurück und schleppte jedesmal auf dem Hinwege hundertfünfzig Pfund.*

Obwohl das vorgeschriebene Gewicht der Konserven schon hoch genug war, schleppte Jack London zusätzlich einen Packen Bücher mit. Darunter befanden sich auch Schriften von Charles Darwin. Das „Gesetz der natürlichen Auslese" brannte sich auf diesem Höllenmarsch in Jacks Gehirn ein. Die „Glückstreppe", dieser „Vorhof der Hölle", hatte sie alle gewandelt: Sie waren zu

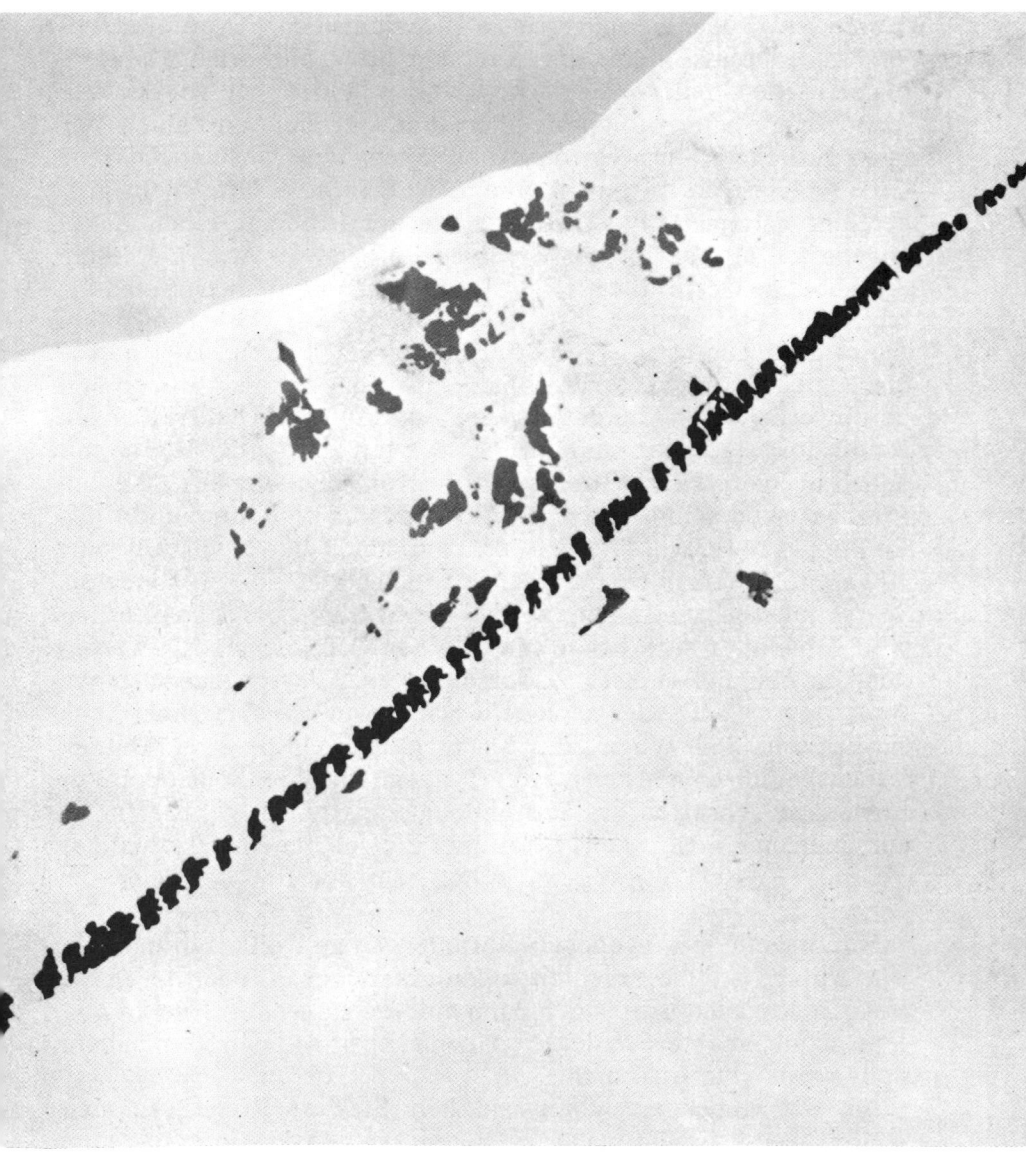

Die „goldne Treppe" zum Chilkoot-Paß (1897)

Tieren geworden, gierig, gefräßig, rücksichtslos. Wer auf der steilen Eistreppe ausscherte, um zu verschnaufen, mußte lange warten, bis er wieder in diese mürrische Reihe aufgenommen wurde. Wer nicht zügig rannte, der wurde überrannt; wer nicht durchhielt, der blieb zurück... Kurz vor der Anhöhe hing einer aus der Kolonne der Goldgierigen an einem Baum, weil seine Kräfte nicht ausgereicht hatten. Auf der Brust hatte der Erhängte einen Zettel angeheftet mit der Adresse seiner Familie. Es war die letzte menschliche Geste. Erbarmungslos und stumpfsinnig trotteten die menschlichen Lasttiere vorbei, ohne das erste Opfer zu beachten.

Am Lake Linderman gab es erneut eine Stockung. Hier mußte man einen der zwei Wege wählen: entweder das gefährliche und beschwerliche Felsufer entlang des Yukon oder den wild reißenden Fluß selbst. Jack und seine drei Gefährten zimmerten Boote, mit denen der gefährliche Tanz auf den Stromschnellen des „Weißen Pferdes", den White Horse Rapids, durch Lake Bennet und Lake Le Barge gewagt wurde. Die Box Cajon schien die verwegene Fahrt zu vereiteln: Wie in einer „Büchse" quetschten die Felswände die Wassermassen zusammen, so daß die Wellen hochschossen und wild schäumten, die Boote hin und her schleuderten, umwarfen oder an den Felsmauern zerschmetterten. Die vorangegangenen Boote waren entweder zerschellt oder gesunken. Jack übernahm für das tollkühne Wagnis das Kommando, weil die zwei Minuten Lebensgefahr mindestens zwei Tage mühseliges Schleppen der Lasten die schroffen Felsufer entlang ersparten. Jack als erfahrener Seemann steuerte das Boot über die schäumende Mähne des „Weißen Rosses" hinweg und schoß haarscharf an der Felswand vorbei.

Nun hagelte es Angebote. Fünfundzwanzig Dollar bot man für eine Fuhre. Etliche Frachten sollen unter Jacks Steuer durch die Box Cajon gejagt sein. Doch dann mußten sie weiter. Eile tat not, denn schon machte sich der Frost bemerkbar. Auf den Seen bildete sich bereits eine Eisschicht.

Am 9. Oktober erreichten sie den Stewart River. An eine Weiterfahrt war nicht mehr zu denken: Der Alaskawinter hatte die

Ankunft der „Seattle" Nr. 1 bei Dawson City (1898)

Flußwege erstarren lassen. In einer der leerstehenden Holzhütten von Pelzhändlern am Ostufer des Yukon quartierten sie sich ein.

Langeweile gab es nicht. Jack London hatte über den Chilkoot Pass nicht nur Darwins „Entstehung der Arten" mitgeschleppt, sondern auch Haeckels „Welträtsel", einige Broschüren von Karl Marx und Miltons „Verlorenes Paradies". Inmitten der Wildnis setzte Jack nun die Studien fort, die ihm in der Wäscherei von Belmont wegen körperlicher Erschöpfung versagt waren. Außerdem konnte er mit seinen Gefährten geduldig und ausführlich über auftretende Probleme und Fragen diskutieren.

W. B. Hargrave, ein Goldsucher aus der Nachbarhütte, beteiligte

117

sich meist an diesen Debatten: „So manche Nacht saßen wir, während die anderen schon schliefen, vor den flackernden Holzkloben und verplauderten die Stunden. (...) Jack hatte das reine, frohe, zartfühlende, von Bitterkeit freie Herz der Jugend ohne ihren anmaßenden Egoismus. Er wirkte älter als seine zwanzig Jahre ... Sein Geist verlangte unersättlich nach Wahrheit. An religiöse, soziologische, an alle Fragen legte er den Maßstab seiner Frage: ‚Was ist Wahrheit?'"

Als der Frühling nahte und das Eis zu brechen begann, bauten sich die einzelnen Gruppen aus den Hütten ein Floß und trieben mit den Eisschollen den Yukon hinunter nach Dawson.

In Dawson war der Teufel los: Etwa fünfzigtausend Menschen waren dort inzwischen zusammengeströmt. Sie quälten sich durch den knietiefen Frühlingsmatsch, suchten Quartiere, zimmerten primitive Hütten, rempelten einander an, schreckten sich gegenseitig durch Gerüchte von Goldlagern auf und drängten sich mit einbrechender Dunkelheit in den Kneipen zusammen. Jack war mitten in diesem Gewimmel, lauschte in den Kneipen und Spielhöllen allen möglichen Geschichten von Goldschürfern, Glücksjägern, Indianern. Sein Notizbuch legte er selten aus der Hand. Als Goldgräber hatte er kein Glück. Nur die Vorfreude und die Spannung konnte er unmittelbar erleben: Am 16. Oktober 1897 hatte er ein „Goldfeld" entdeckt. Davon berichtet ein Dokument im „Mining Office" zu Dawson:

„Formular H, Ansuchen um Erlaubnis zum Mineralienschürfen. Ich, Jack London, von Dawson im Yukon-Distrikt, beanspruche hiermit 500 Fuß im Geviert als Claim Nr. 54 an der linken Gabelung des Henderson-Baches. Und ich schwöre feierlich, daß ich dort Gold gefunden habe und daß ich meines Wissens der erste Entdekker dieses Goldfundes bin."

Die alaskischen Pioniere spannten sofort ihre Hunde ein und jagten zum Henderson-Bach, um Erde und Kies in ihren Pfannen zu waschen. Es glitzerte — Mica, Katzengold. Der Traum Jack Londons von einem Claim zerstob...

Immer mehr Glückssucher, Spekulanten, Händler, Kneipen-

FORM H.

APPLICATION FOR GRANT FOR PLACER MINING,

AND AFFIDAVIT OF APPLICANT.

I, *Jack London* of *Dawson in the Yukon Dist* hereby apply, under the Dominion Mining Regulations, for a grant of a claim for placer mining as defined in the said Regulations, in *the Henderson Cr—* *Mining Division of the Yukon Dist* *more particularly described* *as placer Mining Claim No.* *54 on the Left Fork Ascending* *Henderson Creek in said—* *Mining Division*

and I solemnly swear :—

1. That I have discovered therein a deposit of *gold*

2. That I am, to the best of my knowledge and belief, the first discoverer of the said deposit : or

~~3. That the said claim was previously granted to~~

~~but has remained~~

~~unworked by the said grantee for not less than~~

4. That I am unaware that the land is other than vacant Dominion Land.

5. That I did, on the *16th* day of *Oct* 189*7* mark out on the ground, in accordance in every particular with the provisions of ~~subsection (2) of clause eighteen of the said~~ Mining Regulations, the claim for which I make this application, and that in so doing I did not encroach on any other claim or mining location previously laid out by any other person.

forth. *Yukon Rv.* *& it. Feb.* *Glacier.*

6. That the said claim contains as nearly as I could measure or estimate an area of *260 00* square feet, and that the description ~~and sketch~~ of this date hereto attached, signed by me, set forth in detail, to the best of my knowledge and ability, its position, form and dimensions.

7. That I make this application in good faith to acquire the claim for the sole purpose of mining to be prosecuted by myself, or by myself and associates, or by my assigns.

before me at Dawon *Yukon Dist* *Jack London* *day of Nov*

7 Thos Fawcett

Gold Commissioner

Form No. 110.

Dawson im Jahre 1898

wirte, Prostituierte strömten nach Dawson. Die Lebensmittel
wurden knapp, die Preise stiegen höher und höher. Goldstaub galt
als Zahlungsmittel. Frisches Gemüse und Kartoffeln fehlten. Jack
erkrankte wie viele andere an Skorbut und mußte das Hospital
aufsuchen. Nachdem er sich etwas besser fühlte, zimmerte er mit
zwei Gefährten ein Ruderboot. Am 7. Juni 1898 nahmen sie Abschied von Dawson. Vor ihnen lagen sechzehnhundert Meilen
Fahrt auf dem Yukon.

Forty Mile zog vorüber. Der kleine Dampfer „May Mist' tuckerte
flußaufwärts mit sechs Tonnen Whisky an Bord. In der Mission von
Ankiv erhielt Jack frische Kartoffeln und eine Büchse Tomaten.
Sein Zustand verbesserte sich. Gold war belanglos geworden...

Jack Londons Antrag zum Goldschürfen, 16. 10. 1897   121

Einkauf in Dawson gegen Goldstaub (1899)

Am 28. Juni zeigte sich St. Michaels am Horizont. Jack ließ sich als Heizer anheuern und gelangte nach Britisch-Kolumbien. Als Zwischendeck-Passagier trampte er nach Seattle. Als blinder Passagier „faßte" er dort einen Güterzug und schlug sich durch bis Oakland.

Bettelarm und abgerissen stand er in der Tür: Kein Gold hatte er gefunden, keinen Claim abgesteckt, keine Unze geschürft. *Außer einem Skorbut brachte ich nichts aus dem Klondike mit nach Hause...*

122

Trotz alledem hatte Jack London sein Gold gefunden: Es war der goldhaltige Stoff seiner Alaska-Erlebnisse. Aus den flüchtig skizzierten Eindrücken schürfte er mehrere Bände Erzählungen. Und all die Flunker-Geschichten, denen er an Theken und Spieltischen gelauscht hatte, brachten beim späteren Sieben ganze Zyklen wie „Alaskagold" und andere Sammlungen.

IX. Vom schweren Anfang

Trauer und Not herrschten in der East Sixteenth Street Nr. 962: John London war gestorben. Flora hatte den fünf-jährigen Neffen Johnny Miller aufgenommen. Ein Bündel fälliger Rechnungen und Mahnungen lagen vor und mußten erledigt werden. Über Nacht war der zweiundzwanzigjährige Jack zum verantwortlichen Oberhaupt der Familie geworden. Not und Sor-gen begegneten dem erfolglosen Goldsucher auf Schritt und Tritt.

Stellungssuche durch Annoncen und mündliche Nachfragen blieb ergebnislos. Nur Gelegenheitsarbeiten boten sich: Teppich-klopfen, Rasenmähen, Heckenstutzen, Fensterwaschen... Schließlich versuchte sich Jack als Agent für Nähmaschinen. Vergeblich war das Treppensteigen: Krisennot und Krisenangst versperrten die Türen. Die wenigen Habseligkeiten mußten deshalb erneut zum Leihhaus: Fahrrad, Uhr, Mantel, Anzug.

Die Alaska-Erlebnisse drängten zur literarischen Gestaltung. Außerdem stand in der Sonntagsbeilage des „Examiner" zu lesen, daß Zeitschriften für tausend Wörter zehn Dollar zahlen. Dieses Unternehmen konnte sich also lohnen. Vielleicht gelang es auch, auf diesem Pfad seine geliebte Mabel Applegarth endgültig zu erobern? Vielleicht...

In den Nächten entstanden Erzählungen und Berichte, die Jack an Magazine sandte. Meist kamen diese Packen postwendend zurück. Manchmal mit stereotypen Absagen. Oft ohne jeglichen Bescheid. Neu frankiert begann die nächste „Rundreise". *Schlach-ten ohne Ende...,* so nannte der Autor als Martin Eden seine Bemühungen. Jack sah sich einem seelenlosen Mechanismus ge-genüber. Undurchschaubar, unüberwindlich... Niemals hatte er eine Redaktionsstube betreten. Sieben Alaska-Erzählungen wanderten inzwischen von Redaktion zu Redaktion. Mabel wurde immer ungeduldiger: Jack sollte sich nun endlich „irgendeine Stellung suchen". Und da stieß er auf eine Pressenotiz, daß Examen für den Postdienst durchgeführt würden. Er meldete sich. Mabel gab sich vorerst zufrieden und willigte in die Verlobung ein, befristet auf ein halbes Jahr. Nach diesem Zeitraum müßte die Existenzgrundlage für eine Ehe gewährleistet sein. Kurz darauf war Jack gezwungen, seine sonntäglichen Besuche bei der Familie Applegarth einzustellen: Seine Kleidung zerlumpte, Nervenfieber befiel ihn, dann brach er an Unterernährung zusammen. In seinem Brief vom 27. November 1898 an Mabel heißt es: *Verzeihe, daß ich nicht geschrieben habe. Ich bin elend und halb krank gewesen. War heute morgen so nervös, daß ich mich kaum rasieren konnte ... Alles scheint schiefgegangen zu sein — ...: Keine Nachricht, wie meine Examensaussichten sind. Keine Antwort von „The Youth's Companion" ...*

Die Nachricht vom Examen bei der Post traf anderntags ein: Jack hatte die Prüfung bestanden, ohne daß ihm gleich eine Stelle zugewiesen werden konnte. Bei der Zeitschrift „The Youth's Companion" lag der Bericht von seiner Fahrt auf dem Yukon „Down the River", „Den Fluß hinab". In diesem Zusammenhang gestand er Mabel: *Die Kunst auszulassen ist am schwersten zu erlernen, und das ist noch meine schwache Seite. Ich bin zu weitschweifig, und es fällt mir nicht leicht, fortzustreichen.*

Sowohl aus den Briefen an Mabel Applegarth als auch durch den ersten autobiographischen Teil „Martin Eden" erfahren wir, daß Jack London neben seiner schöpferischen literarischen Tätigkeit immerfort weiterstudierte und experimentierte: *Er vergeudete nicht einen Augenblick. Am Spiegel waren Listen mit Erklärungen der Bedeutung und Aussprache verschiedener Wörter angebracht, und während er sich rasierte, ankleidete oder sein Haar kämmte, überlas er sie. Ähnliche Listen befanden sich an der Wand ...* Er zog Wäscheleinen mitten durchs Zimmer, um weitere Streifen mit wichtigen Sentenzen anzuheften. Sobald er mit dem Inhalt vertraut war, speicherte er die Zettel in einer provisorischen Kartothek, um für Nachschub wieder Raum zu schaffen.

Von künstlerischen Werken zergliederte Jack *die Schönheit in seinem kleinen Schlafzimmer und Laboratorium, (...) und als er ihre Anatomie studiert hatte, war er der Möglichkeit, selbst Schönheit zu schaffen, nähergekommen. (...) Er wollte wissen, wie und warum.* In den Briefen an Mabel erwähnt er oft die *Spencer-Strophe,* die er noch *verbessern wollte,* er analysierte Gedichte von Dryden, Thompson, Johnson und Tennyson. Immer wieder vertiefte er sich in Browning und zog Vergleiche: *Er hatte von der kränklichen Elizabeth Barrett gelesen, die jahrelang nicht die Füße auf den Boden setzen konnte, bis sie an jenem Flammentage mit Browning floh und aufrecht und stolz unter freiem Himmel stand; und was Browning für sie getan, das konnte er* (für Mabel ebenfalls) *tun.*

Unvorstellbare Mühen und Drangsale, Hunger und Zusammenbruch lagen auf diesem steilen Pfad. Trotz alledem blieb ihm die Hoffnung. Und schließlich war es soweit: *Ein kleiner, dünner Briefumschlag* traf vom „Overland Monthly" ein. Die Redaktion interessierte sich für die eingereichte Erzählung *„To the Man on Trail",* „Unterwegs", und bot fünf Dollar. Jack London war sowohl erfreut als auch entsetzt: Fünf Tage hatte er an dieser Geschichte geschrieben, und wenn er überrechnete, so konnte er mit dieser Tätigkeit keinesfalls die Existenz bestreiten. Die bekanntgegebenen Honorarsätze im „Examiner" mußten demnach auf Schwindel beruhen.

Spät am Nachmittag klopfte erneut der Postbote und überreichte den zweiten *kleinen, dünnen Brief.* Das Schreiben kam von dem Magazin „The Black Cat". Diesmal löste der Inhalt ungetrübte Freude aus: Vierzig Dollar bot ihm der Herausgeber Umbstaetter, wenn der Autor mit einer Kürzung des Textes um die Hälfte einverstanden wäre. Mit dem Honorar von „The Black Cat" wurden Schulden beim Krämer und Fleischer beglichen, die gestundeten Mieten bezahlt und verpfändete Gegenstände eingelöst.

Kurz darauf trat wieder eine Stockung ein: Der Teufelskreis von Schulden und Leihhaus schloß sich erneut. Die letzten Cents waren

schließlich für Briefmarken ausgegeben, so daß sich die Manuskripte in der Kiste unter dem Tisch immer höher stapelten. Der Winter kam, und Jack fror und hungerte. Hatte ihn denn die ganze Welt vergessen? Das Warten wurde unerträglich. Mabel war gereizt. Warum konnte sie ihn nicht verstehen? Die ärgste und härteste Wartezeit war angebrochen. Eine Zerreißprobe.

In seinem Brief vom 30. November 1898 schrieb Jack an Mabel Applegarth: *Hungrig! Hungrig! Hungrig! Von der Zeit an, da ich mir Nahrung stahl und nichts hörte als den Schrei meines Magens bis heute, wo der Schrei ein höherer ist: Hunger, nichts als Hunger. Du kannst das nicht verstehen, und Du wirst es nie verstehen. Und auch kein anderer hat es je verstanden. Es ist alles von selber gekommen. Die Pflicht sagte: „Laß das Schreiben — arbeite!" Andere sagten dasselbe, wenn sie es mir auch nicht ins Gesicht sagen wollten. Alle sahen mich schief an, und wenn sie auch nichts sagten, wußte ich doch, was sie dachten. Kein Wort der Anerkennung, aber sehr viele der Mißbilligung. Wenn nur einer gesagt hätte: „Ich verstehe." Von dem Hunger meiner Kindheit an haben kalte Augen auf mich geblickt oder gefragt oder gekichert oder gegrinst ...*

Am 16. Januar 1899 traf für Jack London der Bescheid von dem Oaklander Postamt ein, daß ihm eine Stelle für fünfundsechzig Dollar monatlich zur Verfügung stehe. Jack zögerte. Er bat um einen späteren Termin. Der Beamte schüttelte den Kopf. Er verstand diesen „komischen Kerl" nicht. Er konnte ihn nicht verstehen, denn der „Hunger auf höherer Ebene" wirkte bereits.

Im Januar-Heft der „Overland Monthly" erschien Jack Londons Erzählung *„Unterwegs".* Das Debüt als Schriftsteller war gelungen. Ein tragikomischer Auftakt: Die fünf Dollar und ein Belegexemplar blieben aus. Dem jungen Autor fehlten die 10 Cent, um „Overland Monthly" zu erwerben.

In der Februar-Nummer folgte Jack Londons Erzählung *„The White Silence",* „Das weiße Schweigen". Sieben und einen halben Dollar versprach man dem Verfasser. Jack mußte gewaltsam sein erstes Honorar von fünf Dollar bei „Overland Monthly" eintreiben und lernte bei dem Handgemenge in der Redaktion den Chef

Roscoe Eames und dessen Geschäftsführer Edward Payne kennen.

Im nächsten Monat legte „Overland Monthly" die dritte Erzählung „*The Son of the Wolf*", „Der Sohn des Wolfes", von Jack London vor. Diese Zeitschrift, die im Jahr 1868 von Bret Harte in San Francisco gegründet worden war, führte selbst einen hartnäckigen Existenzkampf, so daß ihr neuer Mitarbeiter meist ohne Entgelt blieb.

Mabel war bitter enttäuscht, daß Jack die Chance bei der Post nicht wahrgenommen hatte. Die Krisensituation, in der er sich nunmehr befand, charakterisierte er später als *Martin Eden* folgendermaßen: *Gerade als er die Schlacht verloren glaubte, war sie gewonnen.*

Im April 1899 veröffentlichte das San-Franciscoer Witzblatt „Town Topics" von J.L. ein Ringelgedicht. Es war das erste harmlose Beispiel der „*Lohnschreiberei als ein Notbehelf*", um die nackte Existenz zu bestreiten.

Dafür brachte der Monat Mai 1899 einen massiven moralischen Triumph: In vier Zeitschriften erschienen Beiträge. „Town Topics" druckte wiederum ein humoristisches Gedicht; aber „Overland Monthly" publizierte die vierte alaskische Geschichte „*The Men of Forty Mile*", „Die Männer von Forty Mile". „Orange Judd Farmer" brache „*On Furlough*", „Auf Urlaub", und „The Black Cat" veröffentlichte „*A Thousand Deaths*", „Tausend Tode".

Im Juni folgte die erste Zeitung aus dem Osten: „Expreß" von Buffalo hatte „*From Dawson to the Sea*", „Von Dawson zur See", erworben; „Home Magazine" brachte „*Through the Rapids on the Way to Klondike*", „Durch die Stromschnellen auf dem Wege nach Klondike") und „Overland Monthly" setzte die alaskische Serie mit „*In a Far Country*", „In einem fernen Land", fort.

Und im Juli 1899 waren es schon fünf Zeitschriften, die Geschichten und Aufsätze von dem dreiundzwanzigjährigen Autor publizierten.

Jack London konnte zufrieden sein. Nicht zufrieden war Mabel. Für sie und ihren Kreis galt nur ein „solider Beruf".

Mabel Applegarth, dieses *blasse, elfenbeinhafte Mädchen,* hatte *eine Sehnsucht entzündet, die ihn als dumpf nagende Rastlosigkeit quälte; er spürte das stachelnde Verlangen, sich emporzuschwingen zu der Höhe des Lebens, auf der sie dahinschritt.*

Mabel Applegarth bedeutete für Jack London nicht nur eine Glücksverheißung, sondern sie hatte ihm auch bei den Studien geholfen. Sie leitete seine ersten Schritte bei der Erschließung künstlerischer Werke; sie lenkte die Aufmerksamkeit in die Richtung bürgerlicher Poeten wie Swineburne und Browning. Doch nunmehr mußte Jack London erkennen, daß Mabel *konservativ von Temperament und Erziehung* war. Sie erschien ihm schon *erstarrt in der Lebensform, in der sie geboren und gebildet worden war.*

Die Schöpferfreude nahm ihn jetzt völlig in Anspruch; er wollte Meisterwerke schaffen und konzentrierte sich deshalb auf das Studium künstlerischer und philosophischer Werke, die nicht im Programm von Mabel Applegarth lagen. Jack beschäftigte sich mit Scott, Dickens, Poe, George Eliot, Whitman, Stephen Crane. Er las Werke von Goethe, Balzac und Shakespeare, vor allem verweilte er aber bei Kipling und Stevenson. Jack versuchte, deren Erzähltechnik zu ergründen und anzuwenden. Das Philosophiestudium half ihm, die Enttäuschung mit Mabel zu überwinden: Immerfort entdeckte er weitere Abhandlungen von Friedrich Nietzsche, die ihn fesselten. Am stärksten wirkte Herbert Spencer. Das Erlebnis der „Ersten Prinzipien" der synthetischen Philosophie wird von Jack London besonders hervorgehoben. *Und dann habe ich Spencers „Philosophie des Stils" gelesen und ein ganz Teil gelernt, was mit mir — oder vielmehr mit meiner Schreiberei los war...*

Die Evolutionstheorie Spencers bestimmt die Motivik der nachfolgenden Erzählungen, die Jack London als seine ersten Meisterwerke bezeichnet.

Seine Kenntnisse über Charles Darwin und Malthus wurden vertieft. Eine längere Zeit verweilte er bei den Schriften von Friedrich Nietzsche, die in Mode gekommen waren und eifrig diskutiert wurden.

In dieser Phase zog es Jack wieder öfter zu Versammlungen der

Sozialisten. Er meldete sich zu Wort, diskutierte heftig und übernahm auch Referate. Die Debatten dienten einerseits der Klärung verschiedener politischer Probleme, andererseits wurden bei diesen Auseinandersetzungen auch Mißverständnisse und Verwirrungen ausgelöst. Wie unbeständig und unsicher die Weltanschauung Jack Londons in dieser Zeit geworden war, erfahren wir aus seinem Aufsatz *„Wie ich Sozialist wurde": Aber gerade, als ich ein Individualist* (im Sinne Friedrich Nietzsches: R. R.) *geworden war, ohne es zu wissen, so war ich ein Sozialist geworden, ohne mir dessen bewußt zu werden. Ich war wieder geboren worden, hatte aber keinen neuen Namen bekommen, und ich ging umher und suchte herauszufinden, was ich nun eigentlich wäre...*

Das Zusammentreffen verschiedener bürgerlicher Lebensphilosophien und ideologischer Tendenzen war typisch für die Situation in der amerikanischen Literatur um die Jahrhundertwende, die von Henry S. Commager charakterisiert wurde: „Eklektizismus war das Vorrecht der Romanschriftsteller. Sie nahmen sich selten Zeit, ihre Philosophie zu formulieren oder auch nur ihre Begriffe zu verteidigen, und im Gebrauch ihrer Begriffe und Anschauungen stimmten sie selten überein."

Jack Londons Methode und Interpretation entsprachen zu dieser Zeit eines erneuten Klärungsprozesses diesem Eklektizismus: Aus den verschiedensten ideologischen Tendenzen übernahm er ohne Bedenken das ihm Zusagende und bezeichnete das Konglomerat schlechthin als „Sozialismus", weil er von vornherein für das werktätige Volk Partei ergriff. Seine jugendliche Begeisterung war in diesem Stadium zweifellos durch das Erlebnis bürgerlicher Wissenschaftler und Philosophen bestimmt.

Hatten seine bisherigen Abenteuer nicht das „Gesetz der natürlichen Auslese" bestätigt? Die Kämpfe unter den Austernräubern, die Hetzjagden als Hobo, der Gewaltmarsch über die Teufelstreppe am Chilkoot Pass und die halsbrecherische Fahrt über die Mähne des „Weißen Pferdes"?

Und schließlich die Fiktion dieser „blonden Bestie", des alles beherrschenden „Übermenschen" Nietzsches? Da waren der

„Wikinger" Nelson auf seinem „Renntier" und Jack selber auf seiner „Razzle Dazzle". Hatte die überlegene Bildung gegenüber seinen Arbeitskameraden in der Belmonter Dampfwäscherei ihn nicht in die Situation eines Einzelgängers wider Willen gedrängt, bis sich diese Position durch seine Erfolge zu festigen begann und autonome Formen, eine Selbständigkeit, annahm? Hatten seine Bemühungen, Schriftsteller zu werden, nicht bewiesen, daß der Stärkere siegte und damit in die Position eines „Übermenschen" geriet?

Solche oder ähnliche Fragen und Überlegungen mochten Jack London damals wohl durch den Kopf gewirbelt sein. In seinen literarischen Arbeiten und auf den verschiedenen Versammlungen und bei Diskussionen bekannte er sich stets zu seiner Klasse. In seinem Schicksal und in seinen Siegen sah er gleichzeitig Schicksal und Siege des revolutionären Proletariats. Wenn er dabei Ideen bürgerlicher Philosophen mit einbezog, so übersah er in dieser Phase seines ersten Triumphes, daß seine bisherigen Erfahrungen die Erfahrungen eines Abenteurers und eines Außenseiters waren. Die politischen Erlebnisse sollten ihn bald eines Besseren belehren.

Als Jack London im Dezember 1899 eine Versammlung der Sozialisten in San Francisco besuchte, um Austin Lewis zu hören, lernte er Anna Strunsky kennen. Sie stammte aus einer gebildeten jüdischen Emigrantenfamilie, studierte an der Standford-Universität und glich weder der „Lilienmaid Mabel" noch dem Arbeitermädchen Haydee. Jack war begeistert von ihren gesellschaftswissenschaftlichen Kenntnissen, so daß beide ihre Debatten durch Korrespondenz fortführten. Anna vertrat den politischen Kampf des revolutionären Proletariats, und sie erblickte in diesem ungestümen, tatenträchtigen und wissensgierigen Jack London einen „Märtyrer und Helden. Er war ein Symbol der (sozialistischen) Bewegung und ihrer Kämpfe und Sorgen, er war die heraufdämmernde Zukunft..."

Jack London legte im Verlauf des Briefwechsels seine Anschauungen und Meinungen zum Sozialismus dar. Damit Anna Strunsky seine Auffassung vom Leben besser verstehe, übersandte er ihr am

15. März 1900 *eine Kiste früherer Manuskripte,* die ihr seinen schweren Werdegang veranschaulichen sollten.

Warum offenbarte Jack London so nachdrücklich und so anschaulich seinen schweren Anfang? Aus diesem Kampf um Anerkennung und seinen ersten Sieg entsprang seine stark individualistisch geprägte Haltung, die er nun hartnäckig im Briefwechsel mit Anna Strunsky zu rechtfertigen versuchte. Seine fixe Idee bestand darin, „den Kapitalismus mit dessen eigenen Waffen zu schlagen". Den kapitalistischen Unternehmern wollte er als „Sozialist" beweisen, daß er es mit ihnen als Proletarier aufnehmen könne und daß er sie mit seinen Kräften und mit seiner Energie schließlich in die Knie zwingen werde. Mit diesem „Sieg" würde er den Sozialisten den besten Propagandadienst erweisen.

Anna Strunsky warnte Jack immer wieder vor diesem absurden Unternehmen, denn wenn er Erfolg und Reichtum erringe, so werde er sich letztlich an die herrschende Klasse ketten, aus der er den Nutzen zog. Bis zu einem gewissen Grad müsse er im Denken und Handeln den kapitalistischen Verlegern Zugeständnisse machen. Und diesen Zugeständnissen in bezug auf die bürgerliche Ideologie unterlag er bereits; beispielsweise dem Sozialdarwinismus und der Elite-Theorie Nietzsches. Jack London schien diesbezüglich unbelehrbar: Während er sich einerseits zur sozialistischen Gesellschaftsordnung bekannte, traten andererseits immer stärker die Vorbehalte gegen die Herrschaft der Massen hervor. Es war gewissermaßen der Widerstreit zwischen Kollektivismus und Individualismus. Bereits in der Dampfwäscherei hatte Jack die Kluft zwischen sich und den Arbeitskollegen verspürt.

Obwohl Jack London weiterhin den Klassenkampf als mobilisierende Kraft der gesellschaftlichen Höherentwicklung anerkannte, sympathisierte er weiterhin mit Nietzsches Überlegungen, daß die Masse „auserwählte Führer" benötige, die letztlich der Fiktion vom „Übermenschen" glichen. In diesem Zusammenhang schrieb Jack in einem Brief vom 27. Dezember 1900 an seine Kameradin Anna Strunsky: *Gesellschaftliche Einsichten sind von großer Bedeutung für die Massen. Für die wenigen sind sie eine Folter, etwas, womit sie gekreuzigt werden — nicht zu ihrer Erlösung, sondern zur Erlösung der Massen.*

Durch die Publikationen in der Presse hatte Jack die erwartete Aufmerksamkeit einiger Verlage errungen, so daß sich Houghton Mifflin & Co. meldete, um einen Sammelband Alaska-Erzählungen herauszugeben. Jack London stellte eine Auswahl unter dem Titel *„Odyssey of the North"*, „Odyssee des Nordens", zusammen. Postwendend wurde sie am 21. Dezember 1899 vertraglich akzeptiert. Bereits in den letzten Tagen des Jahres 1899 trafen die Korrekturbogen ein. Das Gutachten des Lektors zur ersten Buchausgabe von alaskischen Geschichten unter dem Titel *„The Son of the Wolf"*, „Der Sohn des Wolfes", lautete: „Er geht mit dem üblichen Slang der Goldsucherlager ein wenig zu freigebig um; jedenfalls ist seine Sprache alles andere als elegant, aber sein Stil hat Frische, Lebendigkeit und Kraft. Der Verfasser überzeugt den Leser, daß er dieses Leben selber gelebt hat."

Zur selben Zeit traf ein Telegramm aus New York ein. Man bot ihm einen Redakteursposten an. Jack London lehnte ab. Er war entschlossen, als „sozialistischer Bahnbrecher der amerikanischen Literatur" im neuen Jahrhundert zu wirken. Er wollte für sein Vaterland Leistungen vollbringen wie Maxim Gorki für Rußland, Maupassant für Frankreich, Kipling für England.

Jack London schrieb in diesen Tagen des ersten Erfolges an den Leser Cloudesley Johns, der später sein Freund werden sollte: *Ich verfolge mein Ziel so beständig, wie die Nadel den Pol sucht.(...) Leben ist Kampf, und ich bin auf diesen Kampf vorbereitet...*

X. Erfolge und Krisen

In der Silvesternacht zum 20. Jahrhundert radelte Jack mit einem Packen Korrekturbogen nach San José. Mabel war mit ihrer Mutter dorthin übergesiedelt. Frau Applegarth schien ihre ablehnende Haltung dem zukünftigen Schwiegersohn gegenüber überwunden zu haben. Der Erfolg versöhnte. Bei einer Heirat ihrer Tochter stellte sie jedoch die Bedingung, daß Jack entweder in das Haus nach San José einziehen müßte, oder sie selbst werde Mabel nach San Francisco folgen. Jack verabscheute die herrische und arrogante Art von Frau Applegarth, und er wußte, daß Mabel unter ihrem Einfluß stand. Deshalb lehnte er eine Übersiedlung nach San José ab. An eine Einquartierung im Hause seiner Mutter Flora war auch nicht zu denken: Mutter Flora und die Schwiegermutter hätten sich bald in den Haaren gelegen. Außerdem war Jack nicht gewillt, zwei Familien zu unterhalten. Bleich, verstört und willenlos verfolgte Mabel die Auseinandersetzung. Jack radelte verärgert nach San Francisco zurück und stürzte sich vorerst wieder in die Arbeit.

Ab und zu weilte er im Kreis der Familie Strunsky. Anna verfaßte ebenfalls Geschichten und soziologische Aufsätze, so daß beide einander kritisierten und berieten. Gemeinsam besuchten sie Versammlungen der Sozialisten. Ferner übernahm Jack selbst kurze Referate für die Sozialistische Partei in Alameda und Oakland.

Seine pekuniäre Lage war um diese Zeit immer noch unsicher. So schrieb er beispielsweise an Cloudesley Johns am 22. Januar 1900: *Habe mein Rad versetzt, Briefmarken gekauft und die Karre wieder in Schwung gebracht ... Muß hinein und schürfen — Habe mein Arbeitspensum auf 1500 Wörter per diem gesteigert, bis ich aus der Klemme bin.*

Am 20. Februar 1900 schloß Jack die Korrekturen ab, und anderntags nahm er am Begräbnis seines Freundes Fred Jacobs teil. Während der Bestattung in Oakland traf Jack dessen Verlobte Elizabeth Maddern wieder. Bessie Maddern hatte in San Francisco das Lehrerinnenseminar absolviert und unterrichtete seit drei Jahren an der Volksschule in Alameda. Jack und Bessie schlossen Freundschaft. Sie half ihm, seine naturwissenschaftlichen Kenntnisse zu vertiefen, und korrigierte seine Manuskripte.

Als Jack für seine Arbeiten eine größere Wohnung benötigte, fand er gleich in der Nähe der 16. Straße von Oakland ein zweistöckiges Haus, das er mietete. Beim Umzug halfen Eliza und Bessie. Und als nun das Haus einigermaßen eingerichtet worden war, bat er kurz entschlossen Bessie, seine Frau zu werden. In aller Stille erfolgte am 7. April 1900 die Eheschließung. Bessie gab Privatstunden und sah weiterhin die Manuskripte von Jack durch, die sie dann mit der Maschine ins reine schrieb.

Mit seiner Buchpublikation „Der Sohn des Wolfes" hatte Jack London die erwartete Bresche geschlagen. „Immer herrscht das Tragische im Gegensatz zum schematischen Happy-End vor; es ist so, wie es immer ist, wenn Menschen mit den elementaren Kräften der Natur im Kampf liegen. Er hat in das Komische und das Tragische des Lebens in Klondike viel von der starken Phantasie und der dramatischen Kraft Kiplings getragen." So lautete eine der vielen anerkennenden Kritiken.

Durch die starke Resonanz meldete sich der Verleger S. S. McClure aus New York, um einige Arbeiten Jack Londons für sein Magazin „McClure's" zu erwerben. McClure leitete ferner Manuskripte, die er nicht verwenden konnte, an Agenturen weiter und zahlte monatlich einhundertfünfundzwanzig Dollar, damit Jack London seinen ersten Roman in Ruhe schreiben könne.

Mit der erhofften Ruhe im neuen Heim war es bald vorbei: Seine Mutter Flora und seine Frau Bessie gerieten aneinander. Jack eilte bei solchen Auftritten zu Eliza, damit sie das Gezänk schlichte.

Bessie Maddern und Jack London (1900)

Mit wachsender Popularität durch Publikationen in Zeitschriften vermehrten sich die Besuche bei diesem so interessanten Autor. Seine frischen Geschichten mit tiefgründigen Gedanken erregten und verlockten zum Gespräch. Jack London war wegen seiner Arbeitsbedrängnis gezwungen, den Mittwochabend für Diskussionen festzulegen. Zu den ständigen Gästen gehörten der Lyriker George Sterling, der Romancier Jim Whitaker und der ehemalige Studienfreund James Hopper. Freundschaft schloß Jack mit dem Bibliothekar Frederick Bamford, der sich gleichzeitig als Leiter des

Ruskin-Klubs von Oakland betätigte. Anna Strunsky kam öfter vorbei; der anarchistische Philosoph Strawn Hamilton zählte meist zu den Gästen; und sobald Austin Lewin an der Bai weilte, versäumte er nicht, den Genossen Jack aufzusuchen. Ninetta Eames, die Gattin des Geschäftsführers von „Overland Monthly", hatte Jack London vor wenigen Monaten kennengelernt. Sie war oft bei diesen Abenden anwesend. Ihre Nichte Clara Charmian Kittredge brachte sie einige Wochen später ebenfalls mit in diesen Kreis. Zu einer echten Kameradschaft führte Jacks Briefwechsel mit dem begeisterten Leser und Postangestellten Cloudesley Johns, der manchmal für längere Zeit im Hause Jack Londons weilte. An diesen Abenden wurden nicht nur Spiele arrangiert, Späße gemacht, diskutiert und getrunken, sondern diese Zusammenkünfte dienten auch zum Vortrag neuester literarischer Arbeiten mit anschließendem Meinungsaustausch. Debatten über Erzähltechnik und zum Stil gaben Jack manche wertvolle Hinweise und Anregungen, um sich für seine Arbeiten weiter zu vervollkommnen. Die monatlichen Schecks von McClure reichten natürlich bei einer solchen gastfreundlichen Lebensweise nicht aus.

Neben den regelmäßigen Besuchen kreuzten auch unerwartet Tramps, Vagabunden, Austernräuber und Matrosen aus vergangenen Tagen auf. Oft baten sie Jack um einige Dollars, zumal er stets bereit war, das Letzte zu geben. Er geriet deshalb immerfort in Schulden, weil er beispielsweise Jim Whitaker ein Darlehen gewährte, Rechnungen für einen Freund beglich, der einen Unfall hatte, Gläubiger seiner Mutter Flora abfand und Hypothekenzinsen für Mammy Jenny zahlte, damit sie ihr Häuschen nicht verliere.

Jack London kannte seine Schwäche und betonte mehrmals: *Geld zusammenscharren wird nie mein Laster werden, aber Geld ausgeben — ah!, ein Opfer dieses Lasters werde ich immer sein!* Deshalb mußte er neben seinem ersten Roman „*A Daughter of the Snows*", „An der weißen Grenze", zusätzlich „Nebenarbeiten" leisten, um die notwendigen finanziellen Zuschüsse zu erwerben. Etliche Erzählungen für Zeitschriften entstanden, auch Reportagen, Sportberichte, Interviews. Ferner beteiligte er sich an

Preisausschreiben bei „Black Cat" und „Cosmopolitan Magazine", erzielte bei der ersten Zeitschrift einen geringfügigen Betrag und bei der anderen den ersten Preis in Höhe von zweihundert Dollar. Als Jack seinen Roman „*An der weißen Grenze*" beendet hatte, merkte er beim Korrekturlesen, daß ihm dieses Werk nicht recht gelungen war. McClure konnte sich nicht entschließen, diesen Roman in seinem Magazin zu veröffentlichen. Dafür gab McClure den zweiten Band alaskischer Erzählungen „*The God of His Fathers and Other Stories*", „Goldsucher", im Mai 1901 heraus. Die Kritik spendete erneut Beifall und Lob. „The Nation" schrieb: „Die Geschichten sind manchmal roh, im allgemeinen unangenehm, immer zynisch und rücksichtslos. Will aber jemand unterhalten, gefesselt und durch und durch aufgewühlt werden, dann kann er nichts Besseres tun als diesen Band lesen."

McClure stellte jedoch mit gutem Recht fest, daß Frische und Ausdruckskraft bei Jack London nachgelassen hatten. Erschöpfung wegen übermäßiger Arbeit mache sich bemerkbar; Ärger und Verdruß aus seiner unmittelbaren Umwelt führten zur Nervosität; die alte Unrast und das Verlangen nach Abenteuern befielen ihn wie eine Krankheit. Doch Jack mußte weiterhin festsitzen, *Material sammeln, ordnen, entwerfen, Jungengeschichten mit hinterlistig eingeschmuggelter Moral schreiben, täglich tausend Wörter herunterhämmern...,* wie er Anna Strunsky verärgert in einem Brief mitteilte.

Im selben Jahr nominierte ihn die Sozialistische Partei für die Bürgermeisterwahl in Oakland. Bei seiner Wahlrede forderte er das kommunale Eigentum. Jack London erhielt nur 245 Stimmen.

Am 15. Januar 1901 war Jacks erste Tochter Joan geboren worden. Seine Familie wechselte die Wohnung. Sie bezog das Haus des alleinstehenden Bildhauers Felix Piano. Die Zusammenkünfte an den Mittwochabenden wurden auch dort weiterhin gepflegt. Zu den eifrigsten Gästen zählte jetzt Clara Charmian Kittredge, die an diesen Abenden oft durch Klavierspiel unterhielt und Lieder sang.

Das Jahr 1902 begann *mit Plackerei, Quälerei und Enttäuschungen.* Dreitausend Dollar Schulden hatten sich angehäuft. Jack erlitt

Anfälle von Melancholie; es war ein Zustand, der meist dann auftrat, wenn er ein Werk vollendet hatte und nach neuen Ideen und Möglichkeiten Ausschau hielt. In solchen Situationen drängte es ihn wieder hinaus aufs Meer oder irgendwohin, um nicht nur literarischen Stoff zu suchen, sondern um seine Tramp- und Vagabunden-Freiheit erneut auszuleben. Sehnsüchtig hatte er sich ein eigenes Heim, eine feste Arbeitsstätte, Frau und Kinder gewünscht. Doch jetzt schien ihm dieses Leben nicht recht zu behagen. Das Abenteuer lockte; die Unrast hatte ihn wieder gepackt.

Ein Auftrieb setzte ein und lenkte ihn ab, als sich George P. Brett, Direktor der Macmillan Company, meldete und eine weitere Sammlung alaskisch-indianischer Geschichten für eine Buchausgabe bestellte. Arbeit beflügelte ihn, Arbeit besiegte Unbehagen, Arbeit aktivierte die Phantasie. Und die Phantasie führte in die verlockende Welt der Abenteuer. Turbulente Szenen bei klirrender Kälte, bei messerscharfen Schneestürmen, mit Hunger und eisernem Lebenswillen zogen vorbei: Der dritte Band *„Children of the Frost"*, „In den Wäldern des Nordens", nahm Konturen an.

Im Februar fand Jack in den Bergen von Piedmont ein Haus, das ihn von der Höhe aus die Bai von San Francisco überblicken ließ. Dichtbei bezog Flora mit Johnny Miller ein kleineres Landhaus. Diesmal besaß die neue Behausung Gästezimmer, so daß ständig Besucher zu verzeichnen waren: sozialistische Redner, die sich auf der Durchreise befanden, Schauspieler, die in San Francisco gastierten, Musiker, Journalisten, Berufskollegen. So mancher Vagabund war dabei. Die Presse sprach von der „Dichterkolonie in Piedmont".

Jack London pflegte die Konventionen der bürgerlichen Gesellschaft abzulehnen. So sah man ihn meist nur im Rollkragenpullover und in Holzfällerhosen oder in seinem Radfahranzug. Selbst zu Vorträgen und zu Banketten erschien er oft in salopper Kleidung, rauchte und trank während der Reden. Am wohlsten fühlte er sich, wenn er naturburschenhaft durch die Gegend strolchen konnte. Selbst in New York trug er Trapperhosen und Trapperhut.

Andererseits riefen seine Auftritte aber auch Empörung hervor:

140

Als ihn beispielsweise der Journalistinnen-Verband von San Francisco einlud, über Kipling zu sprechen, wechselte er einfach das Thema, sprach über die „Vagabunden", gebrauchte deren Redeweise, verteidigte und pries den Hobo und machte den Kapitalismus mit seinen Krisen für die kriminellen Auswüchse des Vagabundierens verantwortlich.

Mit Anna Strunsky bestand eine Kameradschaft, die sich durch die endlosen Debatten über Biologie, philosophische Probleme und den Sozialismus mehr und mehr festigte. Sie kamen deshalb auf den Gedanken, ihren Meinungsaustausch durch einen Briefwechsel zu fixieren und als Buch zu veröffentlichen. Der Band sollte den Titel „*The Kempton Wace Letters*", „Briefe zwischen Kempton und Wace", tragen. Bei diesem „Briefwechsel zwischen Kempton und Wace" zeichnete Anna für Kempton, Jack für Wace. Im Mittelpunkt sollte beispielsweise das Thema „Liebe" stehen, wobei Kempton die psychischen und poetischen Impulse gegen die biologischen Ansichten des Wace zu verfechten hatte. Ein interessantes Geflecht von philosophischen Lebensfragen breitete sich hierbei aus. Bei Wace werden Lektüre und unmittelbare Stimmungen signalisiert. Seine Spontaneität im persönlichen Alltag warf ihn oft von augenblicklicher Begeisterung in Phasen heftiger Depression. Stets bewältigte der starke Lebens- und Erfolgswille diese extremen Höhen und Tiefen. Ein Mittelmaß gab es nicht. Geriet er jedoch an Mittelmäßige, so steigerte er sich in abweisenden Zorn. Die erste Auflage des Buches erschien anonym und fand Beachtung wegen der ungewöhnlichen Form und der freimütigen Darlegung der Empfindungen und Ansichten. Jack London vertrat die Meinung: *Biologisch gesehen, ist die Ehe eine zur Erhaltung der Art notwendige Einrichtung. Romantische Liebe ist ein Kunstgriff, den der Mensch unwissentlich in die natürliche Ordnung gebracht hat. Ohne erotische Literatur, ohne die historischen Gestalten großer Liebender, ohne die Girlanden der Liebeslyrik und ein Bündel epischer Liebesdichtungen — ohne all dies würde der Mensch nicht in der Weise lieben, wie er es tut.* Diese Meinung widersprach jedoch seiner eigenen Haltung in bezug auf die Verehrung und Vergötterung von Mabel Applegarth. Nicht nur in seinen ersten ungelenken Briefen an Mabel, sondern auch in dem späteren Romanwerk „*Martin Eden*" und bei den Disputen und Ereignissen im Roman „*Der Seewolf*" beanspruchen „die historischen Gestalten großer Liebender" und „die Girlanden der Liebeslyrik" einen ungewöhnlich breiten Raum.

In der Autobiographie „*König Alkohol*" gesteht Jack London, daß er sich damals in einer Krise befand. Er litt an einem *langwierigen Anfall von Weltschmerz* und kam deshalb zu dieser pessimistischen Auffassung des Wace: *Kunst, Kultur — angesichts der eisernen Tatsachen der Biologie waren derartige Dinge lächerlich, ihre Exponenten noch lächerlicher. Man kann hieraus ersehen, wie krank ich war...*

XI. Wieder unterwegs...

Ein telegraphisches Angebot der Nachrichtenagentur American Press am 21. Juli 1902 riß Jack London aus seinen düsteren Grübeleien wieder heraus: Er sollte als Berichterstatter nach Transvaal reisen und eine Artikelserie über den Burenkrieg schreiben.

Man brauchte ihn! Neue Aufgaben sollten bewältigt werden. Und Arbeit ließ die Misere vergessen; Arbeit besiegte seine Schwermut. Er wollte seine Kräfte und Fähigkeiten beweisen! Er gierte nach Erfolg. Nach Ruhm. Nach Geld... Endlich kam er wieder in eine Situation, die Abenteuer versprach. Afrika, ein Kontinent, der Jacks Neugierde reizte. Als Neunjähriger hatte er durch Zufall die afrikanischen Reiseberichte des Paul du Chaillus gelesen. Jetzt stand ihm selbst eine Reise in dieses Land bevor. Und dazu noch Kriegsschauplätze! Das Königreich Großbritannien gegen die Buren. Die Buren – ein Wirbel von Fragen ließ seine Hände vor Aufregung zittern: „Ankomme 23. Juli 1902. Zum Risiko bereit."

Anderntags saß Jack im Zug nach Chicago, erlebte auf dieser Fahrt eine flüchtige Liebesepisode mit einer Dame, die ihn anhimmelte, begrüßte in New York den bekannten George P. Brett von der Macmillan Company und bestieg in Manhattan das nächste Schiff nach England. Als er in London im Hotel angekommen war, fand er ein Kabeltelegramm vor: „Auftrag Afrika muß aufgehoben werden, weil Friedensverhandlungen mit Burenrepublik im Gange. G. P. Brett."

Was tun? Nun befand er sich schon mal in London, warum sollte er den Aufenthalt nicht nutzen? Und schon schoß ihm eine Idee durch den Kopf. Eine Aufgabe, deren Impulse aus der Kindheit

kamen. Bei einem Trödler in Petticoat Lane kaufte er eine abgewetzte Hose, eine stark verschlissene Jacke, die nur noch ein Knopf zusammenhielt, ein Paar derbe Nagelschuhe und eine spekkige Schiebermütze. Jack betrachtete sich im Spiegel: Wie ein Vagabund sah er jetzt aus. Es erinnerte an die Zeit als Hobo, an die Trampzeit, wo er ein Wobbly, ein Unruhestifter, ein Aufrührer geworden war. Dann hatte man ihm die „gestreifte Tracht" eines Häftlings angelegt. Diese verdammte Ungerechtigkeit blieb unvergessen. Einen Vagabunden erwarten Abenteuer. Doch diesmal sollten es wohlüberlegte, organisierte Abenteuer werden. Abenteuer mit sozialpolitischer Absicht. Er wollte noch einmal hinunter in den „Schlund". Aber klassenbewußt als Beobachter, als Ankläger des Proletariats... Er würde sich einschleichen als „amerikanischer Seemann", der vor langer Zeit „sein Schiff verloren hatte", herumlungerte, tiefer und tiefer stieg bis in die Slums von East End. Und da gab es keinen großen Unterschied zu den Slums von Oakland und San Francisco. Er würde inmitten der Ärmsten der Armen hausen, er würde die Heilsarmee um Hilfe bitten, er würde im Obdachlosenasyl oder auf Parkbänken kampieren. Und er würde Schicksale altersgebrechlicher Vagabunden, Arbeitsloser und Verzweifelter kennenlernen. All dies würde er niederschreiben, und all dies müßte zu einer einzigartigen Anklage gegen die kapitalistischen Verhältnisse werden. Was er als Kind damals zu erdulden hatte, wollte er noch einmal nacherleben als proletarischer Schriftsteller. Jack verließ das Hotel im Reiseanzug. Dicht neben East End mietete er ein Zimmer. Er schlüpfte in die Kluft eines Vagabunden. Unter dem Arm nähte er sich ein Goldstück ein. Für einen unvorhergesehenen Fall. Wer weiß? In das Elend kam er zwar hinein. Aber wieder rauszukommen, das war die Frage...

England ist nicht Amerika, und an die Stelle eines Rockefellers, eines Bosses, trat der Aristokrat, der „Gentleman", mit protzigen Schlössern und Wildgehege. Dazu die Krönungsfeier für König Eduard VII. mit all dem Luxus und Pomp, den Jack London miterlebte. Es war eine *völlige Narretei,* die an einen *amerikanischen Zirkusaufzug* erinnerte. Jack London hatte bisher durch die Kon-

Jack in den Slums von East End (August 1902)

frontation von Armut und Reichtum noch niemals *etwas so Hoffnungsloses und Tragisches* zu sehen bekommen.

Jack London sammelte Fakten über die *schrecklich entmutigten Geschöpfe* der Slums, so daß dieser Bericht nicht nur zu einer einzigartigen Anklage gegen die sozialen Verhältnisse und Ergebnisse des kapitalistischen Ausbeutersystems wurde, sondern auch einen Einschnitt in der Entwicklung des Verfassers bedeutete. Vorher hatte Jack London Monat für Monat das Thema „Alaska" für Geschichten strapaziert, so daß die Gefahr einer Verflachung bestand. Als nun Macmillan im November 1903 das Buch „*Die Menschen des Abgrunds*" publizierte, wurde es genauso stark beachtet wie die vorangegangenen abenteuerlichen Goldgräberstorys. Man verglich Jack Londons Beschreibung East Ends mit der Beschreibung der Hölle durch Dante. Einen besonders starken Eindruck hinterließ diese Schrift innerhalb der sozialistischen Arbeiterbewegung. Fast über Nacht betrachteten die Mitglieder der Sozialistischen Partei der Vereinigten Staaten Jack London als einen vertrauten Mitkämpfer. In Gesprächen und Versammlungen sprach man nur noch vom „Comrade Jack". Zwei Monate hatte er in den Slums geweilt, dann reiste er weiter nach Paris und Berlin, besuchte Rom und Neapel, schiffte sich nach New York ein und hatte im November 1902 George P. Brett Manuskript und Bilder überreicht.

Brett besaß Erfahrungen mit Schriftstellern und eine gute Beobachtungsgabe, so daß er die Nervosität Jack Londons wahrnahm und ihn beim Abschied ermahnte, nunmehr ein problematisches und konfliktreiches Romanprojekt zu wählen, das er mit der notwendigen Sorgfalt und Geduld bearbeiten müsse. Damit dieses Projekt gelinge, gewährte ihm George Brett einen Vorschuß von monatlich 150 Dollar für zwei Jahre. Auf der Rückfahrt nach San Francisco schien Jack schon das Thema gefunden zu haben: Vorerst wollte er einen Seeroman schreiben. Herman Melville hatte ihn als Leser tief beeindruckt. Melvilles Tradition wollte er in der amerikanischen Literatur fortsetzen. Stoffgrundlage sollten die Erlebnisse auf dem Robbenfänger „Sophie Sutherland" sein. Käpten Larsen verlockte als zentrale Figur. Und dann sollte ein Arbeiterroman folgen; ein Werk, das die Massen im Sinne des Sozialismus aufrütteln und die Ausbeuter erschüttern sollte. Er dachte an die „Menschen des Abgrunds".

Als Jack in Piedmont eintraf, meldeten sich wieder die Sorgen. Er hatte die Schulden vergessen. An größere Werke war gar nicht zu denken. Es blieb ihm nur die „Lohnschreiberei" für Magazine, weil er rasch Bargeld benötigte.

Doch plötzlich schien er sämtliche Sorgen ringsum zu vergessen: Die Idee für eine Hundegeschichte hatte ihn gepackt. Ein Gegenstück zu seiner Tier-Erzählung „Bastard", die im Juni 1902 „Cosmopolitan" publiziert hatte.

Die Phantasie beflügelte ihn, so daß die gebräuchliche Seitenzahl für eine Kurzgeschichte bald überschritten wurde. Rudyard Joseph Kiplings „Dschungelbücher" boten Jack die notwendigen Anregungen, um den Stoff in den Griff zu bekommen. Dreißig Tage schrieb er hintereinander an dieser Erzählung, die sich schließlich zu einem Buchmanuskript ausgedehnt hatte. Der Titel klang wie ein Bekenntnis: „The Call of the Wild", „Der Ruf der Wildnis", ein „Ruf der Natur".

Das Manuskript übersandte er mit einem frankierten Rückkuvert an die populärste und höchstzahlende Zeitschrift „Saturday Evening Post". Wie erwartet, kam postwendend ein „dünner Brief" mit einem Scheck über zweitausend Dollar. Und dann trat er die Rechte zur Buchausgabe an den New-Yorker Verlag Macmillan für nochmals zweitausend Dollar ab. George P. Brett hatte ihm geschrieben:

„Ich möchte mit diesem Buch gern ein Experiment machen, es nämlich in besonderer typographischer Ausstattung herausbringen, eine große Summe zur Werbung verwenden und damit den Absatz nicht nur Ihrer bereits veröffentlichten, sondern auch Ihrer kommenden Bücher fördern. (...) Die Entscheidung liegt bei Ihnen, wenn Sie das Angebot sofortiger Barabfindung nicht annehmen wollen, werden wir das Buch gemäß unserem Abkommen in unser normales Programm einreihen."

Jack London benötigte dringend finanzielle Mittel und entschied sich deshalb für eine Barzahlung. Er ahnte nicht, daß gerade dieses Buch eine unerwartete Beachtung und ungewöhnlich hohe und viele Auflagen erreichen sollte. Gleich am ersten Tag der Publikation wurden zehntausend Exemplare verkauft. Ein Bestseller: Und bis zum heutigen Tag blieb diese Tiergeschichte „Der Ruf der Wildnis" neben dem Gegenstück „Weißzahn, der Wolfshund" das meistverlegte und meistgelesene Werk von Jack London. In den Vereinigten Staaten sind bisher über sechs Millionen Exemplare verkauft worden.

Der Tierheld Buck, eine Mischung von Bernhardiner und schottischem Schäferhund, wird aus der Zivilisation in Kalifornien herausgerissen, als der Goldsturm nach Alaska einsetzte und dort Schlittenhunde unentbehrlich wurden. Jack London erfindet für Buck ein Schicksal, das einer Analogie zwischen den Empfindungen des Tieres und denen des Menschen dienen soll, damit die Bestrebungen des Autors nach naturhaftem Leben demonstriert werden können. Als Jack London in seinem Bericht „*Die Menschen des Abgrunds*" die zerlumpten und halbverhungerten Wracks der kapitalistischen Zivilisation mit dem Indianerstamm der Innuit in Alaska verglich, stellte er fest, daß die Innuit wegen ihrer naturhaft-primitiven Lebensweise gesund, stark und glücklich seien. Ihr einziges Problem sei die Nahrungsbeschaffung. Jack London hat den Tierhelden Buck „vermenschlicht", so daß er zu einem Sinnbild verwendet werden kann: Die Metamorphose des Buck erfolgt beim Übergang in die Wildnis des Nordens. Er muß sich nicht nur seiner neuen Umgebung als Schlittenhund anpassen, sondern er ist Kämpfen in und mit der Natur ausgesetzt, die neben seinen physischen Kräften eine außergewöhnliche Taktik erfordern. Buck überwindet die Abrichtung der Zivilisation, seine Urinstinkte werden entfesselt und entwickeln sich, bis er nach dem Tod seines Herrn die Stimme seiner Vorfahren durch einen Wolf vernimmt und ihr folgt, um sich schließlich in ein Rudel Wölfe einzugliedern. Buck entwickelt sich zum Vater „junger Wölfe" und zum Leitwolf eines Rudels „wilder Brüder". Diese Rückkehr in die Natur entspricht einer Veranschaulichung darwinistischer Ideen.

Nunmehr wollte Jack seinen geplanten Seeroman schreiben. Dafür zog es ihn wieder hinaus auf die See, um die Seemannsatmosphäre unmittelbar zu erleben, damit er sie realistisch gestalten konnte. Er erwarb deshalb die Schaluppe „Spray", ein geräumiges Boot mit Kabine und Küche, so daß zwei Personen bequem für längere Zeit auf dem Wasser leben konnten. Jack segelte hinaus in die Bai, berührte Stationen, die er aus seiner Piratenzeit kannte,

Jack London
Pedmont
Alameda Co., Calif.

April 24/03

Dear Anna :—

Ihis is the first
writing I have done for some
time. Easter Sunday I elected
to cut off the end of my
thumb, and not finding
the piece, have had a
painful wound to heal.

Mabel Applegarth has been
spending a couple of weeks
with us ——— likewise
Cloudesley Johns.

Am glad you liked the
dog story. Have a heart beating
in the end of my thumb,
so ——

Jack London.

Brief an Anna Strunsky vom 24. April 1903

und schrieb täglich seine fünfzehnhundert Wörter. Das Bild des Wolfes hatte sich mit dem *„Ruf der Wildnis"* festgesetzt, so daß er diesmal einen sich wölfisch gebärdenden Kapitän darstellen wollte.

Während sich Jack irgendwo in der Bai befand und an seinem Romanwerk arbeitete, erschien fortsetzungsweise in der sozialistischen Zeitschrift „Wilshire's" seine sozialkritische Untersuchung aus den Londoner Slums *„Die Menschen des Abgrunds"*. In dem offiziellen Parteiorgan „The Comrade" veröffentlichten namhafte Mitglieder wie Father McGrady, William T. Brown, Joshua Wanhope und andere eine Serie von Artikeln, die ihren Weg zum Sozialismus schilderten. Jack London fügte sich ein mit dem Aufsatz *„How I Became a Socialist"*, „Wie ich ein Sozialist wurde". Ferner brachte „International Socialist Review" etliche Artikel von Jack London. Zum Teil waren es Aufzeichnungen für seine Vorträge, beispielsweise die Aufsätze *„Klassenkampf"* und *„Der Streikbrecher"*. Für diese Publikationen verzichtete Jack meist auf ein Honorar. Aus allen Teilen des Landes erhielt er begeisterte Zustimmungen, vor allem wegen seines Aufsatzes *„Wie ich Sozialist wurde"*. In seinem Briefwechsel mit politischen Freunden pflegte Jack die gebräuchliche Anrede „Lieber Kamerad" und schloß mit der Wendung „Der Ihre für die Revolution, Jack London".

An den Wochenenden nahm Jack oft Bessie und die Kinder oder Eliza mit ihren Jungen an Bord der „Spray" zu einem Segelausflug. Für die Landpartien hatte er sich Pferd und Wagen erworben.

Der *„Briefwechsel zwischen Kempton und Wace"* war inzwischen erschienen. Man erkannte Jack London als Mitautor, so daß Macmillan eine zweite Auflage mit Bekanntgabe der Verfasser folgen lassen konnte.

In dem ersten Halbjahr 1903 lebte und wirkte Jack London zufrieden und ausgeglichen. Seiner Frau Bessie behagten zwar die lauten und kostspieligen Gästeabende nicht; sie wirkte in diesem lockeren Kreis etwas matronenhaft, beschäftigte nunmehr zwei Hausmädchen und Mammy Jenny als Kinderfrau, ärgerte sich oft über die unternehmungslustigen und geltungssüchtigen Frauen, die sich in die Nähe ihres Mannes drängten, und sorgte ansonsten für ein gemütliches Heim. Der Briefwechsel Jack Londons mit seinem Freund Cloudesley Johns bestätigt, daß seine Ehe im dritten Jahr glücklich und zufrieden verlief.

In der heißen Jahreszeit mietete Bessie mit ihren zwei Töchtern eine Hütte in der Waldkolonie von Glen Ellen, wo Frau Ninetta Eames eine Sommerfrische errichtet hatte. Jack verblieb vorerst in Piedmont, segelte tagelang auf der „Spray" durch die Bai, setzte die Fabel seines „Seewolfes" fort, schrieb zwischendurch einige andere Erzählungen und traf sich an den Mittwochabenden weiterhin mit seinen Freunden und Bekannten. Als Jack eine Beinverletzung erlitt, übernahm Charmian Kittredge die Pflege. Jack London war Charmian Kittredge erstmalig im Februar 1900 in der Redaktion von „Overland Monthly" begegnet, als ihre Tante Ninetta Eames Jack zu einer Besprechung gebeten hatte. Charmian arbeitete als Stenotypistin in einem kaufmännischen Büro. Frau Eames hätte es gern gesehen, wenn sie ihre neunundzwanzigjährige Nichte, für die sie seit deren Kindheit Mutterstelle vertrat, bei Jack London „an den Mann gebracht" hätte. Doch Fräulein Kittredge spielte die Beleidigte, als sie Jack damals in seinem schäbigen Anzug erblickte. Jetzt hatte sich aber die Situation geändert: Die Prophezeiung ihrer Tante von der Karriere des ärmlichen Geschichtenschreibers schien sich zu erfüllen. Das Interesse war geweckt. Charmian besuchte fortan die Gästeabende bei Jack London und wußte sich durch Klavierspiel und Gesang in Szene zu setzen.

Die Zeitschrift „Overland Monthly" hatte inzwischen ihr Erscheinen einstellen müssen. Der Geschäftsführer Roscoe Eames und der Redakteur Edward Payne, mit denen sich Jack wegen der ersten Honorare noch herumgeschlagen hatte, waren jetzt beschäftigungslos. Die geschäftstüchtige Frau Ninetta Eames und Edward Payne hatten in Sonoma County das Gästehaus „Wake Robin" errichten lassen. In der romantischen Umgebung des Mondtales ließen sie zusätzlich Zelte aufstellen und Hütten bauen, die sie an

Urlauber vermieteten. Diese Sommerfrische mit gemeinsamer Küche, Ausflügen, Schwimmsport, Spielen und Diskussionsabenden beim Lagerfeuer zog viele Intellektuelle und Erholungssuchende aus San Francisco und Umgebung an. Im Juli reisten Jack und Charmian Kittredge ebenfalls nach Glen Ellen. An einem Abend im Spätjuli las Jack erstmalig aus seinem Romanmanuskript *„Der Seewolf"*. Es geschah am nächtlichen Lagerfeuer. Die Szene faszinierte; die Zuhörer spendeten begeistert Beifall. Jack fühlte sich in seinem Element: Idee und Werk versprachen Erfolg.

Als Bessie an den Abenden die Kinder zu Bett brachte und die Hütte aufräumte, weilte Jack meist im Haus von Ninetta Eames. Bessie war schon oft eifersüchtig geworden, doch bei Charmian hatte sie keinerlei Befürchtungen: Fräulein Kittredge war keine Schönheit und sechs Jahre älter als Jack. Die Männer schienen sich überhaupt nicht für diese übermäßig schlanke und geschwätzige Frau zu interessieren. Sie wirkte launisch und blasiert. Doch eines Abends kehrte Jack von einem Besuch bei Fräulein Kittredge und Frau Eames zurück und erklärte Bessie, daß er sie verlassen werde. Als Bessie merkte, daß dieser unerwartete Entschluß ernst gemeint sei, war sie zwar betroffen, fügte sich jedoch in ihr Schicksal. Ihr Stolz verbot es ihr, Aufsehen zu erregen und Szenen zu machen. Kurz darauf verließ Jack endgültig sein Haus in Piedmont und mietete sich ein Zimmer bei Frank Atherton. Die Liebesbriefe, die nunmehr von Charmian an Jack eintrafen, grenzen an Hysterie. Fast täglich tippte sie in ihrem Büro in San Francisco bis zu fünfzehn Seiten. Koketterie und Berechnung sind in diesen überschwenglichen „Liebesbriefen" unverkennbar. Jack London scheint davon nichts bemerkt zu haben: Er war entzückt; er fühlte sich geschmeichelt, bewunderte die „Leidenschaft", mit der er verehrt und geliebt wurde. So etwas war ihm noch nie passiert. Und für Lobpreisungen war er empfänglich nach all den Schlägen, die er einzustecken gehabt hatte. Die blumige und kitschige Redeweise von Fräulein Kittredge beeindruckte den ahnungslosen Jack so stark, daß er einem ähnlichen Schwulststil verfiel: *Wisse, süße Geliebte, daß ich bis zu deiner freien und völligen Hingabe nicht*

Jack London in Piedmont um 1903

wußte, wie groß deine Liebe zu mir ist. Als du mit deinem geliebten Leib besiegeltest, was deine Seele mir verraten hatte, da erst wußte ich! Ich wußte! – wußte, daß das geringste an dir und alles an dir mein eigen war. (...) Erst nachdem du dich so großartig geschenkt hattest, wurde ich dein Sklave, bereit, willenlos für dich zu sterben und für all die köstlichen Verzückungen der Liebe. (...) Wenn ich sage, daß ich dein Sklave bin, so sage ich es als ein vernünftiger Mann, woraus du ersehen kannst, wie wirklich völlig verrückt ich bin...

Diese Situation erinnert an die schwärmerische Vergötterung der „Lilienmaid" Mabel Applegarth. Doch damals beflügelte den Liebeseifer gleichzeitig der Drang nach Bildung, die sie verkörperte. Der ungelenke Jack berauschte sich am Fluidum Mabels. Seine Sehnsucht glich den Romantikern, und er hoffte, diese Lilienmaid wie eine „blaue Blume" irgendwann besitzen zu können. Diesmal besaß er bereits und verfiel der Hörigkeit. Der künstlerische Schaffensprozeß geriet ins Stocken. Jack bat deshalb seinen Freund Cloudesley Johns, mit ihm gemeinsam auf der „Spray" Segelfahrten zu unternehmen, um gemeinsam Abenteuer zu erleben, um sich gegenseitig zu ermuntern und zu beraten. Jack spürte, was auf dem Spiel stand. Aber mit dem „*Seewolf*" kam er nur noch langsam und zäh voran. Er quälte sich ab. Und deshalb schrieb er zwischendurch eine bestellte Geschichte für „Youth's Companion" und erfüllte weitere kleine Aufträge für die Tagespresse. Da sah man wenigstens ab und zu ein Ergebnis. Auch wenn es nur eine Selbsttäuschung war.

Die erste Hälfte des Romans „*The Sea Wolf*", „Der Seewolf", übersandte Jack an George P. Brett, der begeistert antwortete und das Manuskript der konservativen Zeitschrift „Century" empfahl. Viertausend Dollar bot man für den Vorabdruck unter der Bedingung, daß zwischen dem Mann und der Frau auf der einsamen Insel gegen Ende des Romans keine anstößigen Ereignisse vorkommen dürften. Jack brauchte Geld für Pferde und Wagen, für Gäste und Feste. Telegrafisch stimmte er zu, stürzte sich auf den Schlußteil des Romanwerkes, so daß „Century" mit riesigen Schlagzeilen den

„Seewolf" seinem Leserpublikum ankündigen konnte. Der Einfluß von Charmian Kittredge drang trotz vorgeschriebener „Tugendhaftigkeit" der beiden Liebesleute auf der Robbeninsel immer stärker hervor. Gespräche und Gedanken sind mit Schwulst durchsetzt. Dieser Stilbruch zog sich dann weiter durch die Ich-Erzählerin der *„Eisernen Ferse"* bis hin zur Phantasmagorie *„Die Herrin des Großen Hauses"* (1916). In diesem letzten Werk beherrscht die kitschige Redeweise der zentralen Herrin und Gefährtin Paula den gesamten Handlungsablauf. Jack London benötigte eine „Gefährtin", und sein Wunschdenken beschwor diese Idealgestalt, die er literarisch verklärt bis zu seinem Ende weiter auftreten ließ, obwohl er längst in bezug auf Charmian eines anderen belehrt worden war. Die „Gefährtin" entsprach hinfort einem traumatischen Trotz und Wunsch des Autors.

Nachdem die „Ghost" von Maud und Humphrey an der Küste der „Mühsalinsel" wieder instand gesetzt worden war und nachdem das Meer den Leichnam des „Seewolfes" Larsen verschluckt hatte, erblickten die beiden geretteten Liebesleute auf ihrer Fahrt einen Zollkutter der Vereinigten Staaten. In der Büchergilden-Ausgabe 1927, übersetzt von Erwin Magnus, steht dann zu lesen:

Ich sah sie an, unsere Blicke begegneten sich...

„Muß ich es sagen?" fragte ich.

Sie antwortete: „Du mußt nicht, aber es wäre so süß, so unsagbar süß, es zu hören."

„Mein Weib, mein liebes kleines Weib!"...

„Mein Gatte!" sagte sie, und ihre Lider zitterten, und ihre Augen verschleierten sich...

Ich sah nach dem Kutter. Er war ganz nahe. Ein Boot wurde gerade herabgelassen.

„Einen Kuß, Liebste", flüsterte ich. „Noch einen Kuß, ehe sie kommen —"

„Und uns vor uns selber retten", vollendete sie mit einem bezaubernden Lächeln, so rätselhaft, wie ich es noch nie gesehen, denn es enthielt alle Rätsel der Liebe.

XII. Das Wolfsblut

1.

Mit dem Schicksal des Hundes Buck hatte Jack London erstmalig den „Ruf der Wildnis" konsequent und künstlerisch meisterhaft realisiert. Die „Stimme des Blutes" war durch die wölfische Umgebung Alaskas geweckt worden, die Natur trat wieder elementar hervor und löste die rückwärtsgerichtete Entwicklung bei Buck aus, weil er die notwendige Substanz besaß. Des Autors Absicht war es, die darwinistischen Ideen durch Rückkehr zum Wolfsgesetz, den Daseinskampf in der Natur und das Ausleseprinzip bildhaft in Szene zu setzen.

„Töte oder werde getötet! Friß oder werde gefressen!" So lautet *das Gesetz.* Der Wolfshund Buck bestand siegreich die wölfischen Umweltbedingungen durch seine Stärke, Geschicklichkeit, Schnelligkeit und Schläue. Durch die Vermenschlichung des Tierhelden — denn sein Verhalten und seine Taktik werden gedanklich von ihm selbst hervorgebracht und gelenkt —, erkennen wir bereits indirekt den sozialdarwinistischen Bezug zwischen Wildnis und kapitalistischer Zivilisation.

In der Gestalt des „Seewolfes" Wolf Larsen, Kapitän des Schoners „Ghost", demonstriert Jack London diesmal direkt das sozialdarwinistische Gedankengut. Die theoretischen Grundlagen fand der Autor bei den bürgerlichen Philosophen Herbert Spencer und Thomas Malthus.

Als Stoffvorlage diente Jack London der Kapitän Alex McClean, von dessen Taten die Matrosen der „Sophie Sutherland" erzählt hatten. Der Autor schuf ein Modell, einen gesellschaftlichen „Mikrokosmos", der auf den Schicksalsraum des Robbenfängers „Ghost" begrenzt bleibt. Nur in diesem beschränkten Raum eines

Schiffes auf hoher See kann der Seewolf seine Prinzipien in die Tat umsetzen. Diese lokale Einschränkung spielt bei der Interpretation eine wichtige Rolle.

Wolf Larsen ist physisch attraktiv, urwüchsig, stark, intelligent und auf seinem weltanschaulichen Bereich gebildet, so daß es ihm gelingt, seine Macht zu entfalten und zu rechtfertigen.

Als Kontrastfigur gilt der bürgerliche Schriftsteller Humphrey van Weyden, ein *feiner Herr,* der durch einen Zufall in den brutalen Machtbereich des Wolf Larsen gerät und ihm seine bürgerliche Ethik entgegensetzt. Van Weyden fungiert gleichzeitig als Ich-Erzähler und muß schließlich feststellen: *Sittlicher Mut ist auf dieser kleinen schwimmenden Welt etwas vollkommen Wertloses.* Van Weyden liefert, entsprechend seiner zugedachten Funktion, nur Schlachten des Geistes, obwohl er sich mehrmals zu einer aktiven Gegenwehr gedanklich auf dem Sprung befand, ohne zu dieser Tat letztlich fähig zu sein.

Die Prinzipien des Seewolfes werden vom Autor bei den Kontroversen herausgearbeitet: *,,Ich glaube, daß das Leben ein wirrer Schmutz ist. (...) Es ist wie Hefe, ein Ferment, ein Ding, das sich bewegt, das sich eine Minute, eine Stunde, ein Jahr oder hundert Jahre fortsetzen kann, das aber schließlich doch aufhören muß, sich zu bewegen. Die Großen fressen die Kleinen, damit sie sich weiterbewegen können, die Starken fressen die Schwachen, damit sie ihre eigene Stärke erhalten können. Die Glücklichen fressen am meisten und bewegen sich am längsten. Das ist alles. Was halten Sie davon?"*

Die vulgärmaterialistische und sozialdarwinistische Auffassung Wolf Larsens bildet nur den Ausgangspunkt. Der nächste Schritt seiner Überlegungen besagt, daß das individuelle Leben keinen objektiven Wert habe. Schließlich gelangt Seewolf zu dem Punkt, wohin er will. Es ist der extreme Individualismus im Sinne von Nietzsches ,,Übermenschen": *Macht ist Recht. Das ist alles, was dazu zu sagen ist. Schwäche ist Unrecht.*

Der ,,Wille zur Macht" ist bei der ,,blonden Bestie" Wolf Larsen ebenso stark ausgeprägt wie seine Verachtung für die Mitmenschen, also für die Gesellschaft schlechthin. In diesem Zusammenhang müssen wir beachten, daß der Autor die *kapitalistische* Gesellschaft vor Augen hat, deren brutalen Zugriff er immer wieder zu spüren bekam. Die autobiographischen Elemente des Wolf Larsen treten bei einer Konfrontation mit Humphrey van Weyden hervor: *„Du bist als feiner Herr geboren. Du hast nie erfahren, was es heißt, sich hungrig in Schlaf zu weinen, während dein Magen knurrt, als ob eine Ratte drin säße. Es kann nicht gut werden. Und wenn ich morgen Präsident der Vereinigten Staaten würde, wie könnte das den Hunger stillen, den ich früher gelitten habe?*

Wie könnte es wohl? frage ich. Ich bin für Leiden und Sorgen geboren. Ich habe mehr durchgemacht als zehn andere zusammen, jawohl!"

Wir verfolgen in diesem Zusammenhang eine weitere Variation des „Hungers": Dem physischen Hunger der Kindheit war der komplexe „Hunger auf höherer Ebene" gefolgt. Ein Hunger nach Bildung, Erlebnissen und deren künstlerischer Gestaltung. Beim Seewolf umfaßt der „Hunger" Macht und Reichtum.

Wenn Wolf Larsen orakelt: *Es kann nicht gut werden,* so beugt der Autor hier bereits vor, seinen zentralen Helden nicht einseitig zu sehen. Denn später behauptete Jack London mit Nachdruck, daß *die zugrunde liegende Tendenz* des Romanwerkes sei, *zu beweisen, daß der Übermensch im modernen Leben nicht erfolgreich sein kann. Der Übermensch ist in seiner Tendenz antisozial, und in unserer Zeit einer komplizierten Gesellschaft und Soziologie kann er in seiner feindseligen Abseitsstellung nicht erfolgreich sein.* Jack London verwies in dieser Polemik auf einen typischen finanziellen Übermenschen wie Rockefeller. *Er wirkt in dem sozialen Körper wie ein Brechmittel.*

Wolf Larsen wird sich seiner antisozialen Stellung durch seine Vereinsamung selbst bewußt. Er empfindet Qualen, weil er keine Gefühle, Träume und Illusionen mit den anderen Menschen teilen kann. Die Sehnsucht nach einer echten Gemeinschaft tritt mehrmals zutage.

160

Es erhebt sich nun die entscheidende Frage: Wie wird dieser antisoziale Typ Wolf Larsen im Machtbereich der „Ghost" überwunden?

Der sowjetische Literaturwissenschaftler P. Fedunow schreibt: „In der Gestalt von Wolf Larsen verkörpert (Jack London) den nietzscheanischen ‚Übermenschen' mit seinen zutiefst abstoßenden Eigenschaften wie tierische Grausamkeit, Amoralität und zügelloser Egoismus. Ebensowenig jedoch wie in dem Buch ‚Menschen der Tiefe' verstand es der Schriftsteller in diesem Werk, jene Kräfte zu zeigen, die der kapitalistischen Barbarei in den Weg treten. Sowohl die englischen Arbeitslosen in den ‚Menschen der Tiefe' als auch die Matrosen im ‚Seewolf' werden als eine passive Masse gezeichnet, unfähig, einen organisierten Kampf zu führen."

Jack London läßt den Seewolf an einem tödlichen Hirntumor scheitern. Wolf Larsen verläßt „heroisch" und ungebrochen seinen bisherigen Machtbereich und spottet selbst im Sterben trotzig der ethischen Werte des Humphrey van Weyden. Verglichen wird der Seewolf Larsen mit Miltons Lucifer, dessen Ehrgeiz ihn lieber in der Hölle Herrscher als im Himmel Knecht sein läßt. Die „Hölle" des diabolischen nietzscheanischen Herrschers führt zur Vernichtung des Lebens schlechthin, wie die Ereignisse auf der „Ghost" erkennen lassen. Und der Ich-Erzähler schlußfolgert sinngemäß, daß immer dort, wo dieser antisoziale Typ zur Machtentfaltung kommt, die Gefahr einer totalen Zerstörung des Lebens besteht.

Die Haltung van Weydens gegenüber Wolf Larsen entspricht im großen und ganzen auch der Haltung des Autors gegenüber der Figur des (See)-Wolfes: Er kommt von dem Gedanken nicht los, *daß die richtige Handlungsweise für mich darin gelegen hätte, ihn umzubringen. Er bezauberte mich unermeßlich, doch fürchtete ich ihn ebensosehr. Und doch konnte ich mir nicht vorstellen, daß er ausgestreckt, tot, auf Deck liegen könnte. Über ihm lag ein Hauch ewiger Jugend, der sich erhob und dies Bild unmöglich machte. Ich konnte ihn mir nur immer lebend, kämpfend, beherrschend und zerstörend und selbst alles andere überdauernd vorstellen.*

Obwohl Jack London die Existenzberechtigung und Existenzfähigkeit des nietzscheanischen „Herrenmenschen" in Zweifel stellt und die verheerende Auswirkung warnend demonstriert, sympathisiert er andererseits mit diesem „Übermenschen", den er bei seinen abenteuerlichen Unternehmen oft beobachtet zu haben glaubte. Dieser Wolf in Menschengestalt ist letztlich Jack Londons Doppelgänger, der wie „John Barleycorn", der „König Alkohol", in Stunden der Ermattung hervortritt und Trugbilder vorgaukelt. Die Vernunft lehnt den „Doppelgänger" strikt ab; doch Illusionen zaubern ihn wieder hervor trotz der Erkenntnis, daß damit nur Verhängnis und Unheil heraufbeschworen werden.

2.

Die darwinistische Interpretation des Lebens wird zum Leitthema vieler Werke. Die Variationen lassen jedoch erkennen, wie Jack London stets und ständig um die Wahrheit ringt und im Verlauf seiner Entwicklung bestrebt ist, den extremen Individualismus zu überwinden. Diese Wandlung Jack Londons kann an einer Tiergeschichte verfolgt werden, die im Jahr 1906 erschien. Sie ist das Gegenstück zum *„Ruf der Wildnis"* und entstand drei Jahre später. Sie trägt den Titel „White Fang", *„Weißzahn, der Wolfshund"*.

Diesmal werden bis ins Detail die Ideen Darwins, Spencers und Nietzsches durch den Weg eines Wolfshundes kritisch veranschaulicht. Der Entwicklungsprozeß des Tier-Helden Weißzahn verläuft jedoch im Vergleich mit Buck in umgekehrter Richtung, also von der Wildnis zur Zivilisation, von der Bestie zum Freund des Menschen.

Die Kindheit von Weißzahn liegt *in der kaltherzigen Wildnis* von Alaska, und seine ersten selbständigen Schritte wecken und entwickeln folgerichtig die Raubtierinstinkte. Sie befähigen ihn, sich dem Daseinskampf der Natur anzupassen: *Die Bedeutung der Welt wurde ihm jetzt klar, da er das tat, wofür er geschaffen war, nämlich*

seine *Nahrung zu töten und darum zu kämpfen. Dies war der Endzweck seines Daseins...*
Es gab zwei Arten von Leben, das eigene ... und das der andern. Und aus dieser Einteilung entstand das Recht. „Friß oder werde gefressen", so lautete das Gesetz.

Die biologische Konstitution von Weißzahn ist nicht rein wölfisch, weil seine Mutter Kische bereits als Schlittenhund im Dienste der Indianer stand. Und so finden Weißzahn und Kische durch die Hungersnot wieder zum Lagerfeuer der Menschen, das ihnen nicht nur Nahrung, sondern auch Wärme bietet. Weißzahn erkennt in dem Menschen *das Tier, das über alle andern herrscht.* In seinem Herrn, dem Indianer Grauer Biber, erblickt Weißzahn ein *gottähnliches Wesen,* das fähig ist, Feuer anzuzünden und *das Aussehen der Welt zu verändern.*

Die Schlittenhunde seiner neuen Umwelt spüren aber in ihm das Wolfsblut, so daß er heftigen Kämpfen ausgesetzt ist, abseits steht, sich ständig behaupten muß und dadurch *ein mürrisches und einsames, ein unliebenswürdiges und blutdürstiges Geschöpf — kurz, der Feind seiner Gattung wurde.*

Jack London hat die biologische Substanz und die Ein- und Auswirkung des Milieus in einem Bild veranschaulicht: *Die Monate vergingen. Weißzahn nahm an Stärke, Gewicht und Breite zu, und sein Charakter entwickelte sich nach dem Gesetz der Vererbung und dem der Umgebung. Was ihm angeboren, war gleichsam der Lehm, aus dem er geformt war, und dieser konnte in verschiedenen Formen geknetet werden, ihm aber besondere Gestalt zu geben, dazu diente die Umgebung. Wäre Weißzahn nie zum Feuer der Menschen gekommen, so hätte die Wildnis einen echten Wolf aus ihm gemacht. Nun hatten die Menschen ihm eine andere Umgebung gegeben, und er war zum Hunde geworden, der zwar etwas Wölfisches hatte, aber immerhin mehr Hund als Wolf war.*

Den *ersten Weißen* begegnet Weißzahn in Fort Yukon: *Mit den Indianern verglichen, schienen sie ihm wie ein Geschlecht höherer Wesen, wie höhere Götter. Er hatte den Eindruck, als besäßen sie größere Macht, und auf Macht beruht alle Gottheit.*

In der Gestalt des *schönen Schmitt* wird ein extremer Vertreter der *weißen Zivilisation,* des nordamerikanischen Kapitalismus, vorgestellt. Dieser *tolle Gott* weckt mit bestialischen Mitteln bei Weißzahn erneut die *Stimme des Blutes,* das Raubtier, weil er ihn als Bestie für das brutale Geschäft der Hundekämpfe gebrauchen will. Das *Regiment des Hasses* unter der *Bestie Mensch Schmitt* führt schließlich zur erzwungenen Umkehr im Wesen des Tier-Helden:

Früher war Weißzahn der Todfeind seiner Gattung gewesen und hatte nach ihrem Blute gelechzt, jetzt wurde er jedermanns Feind. Er wurde so sehr gequält, daß er blind und ohne jedes Fünkchen von Verstand haßte..., vor allem aber haßte er Schmitt.

Der Gipfelpunkt der „Überbestie" im Sinne Nietzsches ist hiermit erreicht. Gleichzeitig setzt aber an dieser Stelle die erneute Wandlung ein. Diese entscheidende Wende aus der bestialischen Welt des Profits durch die von Schmitt organisierten Hundekämpfe erfolgt durch das Eingreifen des Scott-London und veranschaulicht die beabsichtigte Aussage des Autors: *Und wieder waren es die Umstände, die den Angelpunkt bildeten zu einer vollständigen Umkehr seines Wesens. Die Hand, die ihn zurechtknetete, die das Harte in ihm weich machte und es in eine schönere Form preßte, war die Hand des Weedon Scott. Der stieg bis in die Tiefen von Weißzahns Natur hinab, erweckte dort Kräfte zum Leben, die geschlummert hatten oder unterdrückt worden waren, und eine dieser Kräfte war die Liebe.*

Der *Gebieter* und Erzieher Scott-London wird zum Sinnbild der humanistischen Kräfte schlechthin, denn er ist *liebevoll, warm und strahlend, und im Lichte seiner Liebe entfaltete sich Weißzahns Wesen wie die Blume im Strahl der Sonne.*

Während wir eingangs der Tiergeschichte den Kampf auf Leben und Tod zwischen Mensch und Raubtier in der Wildnis erlebten, finden wir im Schlußkapitel die triumphale Freundschaft zwischen Mensch und Haustier. Die lebensbejahenden Ideen und Kräfte dominierten und demonstrierten gleichzeitig einen Grundzug im Gesamtwerk von Jack London.

3.

Weißzahns Kindheit lag in der Wildnis. Hier entfalteten sich die Raubtierinstinkte, die auf dem späteren Weg immer wieder hervorbrachen. Entscheidend waren jeweils die Umweltbedingungen. Mit der *Bestie Mensch Schmitt* wird Darwins These vom „Kampf ums Dasein" in die kapitalisierte Welt übertragen. Diese sozialdarwinistische Version entsprach bürgerlichen Soziologen, um letztlich die kapitalistischen Produktionsverhältnisse und die imperialistischen Expansionsbestrebungen einschließlich der Eroberungskriege zu rechtfertigen. Friedrich Engels verwies in seiner „Einleitung zur Dialektik der Natur" auf den von bürgerlichen Ideologen mißachteten Unterschied zwischen den blinden Kräften in der Natur und der Entwicklungsgeschichte des Menschen und seiner Gesellschaft: „Darwin wußte nicht, welch bittere Satire er auf die Menschen ... schrieb, als er nachwies, daß die freie Konkurrenz, der Kampf ums Dasein, den die Ökonomen als höchste geschichtliche Errungenschaft feiern, der Normalzustand des Tierreiches ist. Erst eine bewußte Organisation der gesellschaftlichen Produktion ... kann die Menschen ebenso in gesellschaftlicher Beziehung aus der übrigen Tierwelt herausziehen, wie dies die Produktion überhaupt für die Menschen in spezifischer Beziehung getan hat."

Die ersten Entwicklungsstadien des Tier-Helden Weißzahn entsprachen in etwa der Vergangenheit des Seewolfes. In einem Gespräch mit Humphrey van Weyden legte Wolf Larsen *den Hunger, die Leiden und Sorgen* dar, die ihn zu einer „blonden Bestie" werden ließen. Jack London hat in diesem Zusammenhang eigene Erlebnisse verwertet, wobei seine aktive Phantasie Abbilder und Modelle schuf, die Parabeln entsprechen. So ist beispielsweise der Übergang von der Zivilisation in die Wildnis durch Buck die künstlerische Umbildung der eigenen Bewältigung der Naturgewalten als Goldsucher auf dem strapaziösen Pfad über den Chilkoot Pass, durch die Stromschnellen des „Weißen Pferdes" bis in den turbulenten Bereich vom Klondike. Und gerade dort mußte Jack erleben, wie längst überwundene Triebe hervortraten, die bei der

„Bestie Mensch", dem entfesselten darwinistischen „sozialen Tier", zum Ausdruck kommen. Zu dieser Zeit war Jack London bereits mit sozialdarwinistischen Schriften vertraut, so daß er in der außerordentlichen Umgebung von Alaska die bürgerlichen Theorien bestätigt glaubte. Nach seiner Rückkehr aus der Wildnis setzte der ungewöhnliche Kampf um die Existenz als proletarischer Schriftsteller ein, der ihm erneut das Dschungelgesetz zu bestätigen schien. Als Zeitungsjunge, als Austernräuber und Vagabund war er bereits gezwungen gewesen, sich rücksichtslos wie seine literarischen Wolfsgestalten Nahrung zu verschaffen. Als Autodidakt und junger Autor lenkte und leitete ihn der hartnäckige Glaube an Nietzsches „Willen zur Macht". Es war nicht nur der Gelderwerb, der seine Kräfte vollauf in Anspruch nahm, sondern es war der Drang nach Selbstbehauptung und Selbstbestätigung, der ihn in Ekstase versetzte und Triumphe brachte. Die Ideen bürgerlicher Ideologen sind ihm hierbei zur „zweiten Natur" geworden; sie werden im jeweiligen Existenzkampf bildhaft umgesetzt und bieten Paradigmen, philosophische Modelle.

In der Parabel vom Weißzahn korrigieren eigene Vorstellungen des Autors die bisherigen sozialdarwinistischen Modelle im weiteren Handlungsverlauf: Elemente des Guten − Liebe und Freundschaft − durchbrechen die Vereinsamung und führen in eine begrenzte Gemeinschaft. Bereits der Seewolf, dieser *ausgesprochene Typ des Urmenschen,* näherte sich diesem Übergang, als ihm ermahnend und helfend zugestanden wird: *In Ihnen liegen alle Kräfte des Guten.* Und die „Bestie Mensch" reagiert an dieser Stelle nicht als Aggressor, sondern als Melancholiker. Wolf Larsen befindet sich in einem Zustand, in dem sich der Autor bei der Niederschrift des zweiten Romanteils selbst befand. Dieser langwierige Anfall von Melancholie ließ Jack London nach eigenem Geständnis *ganz ernst und kaltblütig ... überlegen, ob ich mir das Leben nehmen sollte. Leider aber waren zu viele von mir abhängig, denen ich Nahrung und Wohnung schaffen mußte, als daß ich ein Recht zum Selbstmord gehabt hätte. Das waren jedoch rein moralische Betrachtungen. Was mich in Wirklichkeit rettete, war die ein-*

zige Illusion, die mir noch geblieben war: das Volk. (. . .) Den Kampf um dieses Ideal mußte ich noch kämpfen, und dieser Kampf lohnte sich. (. . .) Und als ich zu gesunden begann, vollendete die Liebe einer Frau die Genesung und senkte meinen Pessimismus für lange Zeit in Schlaf.

Diese Frau war Charmian Kittredge. In der Lyrikerin Maud Brewster finden wir ihr literarisches Abbild. Sie wird genauso wie ihr Schicksalsgefährte van Weyden in den Schicksalsraum der „Ghost" verschlagen. Mit Kittredge-Brewster dringt im Schlußteil des Romans „Der Seewolf" ein schwärmerisch-romantischer Stil ein, der Jack Londons Diktion ansonsten widerspricht. Jack London befand sich voll und ganz im Bann der Liebe zu seiner „Gefährtin", so daß er sogar Charmians überschwenglich-kitschige Sprech- und Schreibweise bedenkenlos übernahm. Bis in seine Schlußphase hinein unterwarf er sich der Illusion einer Liebe, die seinen Vorstellungen von der Menschenwürde entsprach.

XIII. Als Reporter unterwegs

Zu Beginn des Jahres 1904, als ein Krieg zwischen Japan und Rußland auszubrechen schien, entsandten Zeitungen und Zeitschriften ihre Korrespondenten nach dem Fernen Osten. Jack London erhielt gleich fünf Angebote. Entsprechend seinen leichsinnigen Geldausgaben wählte er den Pressekonzern, der ihm die höchste Bezahlung bot. Es war der Zeitungskönig Hearst, der den Aufstieg dieses talentierten Proletariers verfolgt hatte und nunmehr zugriff. Jack London konnte damals noch nicht ahnen, daß er bereits im Begriff stand, sich mit „goldenen Ketten" kapitalistischer Verleger fesseln zu lassen.

Am 7. Januar 1904 reiste ein Schwarm Kriegskorrespondenten mit dem Dampfer „Sibiria" nach Yokohama. Einer der lebhaftesten und interessantesten Unterhalter auf dieser Fahrt war Jack. Er vertrat den „Examiner", der Tage zuvor mit Schlagzeilen und Bild seinen neuen Reporter und Mitarbeiter vorgestellt hatte. Mit der Bahn gelangten die amerikanischen Journalisten nach Tokio. Die japanische Regierung veranstaltete dort Bankette, Rundfahrten und allerlei Zerstreuungen. Jack merkte, daß die Japaner auf diesem Wege die Presseleute von der Kriegsfront fernzuhalten versuchten. Jack verlor die Geduld. Nach zwei Tagen schlich er sich heimlich davon. In der Gegend von Nagasaki hoffte er auf ein Schiff nach Korea. Am 1. Februar stand ein Transporter in Moji zur Fahrt nach Tschemulpo bereit. Als Jack vor der Abfahrt im Hafen einige Fotos schoß, verhaftete ihn die Militärpolizei. Man konfiszierte seine Kamera gegen fünf Yen, steckte ihn ins Gefängnis, wo er acht Stunden hintereinander verhört wurde. Dann mußte er schließlich nach Vorlage seines amerikanischen Passes und Journalistennachweises wieder auf freien Fuß gesetzt werden. Das Schiff war inzwischen ausgelaufen. Jack trampte die Küste entlang und hielt Ausschau nach einem anderen Schiff. Am 8. Februar sicherte er sich endlich einen Platz auf der „Kieogo Maru". Als Segel gesetzt wurden, beschlagnahmte die Militärbehörde den Frachter für den Truppentransport. Mit einer Barkasse trieb sich Jack nunmehr im Hafen herum und fing einen kleinen Dampfer ab, der ihn nach Fusan an der Südostküste von Korea brachte. Dort fand er Anschluß auf einem Dampfboot. Vor Mopko wurde auch dieses Schiff vom Militär beschlagnahmt, so daß man die Passagiere auslud. Die hektische Unruhe ringsum deutete darauf hin, daß der Krieg begonnen haben mußte. Jack wollte unbedingt in das Frontgelände. Kurz entschlossen charterte er eine primitive Dschunke und kreuzte durch das Gelbe Meer bis nach Tschemulpo. Sechs Tage und Nächte dauerte diese abenteuerliche Fahrt: *Die wildeste und prächtigste Sache, die ich je erlebt! Wenn du mich jetzt sehen könntest, als Kapitän einer Dschunke mit drei Koreanern als Mannschaft, die kein Englisch verstehen. Erreichten gegen Abend Kun-San, nachdem ein Mast über Bord gegangen war, und mit zersplittertem Ruder. Wir kamen bei strömendem Regen und messerscharfem Wind an. Du hättest mich sehen sollen, wie ich es mir behaglich machte — fünf japanische Mädchen halfen mir beim Umkleiden, beim Baden und beim Zubettgehen...*

Der Frontkorrespondent Jack London hatte sich auf dieser Fahrt bei Schneesturm und Eishagel fast Ohren, Finger und Füße erfroren. All das war nebensächlich, weil ihn die erfolgreichen Abenteuer vollauf beherrschten. Ein englischer Photograph berichtete, daß Jack als „körperliches Wrack" in Tschemulpo ankam. Jack kaufte sich Pack- und Reitpferde, mietete einen Dolmetscher, einen Diener, zwei Pferdejungen und brach in Richtung Norden auf, wo er russische Truppen vermutete. Nach einem Gewaltmarsch von drei Wochen erreichte er Ping Yang, berichtete über Stellungsbau, Truppenbewegungen, photographierte, so daß „Examiner" die ersten Nachrichten vom koreanischen Kriegsschauplatz in Amerika veröffentlichen konnte. Ping Yang war der nördlichste

Jack in Korea
(1904)

Punkt, den ein Kriegskorrespondent überhaupt erreicht hatte. Die anderen Presseleute saßen immer noch in Tokio. Sie beschwerten sich bei der Regierung, so daß man auf Jack London aufmerksam wurde, ihn erneut verhaftete, nach Seoul zurückbrachte, um ihm dann im begrenzten Bereich des Hauptquartiers der 1. Japanischen Armee Bewegungsfreiheit zu gewähren. Doch hier gab es keine berichtenswerten Ereignisse. Und als er schließlich einen Pferdejungen, der ihn bestohlen und betrogen hatte, im Handgemenge niederschlug, lieferte man ihn in das Militärgefängnis ein, und es bestand die Gefahr, vor ein Standgericht zu geraten. Jacks Kollege Richard Harding Davis kabelte von Tokio aus an den Präsidenten Theodore Roosevelt wegen einer Hilfsmaßnahme, so daß sofort bei der japanischen Regierung Protest erhoben wurde. Jack London mußte freigelassen werden. Nun hielt es ihn nicht länger in Korea. Berichte und Bilder hatte er auftragsgemäß geliefert. Mit dem nächsten Transport kam er bis Yokohama, bestieg den Dampfer „Korea" und traf am 30. Juni 1904 in San Francisco ein. Durch den Ärger und die Verstimmungen im Fernen Osten ließ er sich in der nachfolgenden Zeit oft zu unüberlegten Äußerungen gegen die Japaner hinreißen.

Als Jack in San Francisco gerade eingetroffen war, überreichte ihm ein Gerichtsbeauftragter die Scheidungsklage seiner Frau Bessie. Belastet wurde in dieser Klageschrift Anna Strunsky: Die gemeinsame Arbeit am „Briefwechsel zwischen Kempton und Wace" habe die Entfremdung der Eheleute veranlaßt. Außerdem hatte der Rechtsanwalt von Bessie die Einnahmen durch die Kriegsberichte pfänden lassen.

Anderntags griffen bereits die Zeitungen die Nachricht von der bevorstehenden Scheidung auf. Jack war bestürzt: Seit zwei Jahren hatte er die zu Unrecht belastete Anna Strunsky nicht mehr gesehen. Nach einer versöhnlichen Aussprache mit Bessie konnte die Pfändung der Honorare aufgehoben werden unter der Bedingung, daß ihr und den Kindern in Piedmont ein eigenes Haus errichtet werde. In der Scheidungsklage strich man den Namen Anna Strunsky, die ebenso entsetzt war wie Jack London. Nunmehr war nur noch vom „Verlassen der Familie" die Rede. Und als schließlich Bessie erfuhr, daß Fräulein Kittredge die Ursache der Entfremdung sei, wollte sie es nicht glauben. Die geschickte Annäherung ihrer Rivalin hatte sie weder wahrgenommen noch vermutet. Charmian Kittredge-London weicht in ihrer Jack-London-Biographie diesen Ereignissen aus, streckenweise erfolgen Entstellungen und zeitliche Verschiebungen, um das Verhältnis zu vertuschen. Kurz vor der Rückkehr Jack Londons aus Korea hatte Fräulein Kittredge San Francisco verlassen, damit jeder Verdacht einer intimen Beziehung nicht möglich sein sollte. Charmian verzog sich nach Newton in Iowa, wo sie bei einer Verwandten wohnte. Von dort aus wartete sie den ausgelösten Ehekonflikt und die Presseskandale ab, stets besorgt, in diesem Zusammenhang nicht genannt zu werden. Jack war von ihrem feigen Verhalten so heftig enttäuscht, daß er ernsthaft erwog, zu seiner Familie zurückzukehren. Aber Charmians raffinierte Tante Ninetta Eames und Edward Payne griffen ein und boten Jack auf dem Anwesen ihrer Sommerfrische ein Landhaus an, damit er dort „Ruhe und Sammlung zur künstlerischen Produktivität finde". Im Juli übersiedelte Jack deshalb nach Glen Ellen, übersandte Fräulein Kittredge das Reisegeld und schrieb verärgert: *Bin völlig außer mir. Hier spielt jemand kein ehrliches Spiel. Ich habe darüber mit Netta und Edward gesprochen, und beide haben sich überzeugen lassen und dabei beruhigt, daß von Bessie nichts zu befürchten ist.*

Inzwischen hatte Jack in Piedmont für sechzehnhundert Dollar ein Grundstück erworben, einen Architekten bestellt und das Haus für Bessie und die beiden Töchter projektieren lassen. Er fühlte sich seiner Familie gegenüber in Schuld, spürte Unbehagen und versuchte, durch finanzielle Großzügigkeit sein Verhalten wiedergutzumachen.

Als einzige erfreuliche Abwechslung blieben die Segelausflüge auf seiner „Spray". Die schriftstellerische Tätigkeit war jedoch erneut ins Stocken geraten. Er quälte sich mit etlichen Themen, ohne voranzukommen. Nervöses Hautjucken befiel ihn, er magerte ab, erschlaffte, wurde mürrisch und gereizt. Jack mied Freunde und

Bekannte. Er vereinsamte, schrieb an der Novelle „*The Game*", „Das Spiel", führte einige Vorträge und Lesungen in der Umgebung von Oakland durch und versuchte seine Geschichte „*The Scorn of Women*", „Zorn der Frauen", zu dramatisieren. All diese Vorhaben gingen nur schwer von der Hand und blieben erfolglos.

Im November 1904 lag der Roman „*Der Seewolf*" vor und gab dem Autor wieder Auftrieb. Vierzigtausend Exemplare hatte der Buchhandel vorausbestellt.

Fräulein Kittredge bequemte sich, nach Glen Ellen zu kommen, und wohnte vorsorglich bei ihrer Tante Ninetta Eames. In Oakland hatte sich Jack eine zusätzliche Wohnung einrichten lassen. Dort waltete seine Mutter. Der koreanische Diener Manyoungi war inzwischen eingetroffen und wurde ebenfalls in der Oaklander Wohnung einquartiert. Wenn Jack in der Stadt weilte, korrespondierte er mit Charmian. Seine Briefe schrieb er diesmal unregelmäßig, seine Sprache wurde bedeutend sachlicher. Charmian nutzte dagegen die Zeit, stetig ihre Liebe zu bekunden und wegen eines gemeinsamen Anwesens in der Nähe von „Wake Robin" Ausschau zu halten.

Während der Wintermonate erhielt Jack von allen möglichen Vereinigungen und Organisationen Einladungen. Als er im Ruskin-Klub wieder zu Fragen des Sozialismus sprach, begründete er abschließend seinen Standpunkt: *Ich bin Sozialist, erstens weil ich als Proletarier geboren wurde und bald erkannte, daß der Sozialismus die einzige Rettung für das Proletariat ist; zweitens weil ich, als ich aufhörte, Proletarier zu sein und ein Parasit (ein Kunstparasit, wenn Sie wollen) wurde, erkannte, daß der Sozialismus die einzige Rettung für die Kunst und den Künstler ist.*

Im Januar 1905 hielt sich Jack bei seinem Freund Cloudesley Johns in Los Angeles auf und sprach bei dieser Gelegenheit an einem Abend vor den Sozialisten. Nachdem der Vorsitzende den Referenten als „einen tiefgründigen Gelehrten, einen bedeutenden Philosophen, ein literarisches Genie und als ersten Schriftsteller Amerikas" vorgestellt hatte, antwortete Jack London: *Genossen!*

Vorstand und Arbeiter! Die Lobreden, mit denen der Vorsitzende mich überhäufte, haben mir nicht gefallen, denn bevor man mir einen dieser Titel gab, die der Vorsitzende mir so reichlich beimißt, habe ich in einer Konservenfabrik gearbeitet, dann in einer Pökelfabrik, habe mich bei Murray und Ready um gewöhnliche Arbeit beworben, war Matrose vor dem Mast, und monatelang habe ich in den Reihen der Arbeitslosen nach Arbeit gesucht. Den proletarischen Teil meines Lebens schätze ich am höchsten, und zu ihm will ich mich bekennen, solange ich lebe.

Und in seiner Autobiographie „*König Alkohol*" vermerkte Jack London, daß ihn der *Sozialismus und das Volk,* diese heilbringenden *Schöpfungen des menschlichen Geistes,* aus der langwierigen Krise wieder herausrissen.

Es gab jedoch auch Veranstaltungen, die ein böswilliges Geplänkel und Diffamierung gegen Jack London durch die bürgerliche Presse auslösten. So hatte beispielsweise ein Klub von Geschäftsleuten in Stockton Jack eingeladen, um zu ihnen zu sprechen. Als gerade die Nachricht von der russischen Revolution 1905 eingetroffen war, bekannte sich Jack London gegen Ende seines Vortrages zu diesen Ereignissen. Am nächsten Morgen verkündeten einige bürgerliche Zeitungen: „Jack London nennt russische Mörder seine Brüder. (...) Er ist ein Aufwiegler und roter Anarchist; er müßte verhaftet und wegen Hochverrats angeklagt werden!"

Jack kannte derartige Angriffe bereits aus seiner stürmischen Jugendzeit. Als Antwort verwies er auf seine gesammelten politischen Aufsätze unter dem Titel „*War of the Classes*", „Klassenkampf", die von Macmillan gerade ausgeliefert wurden und in den nachfolgenden Monaten noch drei Auflagen brachten.

Im März 1905 kandidierte Jack London erneut für die Sozialisten bei der Wahl des Bürgermeisters von Oakland. Diesmal erhielt er 981 Stimmen. Kurz darauf übersiedelte er mit seinem Diener Manyoungi nach Glen Ellen.

In „Wake Robin" warteten Charmian Kittredge, Ninetta und Roscoe Eames. Für die empfangenen Honorare kaufte Jack Reitpferde, so daß sie gemeinsam durch die Sonomaberge reiten und

Charmian ihr Anliegen an einem idyllischen Ort zur rechten Stunde vortragen konnte: Da lag die Hills Ranch, hundertdreißig Morgen groß und besonders reizvoll. Für siebentausend Dollar konnte sie erworben werden. Jack schloß unüberlegt den Kaufvertrag und schmiedete mit Charmian kühne Pläne: Eine Hühnerfarm sollte errichtet werden, für Schweine- und Schafzucht bot sich günstiges Gelände, ein anderer Teil des Landes bedurfte noch der Urbarmachung und brachte weitere Möglichkeiten für landwirtschaftliche Nutzung. Nur eine baufällige Scheune barg dieser neue Besitz. Ein Verwalter sollte angeworben werden und die ersten Maßnahmen treffen, um ein großes Gutsgebäude auszubauen. Die Kosten für diese riskanten Pläne sollten durch die Publikationen nach und nach getilgt werden. Charmian und Jack unternahmen „fröhliche Einkaufstouren": Pferde, Ackergeräte, Hühner, Schweine, ein Wagen und ein weiterer Einspänner. Über diese Situation berichtete Jack an seinen Freund: *Diese ganze Einkauferei war unvorhergesehen und hat mich völlig pleite gemacht. Auch muß ich damit rechnen und sehe dem mit Entsetzen entgegen, daß Bessie nach einigen hundert Dollar schreiben wird, weil sie Pferd und Wagen haben will. Ich habe das ganze Geld von Macmillan für das Grundstück aufgebraucht und nicht einmal mehr genug, eine Scheune zu bauen, geschweige denn ein Haus. Schreibe ein paar Kurzgeschichten, um etwas Bargeld in die Hand zu bekommen.*

Im Oktober willigte Jack in eine Vortragstournee ein. Diesmal bereiste er die Großstädte des Mittelwestens und entlang der Ostküste. Seine Volkstümlichkeit stieg. Die Einnahmen waren nicht gering, doch in jeder Stadt gab es Freunde und gesellige Abende, so daß die Honorare genauso schnell wieder entschwanden, wie er sie empfangen hatte.

Am Sonnabend, dem 18. November, traf der telegraphische Bescheid in Chicago ein, daß Bessies Scheidungsantrag gerichtlich akzeptiert worden war. Sofort kabelte Jack nach Newton in Iowa und bat Fräulein Kittredge, umgehend zur Eheschließung nach Chicago zu kommen. Als sie am Sonntagnachmittag eingetroffen war, fuhr er mit ihr die behördlichen Instanzen ab, erhielt die

Heiratslizenz und fand auch einen Standesbeamten, der sich schließlich bereit erklärte, diese eilige Eheschließung in der Bibliothek seiner Wohnung durchzuführen. Jack hatte bei der überstürzten Heirat nicht bedacht, daß ihm Presseleute auf Schritt und Tritt folgten. Obwohl die lokalen Zeitungen am Sonnabend noch lobend über sein „natürliches und herzliches Auftreten" und seine „magnetische Anziehungskraft" berichtet hatten, fielen sie am Montag schimpfend über ihn her: Jack London „verläßt Weib und Kinder und sanktioniert die Immoralität. (...) Sozialismus bedeutet Anarchie und würde unsere Zivilisation zerstören..."

Nunmehr fühlte sich die sozialistische Presse genötigt, ebenfalls in dieses Gezänk einzugreifen. Sie stellte fest, daß Jack Londons „exzentrisches Verhalten" nicht mit „sozialistischer Moralauffassung" gleichgesetzt werden kann.

Jack London galt bisher in der Öffentlichkeit als ein Vorbild für ehrenhaftes Verhalten. Durch seine plötzliche Ehescheidung und überstürzte Eheschließung hatte er dem Ansehen der Sozialistischen Partei geschadet. Denn die Reaktion nutzte die Gelegenheit für eine intensive Diffamierung: Von den Kanzeln herab predigte man gegen die Sozialisten, die der Kirche und der Trauung nur entsagten, um ihrem unmoralischen Lebenswandel frönen zu können. Prototyp dieses moralischen Verfalls sei dieser Jack London, der mit seinen Schriften die Jugend verführe und dessen teuflischem Einfluß ein Ende gemacht werden müsse. Die Volksbüchereien in Pittsburg und Derby Neck verbrannten daraufhin seine Bücher und forderten sämtliche Bibliotheken auf, die „gesamten Werke von Jack London aus dem Leihverkehr zu ziehen".

Als sich diese scheinheilige Entrüstung in den bürgerlichen Blättern und klerikalen Traktätchen austobte, befand sich das junge Ehepaar auf der Hochzeitsreise. Die Dampferfahrt führte von Jamaika nach Kuba, und nach einigen Tagen Rast fuhren sie zurück von Key West nach Miami. Der Entrüstungssturm gegen den „Aufwiegler" und „Anarchisten" Jack London, der sich so provokativ jeglicher Konvention und Etikette widersetzt hatte, schien verebbt zu sein. Und nun geschah das Gegenteil: Durch Neugierde und Sensationslust veranlaßt, trafen unzählige Einladungen ein. Man wollte diesen mutigen „Rebellen" und hartgesottenen Außenseiter kennenlernen. Mitte Januar 1906 weilte Jack London in New York. Von dort aus mußte er nach New Haven: „Revolution", so hieß das Thema. Dreitausend Studenten und dreihundert Hochschullehrer der Universität saßen am 26. Januar 1906 dichtgedrängt in der Woolsey Hall. Obwohl man mit vielen Ansichten des Referenten nicht einverstanden war, imponierte Jacks Persönlichkeit den jungen Leuten durch sein frisches, natürliches und leidenschaftliches Auftreten, so daß sie lauten Beifall spendeten. Am anderen Morgen drang ein hagerer, rothaariger Reporter zu Jack London vor und bat um ein Interview. Mit diesem Gespräch begann eine enge Freundschaft: Es war Sinclair Lewis, der bisher nur Mißerfolge als Journalist zu verbuchen gehabt hatte.

Dann mußte Jack wieder zurück nach New York. Nochmals sprach er zum selben Thema. Mehrere tausend Arbeiter strömten im Grand Central Palace zusammen. Der Leiter dieser Kundgebung, Upton Sinclair, begrüßte die Massen und versuchte, eine ganze Stunde lang über allgemeine politische Fragen zu sprechen, weil der Referent noch nicht eingetroffen war. Upton Sinclair berichtete über den Verlauf dieser Veranstaltung: „... da erschien er, strahlend, lebensvoll, trotz einer Halsentzündung, stieg, von wehenden roten Taschentüchern empfangen, auf die Rednertribüne und las der Stadt New York mit ruhiger Herausforderung seinen Essay ‚Revolution‘ vor. (...) Wir verbrachten den ganzen folgenden Tag miteinander und sprachen über die Dinge, die uns beiden am Herzen lagen. Und den ganzen Tag rauchte mein Held und trank jene ... Liköre, die mir so unsympathisch sind und deren Anblick allein mich das Gesicht verziehen läßt. Jack bemerkte das sofort; er war der Mann mit rotem Blut in den Adern und ich der armselige Waschlappen; er mußte seinen Übermut an mir auslassen und überschüttete mich mit Schauergeschichten von unglaublichen Orgien, von Alkohol, Opium und Haschisch."

Jack London hatte an diesem erfolgreichen Abend vor den

New-Yorker Arbeitern wiederum von den sieben Millionen Sozialisten gesprochen, die in allen Ländern der Welt *mit aller Kraft für die Eroberung der Wohlfahrtsquellen der Erde und die völlige Überwindung der bestehenden Gesellschaft kämpfen.* (...) *Sieben Millionen Menschen der Arbeiterklasse geloben, daß sie sich mit den übrigen Arbeitern vereinigen werden, um die Herrschaft des Kapitals zu brechen.* Als Zeitpunkt für den Zusammenbruch des kapitalistischen Systems in der Welt nannte Jack London das Jahr 2000. Die Zuhörermenge antwortete mit rasendem Beifall.

Hier im Grand Central Palace lag wohl auch der Gipfelpunkt seines erneuten Auftriebs: *die heilbringenden Schöpfungen* eines unruhig-schöpferischen Geistes, von ihm zusammengefaßt mit den immer wieder gebrauchten Begriffen *Liebe, Sozialismus und Volk.*

Jacks Halsentzündung hatte sich verschlimmert, so daß er am 3. Februar 1906 in St. Paul die Vortragstournee abbrach und nach Glen Ellen zurückkehrte. Diesmal mietete er einen Teil von „Wake Robin", weil die Baupläne auf Hills Ranch noch nicht realisiert werden konnten. In „Wake Robin" saß er mit Ninetta Eames, Roscoe Eames, Edward Payne und Charmian zusammen und entwarf einen Plan, der die bisherigen abenteuerlichen Unternehmen in den Schatten stellen sollte.

XIV. „Die Eiserne Ferse"

1.

Jack Londons Gipfelpunkt als sozialistischer Agitator lag in den Jahren 1906 bis 1907. Dieser kontinuierliche Aufstieg hatte kurz nach der Jahrhundertwende begonnen mit der Socialist Party, deren aktive Mitgliedschaft ihn zu vielen Artikeln und Schriften veranlaßte. In dem Parteiorgan „The Comrade" war sein Beitrag „Wie ich Sozialist wurde" zu lesen. Seine Erlebnisse als Hobo hatten ihn mit sozialistischen Ideen vertraut gemacht, die ihn zum intensiven Studium der Parteibroschüren führten. Auf diesem Weg las er Abhandlungen von Eugene V. Debs, William D. Haywood, Pjotr Kropotkin, Eduard Bernstein. Am stärksten hatte ihn das „Kommunistische Manifest" beeindruckt. In seiner Bibliothek fanden zahlreiche Schriften von Karl Marx und Friedrich Engels Eingang: „Die Entwicklung des Sozialismus von der Utopie zur Wissenschaft"; „Der Ursprung der Familie, des Privateigentums und des Staates"; „Ludwig Feuerbach und der Ausgang der klassischen deutschen Philosophie". Jack London erwarb sich jeweils die Teile des „Kapitals" von Karl Marx, sobald sie übersetzt vorlagen. Er selbst hatte den sozialen Protest „*Die Menschen des Abgrunds*" (1903) verfaßt; im selben Jahr publizierte er den Essay „*Der Klassenkampf*", dem weitere Beiträge folgten. Im Jahre 1905 erschien die erste Sammlung von Essays unter diesem Titel; die nächste Sammlung erschien 1908 und trug den Titel seines Vortrages „*Revolution*", den er an der Yale-Universität und vor den Arbeitern New Yorks kurz nach der Revolution in Rußland gehalten hatte. Diese gezielte Agitation erfolgte durch die Intercollegiate Socialist Society, eine Vereinigung von Propagandisten der Sozialistischen Partei, deren Präsident Jack London war. Im Jahre 1904 besaß die Partei 20 768 Mitglieder; und im Jahr 1912 zählte sie nicht nur 120 000 Mitglieder, sondern hatte auch über tausend Abgeordnete in den Volksvertretungen. Obwohl im politischen Programm der Socialist Party von der proletarischen Revolution die Rede war, erhoffte ein großer Teil der Mitglieder einen Wahlsieg. Es handelte sich hier vorwiegend um Intellektuelle und Angehörige der Mittelschichten.

Die ungestüme Begeisterung bei den einzelnen Vorträgen beflügelte Jack London. Er verstand es immer besser, seine Zuhörer zu packen. Deshalb sah er sich auch veranlaßt, seine Kenntnisse stets und ständig zu erweitern und zu vertiefen. Seine Gedanken mußten durch aktuelle Fakten belegt werden, so daß er wichtige Zeitungsartikel sammelte, um den unmittelbaren Auseinandersetzungen mit dem Klassenfeind gewachsen zu sein. Jack London befand sich ganz in seinem Element als Sohn des Proletariats und als Revolutionär seiner Klasse. Um so heftiger geiferte in diesen Jahren die reaktionäre Presse. Verleumdungen, Drohungen, Intrigen reihten sich aneinander, überstürzten und widersprachen sich. In New York hatte Jack London beispielsweise den Terror des Milizgenerals Sherman Bell in Colorado erwähnt und dessen „Kampflosung" angeprangert: „Zum Teufel mit der Verfassung!" Prompt wurde anderntags in der „New York Times" diese Haltung des Generals Sherman Bell dem Referenten Jack London unterschoben. Jack befand sich bereits auf der Heimreise, so daß der Vizepräsident der Intercollegiate Socialist Society, Upton Sinclair, von der Redaktion verlangte, diese Verleumdung zu widerrufen. Tags darauf berichtete die „New York Times", daß Jack London gegen „die verdammte Verfassung Bedenken habe". Dieser Gaunertrick wurde noch verschärft durch die Überschrift: „Der Besuch eines Wildlings". In der „Chicago Inter-Ocean" stellte der Leitartikler den „Besuch" in New York folgendermaßen dar:

„Wenn *Jack London* nur für sich spricht, dann ist er entweder ein gewöhnlicher Reklamejäger oder ein giftiger Agitator. In letzterem Fall ist er gefährlicher als die Agitatoren, deren leidenschaftliche

Ausbrüche zur Ermordung des Präsidenten McKinley führten, und Mordtaten sind die wahrscheinlichen Folgen seiner Hetztiraden. Unsere Gesetze verhüten die Einwanderung auswärtiger Anarchisten. Sind die Gesetze und die öffentliche Meinung nicht stark genug, um den Sensationshascher zu unterdrücken, der den Verrat unserer Flagge und der Regierung den Krieg androht?"

Dieser Hetzorkan flutete und dröhnte von Stadt zu Stadt, von Bundesstaat zu Bundesstaat der Union: „Ein literarischer Anarchist", so lautete die Schlagzeile im „Rochester Post Express". Die „Milwaukee Sentinel" schloß sich dem an: „Jack London speit noch mehr Feuer!", so daß nunmehr „Chicago Inter-Ocean" schlußfolgerte: „Mord ist ein kleiner Spaß für Mr. London!" „St. Louis Post-Dispatch", „New Haven Palladium" und weitere bürgerliche Blätter forderten Gefängnis und prophezeiten mindestens „drei Jahre" für diesen „gefährlichen Anarchisten". Zu all diesem Unflat wurde auch noch ein Bild des Beschuldigten veröffentlicht, als handle es sich um einen steckbrieflich gesuchten Verbrecher. Als die Frauenklubs in Iowa von dem „Anarchisten" und „Bombenschmeißer" Jack London erfuhren, zogen sie sofort ihre Einladungen für eine Tournee des Schriftstellers zurück.

Jack London ließ sich nicht einschüchtern, obwohl er nunmehr unmittelbar die Machtmittel des Monopolkapitals zu spüren bekam, die sie nicht nur gegen organisierte Arbeiter und Streikende einsetzten, sondern auch gegen einzelne, gefährlich gewordene Klassenfeinde. Gegen Arbeiter wurden Militär, Gefängnis, Streikbrecher, Spitzel und bewaffnete Detektive eingesetzt. Gegen einzelne Persönlichkeiten oder Leitungsmitglieder der Arbeiterpartei gab es neben dem Rufmord auch das Attentat, wie die Ereignisse am 4. Mai 1886 am Haymarket Square in Chicago gezeigt hatten. Andererseits hatte auch die Panik der Jahre 1892/93 durch die Arbeitslosigkeit und die Verelendung einzelne Aufrührer und Ungeduldige radikalisiert, so daß sie unüberlegt und spontan zu Racheaktionen übergingen. Die brutalen Unterdrückungsmaßnahmen des Magnaten Andrew Carnegie gegen die Stahlwerker in Pittsburgh veranlaßten zum Beispiel den Arbeiter Alexander Berkman zu einem Anschlag gegen den verantwortlichen Manager H. C. Frick.

In den Jahren 1906/07, als Jack London politisch besonders aktiv war, spaltete sich die Industrial Workers of the World (IWW). Der Gewerkschaftsführer Daniel de Leon errichtete mit seinen Anhängern die Zentrale in Detroit (Michigan), während der Bergarbeiter von Silver City (Idaho), William Haywood, genannt „Big Bill", die Chicagoer Gruppe übernahm. Die Chicagoer waren anarchosyndikalistisch orientiert, so daß die aktiven Mitglieder, die „Wobblies", in die Großbetriebe gingen, um sämtliche Arbeiter für die Gewerkschaft, das Syndikat, zu organisieren und um auch gegen Mißstände mit „direkten Aktionen" zu antworten. Die anarchistische Taktik entsprach keinesfalls der Socialist Party; und Jack London akzeptierte ebenfalls nicht die „direkten Aktionen". Er bewunderte zwar die Tollkühnheit führender Persönlichkeiten wie Big Bill, Joseph Ettor, den Wobbly-Poeten Joe Hill, Mary Jones, genannt Mother Jones, und Elisabeth Curley Flynn, das „Rebellenmädchen".

Die gegen Jack London angewendeten Methoden der Verleumdung entsprachen der Brutalität und der Demagogie des kapitalistischen Systems. All dies hatte Jack London längst durchschaut. Und er wußte, daß die bourgeoise Presse korrupt und der Klerikalismus verlogen war. So wie die Moral Klassencharakter trug, so diente auch die Justiz der herrschenden Macht. Deshalb war Jack London in diesen stürmischen Jahren fest entschlossen, den Kampf auf Biegen und Brechen bis zum Sieg weiterzuführen. Die Literatur konnte zu einer starken Waffe werden. Jeder Kampfgefährte war ihm willkommen. Jacks Kameradschaft kannte man allerorten. Als er Upton Sinclairs Manuskript „Der Dschungel" gelesen hatte, wußte er sofort, daß dieses Werk für die sozialistische Bewegung von großer Bedeutung sein würde. Er setzte sämtliche Hebel in Bewegung, damit dieser „Roman aus Chicagos Schlachthäusern" bekannt und wirksam werde. Jack veranlaßte nicht nur die Publikation in der sozialistischen Presse, sondern verfaßte eine Rezension und das Vorwort für die Buchausgabe. Und Jack London hatte recht gehabt. Upton Sinclair hatte seinen ersten großen Bucherfolg. Dem Muckraker, der seine Bücher bisher nur im Selbstverlag in ganz kleinen Auflagen herausgeben konnte und der sie selbst in den Straßen verkaufte, flossen nunmehr beachtliche Honorare zu. Mit diesem Geld errichtete Upton Sinclair die „sozialistische Siedlung" auf New Jersey mit dem Namen „Helicon Hall". Ungefähr sechzig Familien waren dort zusammengeströmt. Darunter befand sich Sinclair Lewis. Zum Ehrenpräsidenten wählte man Jack London. Kaum war „Helicon Hall" fertiggestellt worden, brach am 23. März 1907, gegen drei Uhr in der Nacht, ein Großfeuer aus. Viele Genossen wurden verletzt durch Brandwunden, Glassplitter und weil sie aus den oberen Stockwerken hinausspringen mußten. Die reaktionäre Presse hatte bereits bei der Gründung dieser Siedlung Gift und Galle gespien, weil das „sozialistische Unternehmen" der „freien Liebe" und allen möglichen Lastern diene.

All diese Ereignisse, die Jack London miterlebte, ließen ihn über ein ungewöhnliches Projekt nachgrübeln. Und jetzt waren die Voraussetzungen endgültig geschaffen. Er konnte mit diesem Werk beginnen. An seinen Freund Cloudesley Johns schrieb er: *Ich stecke tief im Anfang eines sozialistischen Romans! Werde ihn wohl „Die Eiserne Ferse" nennen. Ist der Titel gut? Der arme unnütze kleine Kapitalist! Jüh! Wenn erst das Proletariat eines Tages großreinemacht!"*

Fünf Monate später, am 17. Dezember 1906, konnte Jack bereits mitteilen: *Nun, es ist vollbracht. Ich habe gerade meinen Roman „Die Eiserne Ferse" beendet..."*

Bevor dieser Roman im ersten Quartal des Jahres 1908 erschien, hatte Jack London seinem Verleger geschrieben, daß es nunmehr der psychologisch richtige Augenblick sei, dieses Werk vorzulegen. Die Panik der allgemeinen wirtschaftlichen Depression in den Vereinigten Staaten im vorangegangenen Jahr würde dem Roman „Die Eiserne Ferse" eine besondere Beachtung zukommen lassen und einen guten Absatz garantieren. Während Jack London den Verlegern gegenüber die „Absatzmöglichkeiten" betonte, teilte er zur selben Zeit Freunden und Genossen mit, daß er eine „Waffe geschmiedet habe", mit der er den Kapitalisten einen vernichtenden Schlag versetzen werde.

Die Handlung des Romans „*Die Eiserne Ferse*" verlagerte er in die Zukunft. Niedergeschrieben wurde das Werk in der zweiten Hälfte des Jahres 1906. Die Ereignisse beginnen aber erst im Februar 1912 und brechen nach einer gewaltigen Welle von Revolten im Jahre 1932 ab. Das Manuskript wird erst im 27. Jahrhundert gefunden. Die Informationsquellen der Kommentare müssen aus einer Rückschau von sechs- bis siebenhundert Jahren gesehen werden.

2.

Wie konnte dem Autodidakten Jack London solch ein Werk gelingen? Bereits bei den ersten Aufsätzen und Polemiken für Zeitschriften war es notwendig geworden, intensive Vorstudien zu betreiben und Fakten zu sammeln. Die Idee zu dem Roman „*Die Eiserne Ferse*" reicht letztlich bis zu Jack Londons Aufsatz „Die Frage des Maximums" aus dem Jahre 1898 zurück. Dort hatte er bereits auf die sich anbahnende diktatorische Machtentfaltung der Monopole verwiesen. Utopische Werke wie „Rückblick aus dem Jahr 2000 auf das Jahr 1887" von Edward Bellamy und „Ein Reisender von Altruria" von William Dean Howells boten damals Impulse für Überlegungen und Betrachtungen über die menschliche Gesellschaft in ferner Zukunft. Obwohl beide Autoren vor einer Revolution zurückschreckten, entwarfen sie doch mit belletristischen Mitteln das Bild von einer kriegs- und klassenlosen Menschengemeinschaft. Ferner regte die Schrift von Friedrich Engels „Die Entwicklung des Sozialismus von der Utopie zur Wissenschaft" Jack London an, sich über die Entwicklungsgesetze Gedanken zu machen.

Für das Projekt „*Die Eiserne Ferse*" durften die Fakten zur unmittelbaren Gegenwart nicht fehlen. Als Informationsquellen sammelte Jack London seit der Jahrhundertwende systematisch wirtschaftliche Berichte, Statistiken, Notizen über Kapitalakkumulationen, Arbeits- und Wohnverhältnisse, Gesetze und Verordnungen, politische Ereignisse, imperialistische Expansionsbestrebungen und vieles mehr. Am eigenen Leib hatte Jack zu verspüren bekommen, wie sich der Klassenkampf in den Vereinigten Staaten verschärfte. Außerdem blieb es kein Geheimnis, daß kurz nach der Jahrhundertwende bereits 440 Monopolverbände existierten, die über mehr als 20 Milliarden Dollar verfügten. Die Konzerne Rockefeller, Morgan, Ford, Carnegie, Vanderbilt zertraten als mächtige Finanzoligarchie erbarmungslos die kleinen Konkurrenten. Und so wie diese „Eiserne Ferse" jetzt die kleinen und mittleren Privatbetriebe zertrat, so würde sie später versuchen, die Arbeiterheere in den Staub zu treten.

Um solch ein problematisches Projekt wie den Zukunftsroman *„Die Eiserne Ferse"* in den Griff zu bekommen, hatte Jack London Jahr für Jahr Kenntnisse und Fakten gespeichert, die er wiederum nach Stoffkreisen und Themenkomplexen zu ordnen versuchte. Vor der Jahrhundertwende waren seine theoretisch-essayistischen Arbeiten scharf getrennt von den belletristischen Werken. Doch seit seiner ersten Essaysammlung und den *„Kempton-Wace-Briefen"* werden theoretische Erkenntnisse immer mehr veranschaulicht, so daß es Jack London schließlich gelingt, durch eine Folge von Ereignissen einzelne Theorien bildhaft und voller Atmosphäre zu gestalten. Seine ersten Tiergeschichten beweisen, wie er künstlerisch den Darwinismus umzusetzen vermochte. Kurz vor der Niederschrift des Romans „Die Eiserne Ferse" hatte er beispielsweise die Darwinsche Abstammungslehre mit belletristischen Mitteln „belebt", indem er die vorgeschichtliche Vergangenheit als Traum heraufbeschwor in seiner Erzählung „Vor Adam". Die Idee und viele Fakten dieser literarischen Rückschau fand er in Stanley Waterloos „Story of Ab", „Geschichte von Abraham". Und nach dieser Rückschau verlangten die politischen Ereignisse der Gegenwart geradezu nach einer Vorschau. Fähigkeiten, Fertigkeiten und das notwendige Material für diese Zukunftsvision waren vorhanden.

Die linke Seitenwand im Arbeitszimmer von Wake Robin Lodge bestand aus einer Kartothek, die einhundert Zettelkästen umfaßte. Jack London hatte sich in der Volksbücherei Oaklands und in anderen Bibliotheken umgesehen, so daß er — der Autodidakt — ein eigenes Katalogsystem schaffen konnte. Stoffkreise, Themenkomplexe, Motive gliederte er alphabetisch nach Schlagworten oder nach den Namen der Ideologen. Bei näherer Einsicht schälen sich die Stoffgrundlagen und die Themen zu einzelnen Werken heraus, die er geschrieben hat und die er noch zu schreiben beabsichtigte. So bestätigen die numerierten Kommentare zum Romangeschehen in der „Eisernen Ferse", Nr. 1 bis 120, nicht nur die dokumentarischen Belege des Autors zur Gegenwart und zur unmittelbaren Vergangenheit, sondern sie zeugen von einer ungewöhnlichen schöpferischen Phantasie, weil diese Anmerkungen aus der Sicht des 27. Jahrhunderts gesehen und angefügt werden. So wird beispielsweise der ganze Spektakel um Privatbesitz oder Kapital dem Leser aus dem „Jahrhundert der Menschenbrüderschaft" fremd bleiben, es sei denn, ein Kommentar, eine Anmerkung, klärt ihn über die Zusammenhänge auf. Testamentsstreitigkeiten, kapitalgierige Wetten und Betrügereien bei Boxkämpfen oder anderen Sportarten sind den Menschen der Zukunft unverständlich. Überhaupt: Blutige Schlägereien im Ring um des Geldes wegen sind zur Zeit der „Menschenbrüderschaft" unvorstellbar. Aber auch der gegenwärtige Arbeiterleser wird mit den Spielregeln im Kapitalismus vertraut; verschleierte Manipulationen werden durchschaubar gemacht.

Während die meisten Utopisten eine Tabula rasa, einen „reinen Tisch", als Ausgangsposition hervorzauberten, dem ein kleinbürgerlich-reformistisches „Tischleindeckdich" folgte, erreichte der Realist Jack London weder das eine noch das andere Entwicklungsstadium. Daran war seine Ungeduld, sein unstetes Vorwärtsdrängen schuld. Er verharrt im Vorfeld. Und dies scheint typisch für ihn zu sein. Programm und Perspektive besagten unmißverständlich, daß er die Arbeiterklasse „großreinemachen" lassen wollte. Doch plötzlich bricht das Manuskript durch einen Zufall jäh ab. Der Kampfweg der Sozialisten wird vor der zweiten „Revolte" versperrt. Beim Fabulieren gerät der Autor in ein Labyrinth. Wie Ikarus verläßt er die Irrgänge mit Flügeln aus Wachs, um sieben Jahrhunderte emporzusteigen. Aus der Höhe der „Menschenbrüderschaft" spricht er in den wissenschaftlichen Anmerkungen zu uns. In den erläuternden Bezügen im Anhang der Anmerkungen 1 bis 120 liegt die Größe des Sozialisten Jack London. Nicht nur in der genialen Fiktion, sondern auch im wissenschaftlichen Bezug der Vorausschau: Die Moral der „Tyrannenklasse", also der „Eisernen Ferse", der Finanzoligarchie, entspricht der faschistischen „Elitetheorie", die auf die „Umwertung der Werte" in Friedrich Nietzsches „Genealogie der Moral" verweist. Der „Aristokratismus" gegen das Proletariat wird die Sprößlinge der „Eisernen Ferse" gelehrt, damit der „Wille zur Macht" total in Kraft trete. Nietzsches „Ordnung der Kasten" wird zum obersten Gesetz des Lebens. Die „Menschenbrüderschaft" im 27. Jahrhundert urteilt nach Jack Londons Anmerkung Nr. 8 über diesen Friedrich Nietzsche vernichtend, weil sich dieser besessene Dichterphilosoph *in den Wahnsinn bewegte* (!), den *Größenwahnsinn des Übermenschen*; ein Urteil, das noch einmal aus der unmittelbaren Gegenwart heraus im späteren Entwicklungsroman Jack Londons *„Martin Eden"* (1909) wiederholt wird. Ein Verständnis für die ideologische Auswirkung und Realisierung eines Wahnsinnigen muß der Nachwelt völlig unbegreifbar bleiben, so wie das ihr entsprechende faschistische Regime wie ein „Tollhaus" anmutet.

Obwohl Jack London durch das tragische Schicksal seines „Martin Eden" mit Nietzsches Philosophie vom „Übermenschen" abrechnen wollte, kam die zeitgenössische Literaturkritik zu einer gegenteiligen Meinung. Ein ähnliches Mißverständnis trat auch in bezug auf den zentralen Helden des Romans „Die Eiserne Ferse" hervor. Die fiktive Verfasserin Avis glaubt in ihrem Mann Ernest Everhard einen „Übermenschen", eine *blonde Bestie, wie Nietz-*

sche sie geschildert hat, zu sehen. Dicht neben dieser nietzscheanischen Vision *stand eine andere Gestalt . . .: Christus!* Wir erleben hier das „Erlöserideal", das wiederum mit den „Auserwählten" der Michael Bakuninschen „Avantgarde" des „Geheimen Bundes der internationalen Brüder" korrespondiert.

Die bereits erwähnte Working Men's Party stand in engem Kontakt mit der Internationalen Arbeiterassoziation. Die ideologischen Tendenzen des Anarchisten Michail Bakunin beherrschten damals die maßgebliche Chicagoer Gruppe. Die Bakuninschen Ideen drangen auch in die Gewerkschaftsorganisationen und in die sozialistische Bewegung ein, sie führten zu Spaltungen und brachten den linksradikalen anarchosyndikalistischen Flügel der Industrial Workers of the World hervor, deren aktive Verfechter die Wobblies waren. Formal wurde jedes Mitglied der IWW mit „Wobbly" bezeichnet. In der Praxis und in der Muckraker-Literatur erhielten jedoch nur die radikalen Kräfte diese Bezeichnung „Wobbly". Diese Wobblies konzentrierten sich auf eine „Propaganda der Tat", die sowohl aus der illegalen Mitgliederwerbung zwecks „Beherrschung der jeweiligen Fabrik" als auch aus „direkten Aktionen" bestand. In Chicago agitierte unermüdlich die Anarchistin Emma Goldman, die auch mit Jack London engen Kontakt hatte. Ab 1887 publizierte Emma Goldman die unregelmäßig erscheinende Zeitschrift „Mother Earth", „Mutter Erde", in der die Kehrseite des Anarchismus im Mittelpunkt stand: die Zivilisations- und Gegenwartsflucht, der Eskapismus. Trotz des „Siedlungskommunismus" unter der Losung „Zurück zur Natur!" zählten zu ihren „Schülern" Alexander Berkman, der ein Attentat auf Frick verübte, und Leon Czolgosz, der in Buffalo den Präsidenten William McKinley niederschoß.

Die Anmerkung Nr. 60 zu Karl Marx läßt begrenzte Kenntnisse des Autors vom Marxismus erkennen: Es wird nur von den *ökonomischen Entdeckungen* berichtet, nichts wird beispielsweise zur Revolutions- und Staatstheorie gesagt. Aber alles in allem wird Karl Marx als *großer geistiger Heros des Sozialismus* verehrt, und der „Menschenbrüderschaft" ist es ganz einfach unverständlich, wie seine ökonomischen Entdeckungen ganzer Generationen bedurften, bis ihr wissenschaftlicher Wert erfaßt und erst beim revolutionären Übergang in das „Jahrhundert der Menschenbrüderschaft" verwirklicht werden konnte.

In dem Romanwerk „*Die Eiserne Ferse*" erleben wir Jack London als einen scharf denkenden und umsichtigen Sozialisten, der bei den Auseinandersetzungen mit den Ideologen der Bourgeoisie mitzureißen und zu überzeugen weiß. Er zwingt als Ernest Everhard im wahrsten Sinne des Wortes die bürgerlichen Widersacher in die Knie. Wir verspüren hierbei die Kraft der künstlerischen Darstellung: Mit emotionaler und optimistischer Wucht werden die sozialistischen Ideen dargeboten, wobei aber nach einiger Zeit beziehungsweise nach einigen ausdrucksstarken Kapiteln die ursprüngliche dynamische Kraft und Intensität nachzulassen beginnt. Die Ursachen sind vielfältiger Natur. In bezug auf die „*Eiserne Ferse*" durchkreuzen im letzten Drittel die Gedanken an die Südseereise und den ständigen Ärger mit dem Bau der „Snark" den künstlerischen Schaffensprozeß. In dieser Zeit hat Jack London eine Fülle von Briefen an Redaktionen, Lieferfirmen und Personen geschrieben, die der Reisevorbereitung in die Südsee galten. Ungeduld, Unruhe treiben ihn voran. Die Beständigkeit für ein kunstvoll gestaltetes Romanwerk wird ferner gestört durch drängende Gläubiger, wachsende Schulden, Ranch-Projekte und neue Ideen und Pläne. Jack ist nie richtig zur Ruhe gekommen. Obwohl in bezug auf die „Eiserne Ferse" die Voraussetzungen durch seine unermüdliche, fleißige Materialsammlung vorhanden waren, konnte er weder kontinuierlich noch konzentriert die einzelnen Komplexe sorgfältig durchdenken und gestalten. Er wurde getrieben, und er trieb sich selber voran, wild und ungestüm, so daß nicht nur in seinen problematischen Werken schwache, oberflächliche Passagen zu finden sind, sondern daß es eine Menge Bücher gibt, die er einfach herunterschrieb, um Geld für seine Pläne zu verdienen.

Mit dem tragischen Ende der literarischen Figur Martin Eden 1909 setzen beim Autor Erschöpfung und Depressionen ein, die bis zum Lebensabend keinen Höhepunkt mehr möglich machen, wie wir ihn im Aufriß und im gewaltigen Ausdruck des einmaligen Romanwerkes „Die Eiserne Ferse" miterleben können.

3.

Ernest Everhard ist die einzige Romangestalt Jack Londons, die nicht ausschließlich ihr eigenes Schicksal verficht, sondern ihr ganzes Handeln und Denken einer Mission widmet: die Macht der Oligarchie, die mit ihrer „Eisernen Ferse" die Arbeitermassen in den Staub zu treten begann, zu brechen. Es ist ein Kampf auf Leben und Tod.

In den einleitenden Disputen erinnert Ernest Everhard an die politische Arbeit des Autors in den Jahren 1905 und 1906. Mit einer jungenhaft-kühnen Leidenschaft und mit einer geballten Wucht von gesellschaftswissenschaftlichen Kenntnissen reißt er den Leser mit. Der Arbeiter Everhard löst mit seinen bescheidenen und doch so souverän geführten ideologischen Auseinandersetzungen ein ungewöhnlich starkes und zukunftsbewußtes Gefühl für die Kraft des Proletariats bei seinen Arbeiterlesern aus. Die Kontrastfiguren, diese bourgeoisen Ideologen, schrumpfen zu Gartenzwergen zusammen. Sie tragen viele gelehrte Titel, sie erfüllen in der Öffentlichkeit privilegierte Funktionen der Oligarchie, sie wohnen in einer komfortablen, kultivierten Umgebung, aber ... — einem proletarischen Revolutionär wie Ernest Everhard gegenüber werden sie klein und kleiner, lächerlich und nichtssagend ... Gerade die ersten Kapitel lassen durch einen künstlerisch gestalteten Disput die agitatorische Wucht marxistischer Gedanken spüren, die durch Ernest Everhard immer weiter entwickelt werden und ständig wachsen. In der Romanfigur des Everhard wird die marxistische Theorie realisiert als eine materielle Kraft und Gewalt des revolutionären Proletariats. In dieser Hauptgestalt Everhard entdecken wir neben autobiographischen Zügen auch Wesensmerkmale maßgeblicher Berufsrevolutionäre innerhalb der amerikanischen Arbeiterbewegung, wie zum Beispiel des Eugene V. Debs und des „Big Bill" William D. Haywood.

Durch die fiktive Erzählerfigur Avis Everhard, Professorentochter und Lebensgefährtin des zentralen Helden, schleicht sich erneut die schwülstige Sprache von Charmian London ein. Sie stand dem Autor Modell, soweit es physische und charakterliche Eigenschaften betrifft. Die politischen Aktivitäten der Avis Everhard erinnern an die Sozialistin Anna Strunsky, die Jack London bei den Zusammenkünften der Sozialisten in San Francisco kennengelernt hatte. Anna Strunsky heiratete später den sozialistischen Schriftsteller William E. Walling.

Die fiktive Erzählerin Avis-Charmian „betet" Ernest Everhard förmlich an und verklärt ihn im Verlauf der Geschehniskette zu dem kleinbürgerlich-anarchistischen „Erlöserideal". Mit dem Beginn der konspirativen Tätigkeit wird Ernest Everhard immer mehr zu einem führenden Mitglied der Avantgarde Bakuninscher „Auserwählter" für die Revolution. Diese sich berufen fühlenden Revolutionäre entstammen zwar meist dem Proletariat, doch ihr inzwischen erarbeitetes Wissen hat eine Kluft gegenüber den Arbeitern geschaffen. Hier tritt eine Problematik hervor, mit der sich Jack London ein Jahr später in seinem Entwicklungsroman „*Martin Eden*" auseinandersetzt.

So wie Martin Eden ist auch Ernest Everhard ein „Intellektueller" geworden, der vom Gefühl her leidenschaftlich Anteil am Schicksal dieser Erniedrigten und Beleidigten, *der leidendsten Klasse,* nimmt, um inmitten der revolutionären Avantgarde der Sozialisten gegen die Machtgruppe der Oligarchen zu kämpfen.

Welche gesellschaftlichen Kräfte stehen diesen „intellektuellen Revolutionären" zur Verfügung? Es ist hier vorwiegend das „Volk des Abgrunds", das Lumpenproletariat einschließlich Krimineller und Desperados, also die Bewohner der Slums, die unter der Herrschaft der Oligarchen die Funktion von Sklaven einnehmen. Diese Sklaven sollen stumpf und willenlos die niedrigsten Arbeiten verrichten. Aber gerade diese verelendete Masse soll es sein, die von den Sozialisten für den Sturz der „Eisernen Ferse" mobilisiert wird.

Für den russischen Anarchisten Michail Bakunin galt als entscheidende Kraft der Revolution das „Lumpenproletariat", das er auch als „Blume des Proletariats" bezeichnete. Bakunin vertrat die Ansicht, daß das „Volk des Abgrunds" in einem spontanen Aufbruch die herrschende Ordnung des Kapitals zerschlagen würde. Was nach der Entmachtung der Kapitalistenklasse kommen soll, sagt keiner der Anarchisten. Für sie gilt nur die Zerstörung, denn nach anarchistischer Interpretation liegt der Höhe- und Endpunkt bei der Vernichtung jeglicher Macht: „Zerstörung ist eine schöpferische Lust", so lautet das ganze Programm. Die Führungskräfte kommen nach Bakunins Auffassung aus dem sozialen Bereich der „deklassierten Intelligenz".

Was bei einer Revolte des Lumpenproletariats zu erwarten war, demonstriert der Auf- und Ausbruch in Chicago, der zu dieser Zeit von den Sozialisten noch nicht vorgesehen war: *Nichts, außer schließlich einer grauenvollen Übersättigung an Vergeltung. Und während ich* (die Berichterstatterin Avis; R. R.) *hinschaute, kam mir der Gedanke, daß sich in diesem dahinstürmenden Strom menschlicher Lava Menschen befanden, Genossen und Helden, die den Auftrag gehabt hatten, die Bestie des Abgrunds zu erwecken und den Feind im Kampf gegen sie in Atem zu halten.*

Von den Oligarchen ist niemand zu sehen, denn sie befinden sich während der Massaker ungestört in ihrer befestigten Stadt. Für die blutigen Geschäfte haben sie systematisch und sorgfältig ihre Söldner herangebildet: die Polizei, die Armee, die „Schwarzen Hundertschaften" und schließlich auch die Arbeiteraristokratie, die in modernen Städten wohnt, Privilegien genießt und ein zufriedenes wohlstandsgemäßes Leben führt. Die „Kastenordnung" des nietzscheanischen „Aristokratismus" scheint perfekt. Sowohl auf der Seite der Oligarchen wie auch bei den Sozialisten wirken Provokateure, die dem „Geheimen Bund der internationalen Brüder" einen romantischen und abenteuerlichen Anstrich geben. Die Anarchisten müssen nach Bakunins Auslegung wie

„unsichtbare Lotsen" (ähnlich den anarchosyndikalistisch orientierten Wobblies) mitten unter den Massen wirksam sein. Entscheidend ist für sie die „Propaganda der Tat", also die Revolte mit dem Lumpenproletariat, die Sabotage, der Terror, statt einer organisierten Revolution des klassenbewußten Proletariats.

In dem Roman „Die Eiserne Ferse" fehlt das revolutionäre Proletariat, das bei den einleitenden Disputen noch theoretisch in Aktion trat. Nachdem der konspirative Krieg zwischen der Elite von Oligarchen und der Avantgarde der Sozialisten ausgebrochen ist, zerfällt bei Jack London das Proletariat in die kapitalistenhörige Arbeiteraristokratie und die kapitalistenfeindlichen Sozialisten. Die Bewohner des „Abgrunds", hier in der Funktion der Massen, werden von den einander feindlichen Gruppen der Oligarchen und der Sozialisten zu nutzen versucht. Diese konstruierte Situation entspricht den spekulativen Vorstellungen der Anarchisten und schälte sich erst im Verlaufe der phantastischen Handlungsführung des Autors heraus. Während es Jack London gelang, bei den szenischen Auseinandersetzungen im ersten Teil des Romanwerkes die Ideen des wissenschaftlichen Kommunismus darzulegen, drängen sich dem Autor mit den politischen Kämpfen assoziative Bilder auf, die vom „Schlund" in San Francisco nach East End von London führen und die Slumbewohner als „revolutionäre Kraft" in Bewegung setzen. In bezug auf die „intellektuellen Revolutionäre" kann ebenfalls die Assoziationskette des Fabulierers nachvollzogen werden: Im „Henry-Clay-Debattierklub" traf Jack ausschließlich bürgerliche Intellektuelle, die sich mit Arbeiterfragen beschäftigten, und bei seinen Besuchen der Sozialistischen Arbeiterpartei in Oakland seit 1896 sah sich Jack London vergeblich nach Arbeitern um. Die Mitglieder bestanden fast ausschließlich aus bürgerlichen und kleinbürgerlichen Intellektuellen. Durch seine Mitgliedschaft konnte er im Verlauf der Jahre beobachten, daß kleinbürgerliche Linksradikale vorherrschten. Dies begann bereits bei dem Führer der Socialist Labor Party, Daniel de Leon. Erst mit der neugegründeten Socialist Party im Jahre 1901 war eine soziale und politische Veränderung zu verfolgen.

Bei der fortschreitenden Handlung im Roman „Die Eiserne Ferse" verirrte sich der Autor in ein Labyrinth, so daß er abrupt die Geschehniskette unterbrach. Und deshalb erhalten die Kommentare aus dem 27. Jahrhundert der „Menschenbrüderschaft" in Beziehung zu dem Fragment einen ganz besonderen ideologischen Wert.

Als der Roman 1908 nicht die Anerkennung fand, die Jack London erwartet hatte, antwortete er: *Ich dachte, das Buch wäre zeitgemäß, aber sie haben alle Angst vor ihm. Selbst die Sozialisten, meine eigenen Leute, haben mich fallengelassen — sie verleumden das Buch als eine düstere Prophezeiung, und im anderen Lager schmähen sie es natürlich, wie sie alles, was ich als Sozialist schreibe, schmähen, wo sie nur können... Ich habe die „Eiserne Ferse" als eine Warnung geschrieben, damit sie wissen, was geschehen könnte, wenn sie* (die Arbeiter; R. R.) *bei den Wahlen nicht das Ihre tun.*

Jack London bezeichnete sein Werk „Die Eiserne Ferse" als *sozialistischen Roman.* Diese Klassifizierung erfolgte im Zusammenhang mit der projizierten „Zukunft" zu gutem Recht. Er selbst betrachtete sich als einen *Gefährten der Zukunft.* Und *Zukunft* galt ihm stets als Synonym für *Sozialismus.*

Der Roman „*Die Eiserne Ferse*" hatte in Deutschland eine ganz besondere Resonanz. Er wurde zum Beispiel vom 22. Januar 1923 bis 26. April 1923 fortsetzungsweise im Zentralorgan der KPD, der „Roten Fahne", veröffentlicht. In der „Roten Fahne" vom 28. November 1929 ist eine treffende Charakteristik Jack Londons zu lesen:

„Und doch, obwohl solche Schwankungen, solche Abirrungen von den Grundsätzen und der proletarischen Ideologie im Gesamtwerk Jack Londons wie in seinem Leben manchen Schatten hinterlassen, bleibt er einer der Unseren."

Mit dem Machtantritt der Hitlerfaschisten im Jahr 1933 verschwanden die revolutionären Werke Jack Londons auf dem Büchermarkt und aus den Regalen der Bibliotheken. Die „Eiserne Ferse" hatte zugegriffen.

XV. „Die Fahrt der Snark"

1.

Hinaus *mit dir und ringe mit dem Meere, beschwinge deine*
Fersen mit aller Fertigkeit und aller Macht, die in dir wohnt,
zügle die Sturzseen des Meeres, mach sie dir untertänig und
reite auf ihrem Rücken, wie es sich für einen König ziemt ...
Die letzten Jahre haben Aufwind und Auftrieb gebracht. Die
Kette der schöpferischen Publikationen schien nunmehr ohne
Ende ... Und Wünsche wurden erfüllt, und weitere Wünsche wurden geweckt. Und da wartete ein Wunsch, der vor zwei Jahrzehnten
zugeschüttet worden war wegen der Not und der Drangsale, wegen
übermäßigen Lernens und Arbeitens. Und dieser Wunschtraum aus
den Tagen des Zeitungsjungen Jack brach plötzlich hervor, war
gegenwärtig und schien greifbar. Damals hatte er oft an den Kais
von San Francisco gestanden und nach dem Goldenen Tor
geschaut, wo unzählige Schiffe ein- und ausfuhren. Und dabei hatte
er von einer Weltumsegelung geträumt: er, Jack London, als
Kapitän eines eigenen Schiffes. Die einzelnen Reiseziele zogen bei
dieser phantastischen Fahrt über die Weltmeere bereits an ihm
vorüber:
Da war das Tal der „Typee" hinter Nuka-Hiva, das er durch
Herman Melville kennengelernt hatte; dann folgten die Südsee-
inseln Samoa, vorgezeichnet durch Robert Louis Stevenson. Und
die Reiseroute führte weiter, verästelte sich durch Seegeschichten,
Seeromane von Defoe, Scott und Cooper. Auf dieser phantasti-
schen Reise lag vielleicht irgendwo ein noch unbekannter
Landstrich, eine Schatzinsel, die er, Jack, der Zeitungsjunge in der
Market Street, entdeckte ...
Es war ein sonniger Junitag im Jahre 1905 in Glen Ellen. Jack
London lag im Sand. Er hatte sich im See erfrischt, und nun nahm

er wieder das Buch zur Hand. Kapitän Joshua Slocum hatte eine dreijährige Reise um die Welt mit seiner Jacht „Spray" gewagt und darüber berichtet in dem Buch „Im Segelboot allein um die Welt". Warum sollte nicht er, Jack London, ebenfalls eine solche Weltumsegelung wagen? Davon hatte er einst geträumt. Und heute? Welch eine Ausbeute an Erlebnissen würde eine solche Fahrt bieten! Da gab es Stoff für Reiseberichte, für Landschaftsschilderungen, für Erzählungen und vielleicht sogar für Romane. Jack war stets ein Mann von schnellen Entschlüssen gewesen. Die Chance für eine eigene Jacht war gegeben. Nun mußten Zeitschriften und Verlage von seinen Reiseplänen unterrichtet werden, damit er die notwendigen Vorschüsse für den Bau eines Schiffes erhielt.

Ungefähr fünfzehn Meter sollte das Boot lang sein. Und so schmal, daß jeder größere Fluß zu bewältigen sei. Jack entwarf die Reiseroute und teilte sie den Redaktionen mit: Nicht nur durch die Südsee; nein, das war nur der Anfang. Hawaii, Nuka-Hiva, Tahiti, Samoa... Neuseeland, Australien und dann nach Japan, Korea, China und hinunter nach Indien. Durch das Rote Meer, das Mittelmeer in das Schwarze Meer... Dann die Donau bis nach Wien. Überhaupt: All diese Flüsse werde er hinauffahren und Anker werfen. Warum sollte er nicht die Seine entlangsegeln bis Paris, um am Quartier Latin festzumachen mit der Bugleine bei Notre-Dame und mit der Achterleine bei der Morgue? Er werde sich nicht abhetzen. Beileibe nicht! Mindestens sieben Jahre sollte diese Fahrt dauern. Nun benötige er Angebote und Vorschüsse, damit der Bau des Bootes beginnen könne, damit es ausgerüstet werde, denn im Oktober 1905 wolle er in See stechen...

Hier bietet sich erneut ein Beispiel, wie ungestüm sich Jack London für eine Idee begeistern konnte und wie er blindlings die Realisierung des Projektes vorantrieb. Was sollte es schon für Schwierigkeiten geben? Und wennschon... Fast hymnisch demonstrierte Jack London in seinem späteren Bericht „*Die Fahrt der Snark*" seinen festen Willen: *Es gefällt mir eben* — und deshalb wird's gemacht. Komme, was da wolle. Er übersah jedes Risiko;

Jack überprüft den Bau der „Snark" (1906)

und wenn sich ein Risiko ergab, da war es eben da, um überwunden
zu werden.

Nicht umsonst bezeichnete man Jack London als einen „unent-
wegten, unverbesserlichen Optimisten". Und wieder einmal schien
alles glattzugehen: Vorschüsse und zahlreiche Angebote liefen ein.
Der Bau begann. „Snark", so sollte die Jacht heißen, die ihm fabelhafte Abenteuer rund um die Welt versprach.

Natürlich gab es reichlich Schwierigkeiten und Ärger. Doch nach
seinem Bericht schien dies alles am Rande zu liegen. Der fest-

gelegte Termin wurde illusorisch. Siebentausend Dollar Herstellungskosten waren eingeplant worden. Doch diese Kosten stiegen und stiegen weiter bis zu einem Betrag von dreißigtausend Dollar. Von allen möglichen Seiten wurde der „Weltumsegler" betrogen und begaunert. Er galt ja als ein unermeßlich reicher Mann, den man getrost schröpfen konnte.

Am 19. April 1906 sollte endlich der eiserne Kiel gelegt werden. Doch gerade an diesem Morgen um 5.13 Uhr wurde San Francisco durch ein Erdbeben erschüttert. Es dauerte 48 Sekunden, und dann breitete sich ein mächtiger Brand aus. Längs der Barbary Coast, der Barbarischen Küste, fand man nur noch Ruinen und Asche. In den Vierteln der Italiener, Portugiesen und Iren gab es nur Holzbauten und Petroleumlampen. Diese Stadtteile in der Ebene waren anderntags dem Boden gleichgemacht. Von den festen Steingebäuden nördlich der Market Street und auf den Anhöhen waren durch die Erschütterungen die Dächer zerstört und meist nur kleinere Gebäudeschäden entstanden. Der heiße Staub ließ die Menschen kaum atmen.

In Glen Ellen und in den Sonomabergen hatte es durch das Erdbeben nur geringfügige Schäden gegeben. Aber was von der „Snark" bisher fertig war, das war gebrochen und geborsten. Jack London ließ den Bau wieder aufnehmen. Die Unkosten wuchsen. Man lachte, spottete. Jack bot seinen typischen Trotz auf, indem er unermüdlich arbeitete, um das Unternehmen weiter finanzieren zu können. Hastig entstand ein halbes Dutzend Kurzerzählungen unter dem Titel „Die Liebe zum Leben" (1907), und fast zur selben Zeit hatte er seine „Abenteuer eines Tramps" (1907) geschildert. Ferner schloß er die prähistorische Erzählung „Vor Adam" (1907) und den Roman „Die Eiserne Ferse" (1908) ab. Sämtliche Honorare und Vorschüsse wurden restlos von dem Fabeltier „Snark" geschluckt. Mit der Leitung des Baues hatte Jack London den ehemaligen Chefredakteur von „Overland Monthly", Roscoe Eames, beauftragt. Damit war ihm schlecht gedient: Eames hatte keine Ahnung vom Schiffsbau, und von der Seefahrt wußte er auch nicht viel. Leichtfertig verfügte er über die Gelder. Am 1. Oktober

Zerstörungen in der Innenstadt von San Francisco
nach dem Erdbeben (1906)

1906 sollte die „Snark" fertiggestellt sein. Wieder mußte der Termin verschoben werden. Für jede Planke, jeden Mast, jeden größeren Gegenstand schrieb Jack eine Magazingeschichte oder eine Abhandlung. Als im April 1907 die „Snark" endlich fertiggestellt zu sein schien, hatten die Ausgaben bereits 30 000 Dollar überschritten.

Durch Pressemeldungen war die bevorstehende Kreuzfahrt

längst bekannt geworden. Unendlich viele Bewerber hatten sich gemeldet. Jack traf die Auswahl: zunächst natürlich seine „Gefährtin" Charmian. Roscoe Eames sollte als Steuermann fungieren. Das Amt des Schiffskochs erhielt ein Abenteurer mit Namen Martin Johnson. Dem Studenten Herbert Stoltz, der sich in seiner Bewerbung so heftig für die Seeabenteuer begeistert hatte, übertrug Jack die Betreuung des Motors als „Ingenieur". Der Japaner Tochigi diente als Kabinenboy.

2.

Am 23. April 1907 war es endlich soweit: Das Signal zum Stapellauf sollte gegeben werden. Da kam ein Gerichtsvollzieher angejagt, um das Boot zu pfänden, es sei denn, die Schulden würden bezahlt. Die Summe betrug knapp 50 Dollar. Jack füllte den letzten Scheck aus, ohne zu wissen, ob er gedeckt war. Dann glitt die „Snark" in die Bai, und kurz darauf segelte die Besatzung durch das Goldene Tor. Hinter dem Tor ließ Jack den Kurs südwärts steuern, um in den Nordpassat des Stillen Ozeans zu gelangen. Und dann begann das Malheur: Planken und Schotten leckten wie ein Sieb. Das Wasser stieg. Man schöpfte. Die Lebensmittel schwammen über Deck oder verdarben durch das Seewasser. Der größte Teil der Besatzung lag seekrank in der Koje. Der unverbesserliche Optimist dachte und schrieb: *Aber was tat das? Das war ja alles ganz nebensächlich. Wir hatten das Boot, und das war doch wohl großartig!*

Und dabei tanzte und taumelte die „Snark" launisch durch die Flut, zumal es sich herausstellte, daß der Steuermann Eames keine Ahnung von Navigation hatte. Jack griff ein und versuchte, der „Snark" die Launen auszutreiben. Dann errechnete man die Position und den Kurs nach Hawaii. Die „Snark" widersetzte sich. Außerdem stimmten die Berechnungen nicht hinten und nicht vorne. Die Besatzung war erstaunt und erfreut, als am Horizont ein mächtiger Krater auftauchte. Als sie näher kamen, entdeckten sie

Jack mit Charmian vor Ausfahrt der „Snark" (April 1907)

eine Inselgruppe. Es war Hawaii. Und der Gipfel gehörte zur Insel Maui. Sie hatten aus der Ferne den Haleakala entdeckt. Siebenundzwanzig Tage waren verstrichen. Man steuerte die Insel Oahu an. Die „Snark" trieb um Diamond Head, die „Diamantenspitze", und schon breitete sich Honolulu vor ihnen aus. Das erste Reiseziel war erreicht. Die „Snark" mußte zur Reparatur.

Charmian und Jack London im April 1907

Als die Besatzung in Honolulu die Zeitungen las, mußte sie erfahren, daß die „Snark" mit Mann und Maus untergegangen war. Doch schon kamen die Reporter herangestürmt. Sie photographierten die lecke, totgesagte „Snark" und schrieben ihre Berichte. Jack London machte inzwischen „rein Schiff". Roscoe Eames und Herbert Stoltz gab er das Geld für eine Dampferfahrt zurück nach Kalifornien. In Honolulu hatte Jack einen Kapitän Warren und einen holländischen Steuermann mit dem Namen Hermann getroffen, die Eames und Stoltz ersetzten.

Der Rest der Besatzung durchwanderte die Schönheiten im Gebiet von Honolulu, und dann lagen sie am Strand von Waikiki, versuchten sich im Wellenreiten und ließen sich bräunen, bis die Haut pellte. Als die „Snark" wieder seeklar war, segelten sie die Küste von Molokai entlang, und Jack kam dabei auf die Idee, den „Höllenschlund", die Kolonie der Leprakranken, zu besuchen. In seinem Bericht „*Die Leprakranken von Molokai*" informiert Jack London nicht nur über deren Leben, über die Sitten und Gepflogenheiten auf dieser Leprainsel, sondern er wirft auch Fragen nach Verantwortung und Hilfe der Gesellschaft bei diesen und ähnlichen Krankheiten auf. Besonders hart rechnete Jack London mit den Sensationsjournalisten ab, deren Schauerberichte über Molokai nicht der Wahrheit entsprachen. Sie waren nie auf der Insel gewesen. Charmian und Jack lebten einige Zeit in der Kolonie, in der es weder die „Grashütte" des Mr. McVeigh, sondern ein komfortables Holzhaus, noch „das Wimmern" der Leprakranken um Nahrung, sondern das harmonische Wimmern von Violinen, Gitarren, Ukelelen und Banjos gab. Am sechsten Tag besuchten sie die benachbarte Insel Maui und ritten bis zur Kraterwand des Haleakala. Jack London war überwältigt von den Naturschönheiten, die er nicht im einzelnen zu schildern wagte. Sie wären genauso fade ausgefallen wie die Schwarz-Weiß-Photographien, die dieses Farbenpanorama kaum ahnen ließen. Zuletzt weilten sie auf der Insel Hawaii, verließen sie am 7. Oktober vom Hafen Hilo und kreuzten dann nach den Marquesas. Am 6. Dezember 1907 kam Nuka-Hiva in Sicht. Auf dieser Reise verspürten sie die Einsamkeit so stark, daß die Welt blaß und undeutlich wurde und es schließlich nur noch die kleine Welt der „Snark" zu geben schien. Der Wasservorrat war verbraucht, die Windstille dauerte an, und die heißen Tage quälten. Dann kam ein erquickender Regen, der Eimer und Bütten füllte. Der Fischfang erschloß Geheimnisse des Meeres und sorgte für abenteuerliche Abwechslung.

Nach sechstausend Kilometern Fahrt strich die „Snark" in Lee an Uahuka vorbei, und nachts fand sie durch Böen und Finsternis einen Ruhe- und Ankerplatz in der schmalen Taichae-Bucht.

In Nuka-Hiva mietete Jack London das Klubhaus, in dem Robert Louis Stevenson in den neunziger Jahren vorübergehend gelebt und geschrieben hatte. Am übernächsten Tag brach die Mannschaft bereits auf, um das Tal von Hapaa zu besuchen. Auch Herman Melvilles Weg hatte von Hawaii nach Nuka-Hiva geführt, wo er dann im Juli 1842 in das Innere der Insel gedrungen war und vier Monate unter den von der kapitalistischen Zivilisation noch unberührten Insulanern gelebt hatte. Und diesen ungewöhnlich stolzen und kriegerischen Stamm wollte Jack London kennenlernen. Er fieberte nach dieser Begegnung, er trieb die anderen mit voran, bis sich endlich das Tal vor ihm ausbreitete: Jack London war entsetzt. Hapaa bot eine tropische Wildnis, die Hütten waren verfallen, das Leben schien erloschen. Dann fand er die Überlebenden des Stammes, diese wenigen Marquesaner, die sich verkrochen hatten, um zu sterben. Waren diese Wracks die „Typees"? Diese kläglichen Gestalten waren von Krankheiten geschwächt und verunstaltet: *Alle Kraft und Schönheit sind dahin, und das Tal der Typee ist die Wohnstätte einiger Dutzend erbarmungswürdiger Kreaturen, die von Lepra, Elephantiasis und Tuberkulose befallen sind. Das Leben in diesem wundervollen Erdenwinkel ist weggefault...*

Zwölf Tage weilte Jack auf den Marquesas, dann lichtete die „Snark" den Anker und glitt an den Paumotu-Inseln vorbei nach Tahiti. Erneut erfuhr die Besatzung durch die Zeitung, daß sie in der lecken „Snark" einen furchtbaren Tod durch Ertrinken erlitten hatte. Eine andere Zeitung konnte berichten, daß die „Snark" verschollen sei. Durst und Hunger habe sicher für das quälende Ende gesorgt. Sie lagen allesamt auf dem Grunde des Meeres, oder die grauen Haie hatten sie aufgefressen... Die Post für Jack London bescherte erheblichen Ärger: Seine Bevollmächtigte Ninetta Eames wirtschaftete auf der Ranch eigenwillig und verantwortungslos. Eingetroffene Honorare für Publikationen verwendete sie leichtfertig für unnötige Unternehmen, Bauvorhaben und undurchsichtige Einkäufe, so daß sich die Rechnungen stapelten. Die Bank von Oakland hatte die Hypothek auf Flora Londons Haus gekündigt; etliche Schecks, die Jack in Hilo ausgestellt hatte, kamen als „ungedeckt" zurück.

Die „Snark" im Hafen von Hilo, Hawaii (September 1907)

Hilo, Hawaii
T. H

Vor Tahiti lag gerade der Dampfer „Mariposa" zur Fahrt nach San Francisco. Kurz entschlossen übergab Jack die „Snark" an Kapitän Warren und buchte einen Platz auf der „Mariposa" nach Kalifornien. Während dieser Reise schrieb er bereits am letzten Teil seines Romans „Martin Eden". Jack übernahm den Namen dieses Schiffes und die unmittelbare Umgebung für das Geschehen im Roman. Wahrscheinlich korrespondierte auch des Autors Stimmung mit Situation und Stimmung des Romanhelden Martin Eden. In San Francisco angekommen, erbat er für dieses gerade abgeschlossene Romanwerk einen Vorschuß von Macmillan, beglich damit vorliegende Schulden, bezahlte die Hypothek, übersandte Schecks an seine Mutter, an Bessie und die Kinder und an seine „Mammy Jenny". Inzwischen waren auch die restlichen Tantiemen für seine Bücher *„Before Adam", „*Vor Adam", *„The Road",* „Die Abenteuer eines Tramps", und den Sammelband alaskischer Erzählungen *„Liebe zum Leben und andere Geschichten"* eingetroffen, so daß er das Defizit ausgleichen konnte.

Wenige Wochen später reiste Jack London mit der „Mariposa" nach Tahiti zurück. Und was bietet ihm Tahiti, die „Perle der Südsee"? Seit Jahrzehnten fahren dort Handelsschiffe ein und aus. Obwohl Tahiti eines *der schönsten Fleckchen auf Erden* ist, wird es nun bewohnt *von Dieben, Räubern und Lügnern.* Ein „korruptes Paradies", das dem Geschäft dient. Es lohnt nicht, über das *spinnengleiche menschliche Geschmeiß* zu schreiben, das die *bewundernswerte Schönheit verheert.* Doch da sind noch *die anderen,* die wenigen *ehrlichen und aufrechten Männer und Frauen.* Einer von ihnen ist der „Naturmensch und Sonnenanbeter Ernest Darling". Deshalb schrieb Jack dessen *„Buch":* Darling, ein schwächlicher Junge aus Portland in Oregon, erkrankte, siechte dahin und stand nach der Diagnose mehrerer Ärzte kurz vor dem Tod. Ernest wollte dies nicht wahrhaben, entfloh dem Elternhaus, kehrte gewissermaßen „zurück zur Natur", lebte von Früchten und Nüssen und gedieh. Er wuchs heran zu einem kräftigen Naturburschen. Die Winterzeiten in Oregon und Kalifornien mochte er nicht, so daß Ernest Darling eines Tages nach Tahiti geriet und dort ein Stück

Jack London bei seiner schriftstellerischen Arbeit
während der Südseereise

Dschungel rodete, Kokospalmen, Mangobäume, Weinstöcke
pflanzte, Gemüse zog und in naturhafter Primitivität dahinlebte...
Ein versteckter und verdeckter Wunsch Jack Londons, der in
Krisenzeiten immer wieder flüchtig zutage tritt, ist mit dieser
Begegnung verknüpft: Ernest Darling glaubte, *daß er in die Welt*

gesetzt ist zu dem Zweck, glücklich zu sein. Eine uralte Sehnsucht schälte sich hier heraus und fand eine Fortsetzung: Diogenes von Sinope, der erste Außenseiter, den das Leben der Sklavenhalter anwiderte und der sich deshalb entfernte; und Henry David Thoreau, der erste nordamerikanische Bürger, der sich im Juli 1845 als Einsiedler an den Waldsee von Concord zurückzog und mit seinem Werk „Walden oder das Leben in den Wäldern" ein vorübergehendes „Evangelium" für Siedlungsbestrebungen schuf.

Als im dichten Dunstschleier die „Snark" in den Hafen von Papeete trieb, schwang Ernest Darling seine rote Flagge zur Begrüßung und als Symbol der Brüderlichkeit.

„Hallo, Jack!" rief dieser *Sonnengott mit scharlachrotem Lendenschurz,* im schwankenden Kanu näher treibend und die Hände voller Geschenke hochhaltend: eine Flasche Bienenhonig, Mangofrüchte, Bananen, Ananas, Orangensaft... Vergessen war in diesen Augenblicken der Freundschaft und Sehnsucht die kapitalistische Zivilisation mit ihren *Dieben, Räubern und Lügnern* und mit dem „König Alkohol", der ansonsten bei jeder Begrüßung sich als Gast dazwischenschob.

Und als der Abschied von Tahiti kam, stand Ernest Darling wieder in seinem Auslegerkanu und winkte Lebewohl:

O Himmel, Ernest Darling, Sonnenanbeter und Naturmensch, es gibt Zeiten, da ich dich und dein sorgloses Dasein unbedingt beneiden muß...

Die „Snark" nahm Kurs nach den Inseln von Polynesien. Raiatea, der „Thron des Überflusses", lag vor ihnen. Mit dem Kanu des Polynesiers Tehei folgten Charmian und Jack der Einladung nach Tahaa. Beim Abschied war die „Snark" so mit Geschenken beladen, daß man jeden Augenblick über Früchte, Hühner, Schweine stolperte. Schwerfällig gelangte die „Snark" nach Bora Bora, wo ihnen wieder die Insulaner in ihren Kanus zur Begrüßung entgegenschossen, Geschenke brachten und zu Ehren der Gäste ein großes „Steinfischen" mit Jubel, Trubel, Gesang und Festessen veranstalteten. Auch wenn das Fischtreiben diesmal ohne Beute ausging...

Dann segelte die „Snark" recht und schlecht weiter nach Samoa und nach Fidschi. Auf den Salomoninseln bot sich für Jack London der Schauplatz vieler „Südsee-Abenteuer", die er später schreiben sollte. Bereits die Landung in einer Rinne der Salomoninseln bedeutete ein Risiko auf Leben und Tod. Auf den Karten war das Land nicht korrekt eingezeichnet, so daß man ein Opfer der vielen Riffe, der unregelmäßigen Strömungen und der Untiefen werden konnte. Unendlich viele Gefahren lauerten in diesem Territorium, so daß fast jedes Besatzungsmitglied von Fieber und von Hautkrankheiten befallen wurde. Berührung mit Giftsumach führte zu schwer heilenden Geschwüren. Das gefährlichste waren die Bewohner der Inseln. Mit Pfeil und Bogen, Speeren, Äxten, Kriegskeulen und Snider-Gewehren lauerten sie versteckt im Busch dicht hinter der Küste. Wehe der Besatzung, deren Schiff in einer Rinne der Insel Malaita verunglückte und steckenblieb! Die Leute dort kannten zur Genüge die *weißen Kolonisatoren,* die mit *Bibel, Gewehr und Rumflasche* in ihre Welt eindrangen, um Plantagensklaven anzuheuern. Jack London hielt sich einige Zeit in einer Koprastation im Dschungel auf. Dann beteiligte er sich an einer Kreuzfahrt der Jacht „Minota". Die brutale Aushebung von Insulanern für Kopraplantagen führte zu regelrechten Gefechten. Jack sah den Kolonialausbeuter mit den Augen des Inselbewohners: Er glich einem gierigen Teufel, einem *Land- und Seeräuber,* der durch seine Unrast um die ganze Erde getrieben wurde, um zu herrschen, zu raffen und zu töten. In den Südseegeschichten, insgesamt dreißig an der Zahl, hat Jack London viele Begebenheiten hier auf den Inseln ins Literarische umgesetzt. Nicht nur die menschliche Größe und der unbändige Freiheitswille der malträtierten Inselbewohner werden in etlichen Geschichten dargestellt, sondern auch die Freundschaft der Insulaner mit den Weißen, die nicht als Kolonialausbeuter in deren zauberhafte Welt Eingang suchen.

Jack London war immerfort beschäftigt, oft nervös vorangetrieben und überanstrengt. Neben der Reiseschilderung „Die Fahrt der Snark" belieferte er drei amerikanische Zeitschriften fortsetzungsweise mit Artikeln und Photographien über Reiseeindrücke, über die Sitten der Inselbewohner, über besondere Ereignisse in der Inselwelt und auf der See. Ferner verrichtete er als Steuermann, Kapitän, Schiffsarzt, Schriftsteller und Herr des Fahrzeugs, der Gäste an Bord zu empfangen und Besuche an Land abzustatten hatte, eine „*Fünfmännerarbeit*", wie er später in seiner Autobiographie „König Alkohol" (1913) erzählt.

Bereits in Suva auf den Fidschiinseln erkrankte Kapitän Warren und verließ die Mannschaft. Seit dieser Zeit steuerten Charmian und Jack abwechselnd die „Snark". Den Kabinenboy Tochigi hatte der Japaner Nakata abgelöst. Während der Kreuzfahrt durch die Salomoninseln hatten sich die Krankheiten bei der Besatzung verschlimmert. Allesamt wurden sie von Malaria geschüttelt. Bei Jack stellten sich Anzeichen von Wassersucht und nervösen Reizungen ein. Er konnte weder lesen noch schreiben. Die Situation wurde unerträglich, so daß man sich entschloß, die Reise abzubrechen. Im September 1908 übergab Jack vorläufig die „Snark" der Obhut eines pensionierten Kapitäns und buchte für seine Mannschaft auf dem Dampfer „Nakomba" Plätze nach Sydney. Jack warf eine Krankheit nieder, die den Ärzten unerklärlich blieb. Fünf Wochen klinische Behandlung führten zu keiner Besserung. Weitere fünf Monate weilte die Besatzung noch in Sydney. Jack stellte sich selber die Diagnose: Es war die beständige Einwirkung ultravioletter Strahlen gewesen, dazu noch die körperliche und geistige Überforderung. Obwohl er weder ein Wort in seinem Reisebericht noch in seinen autobiographischen Bekenntnissen verliert, erfüllte er neben seiner „Fünfmännerarbeit" die tägliche Norm von tausend Wörtern mit eiserner Selbstdisziplin. In den zwei Jahren Südsee entstanden sechs Bücher. Seine Notizensammlung reichte noch über Jahre hinaus, Geschichten mit exotischen Schauplätzen zu schreiben. Jack London hatte sich überanstrengt, und „John Barleycorn" stand ihm bei, um „über die Runden zu kommen". Eine derartige Erschöpfung, die so lange und so hartnäckig anhielt, hatte er noch nie erlebt. Deshalb gab Jack die „Snark" auf den Auktionsblock, wo sie lediglich dreitausend Dollar brachte. Sieben Jahre sollte sie fabelhafte Abenteuer rund um die Welt bringen. Nun waren es nur zwei gewesen. Das Budget belief sich im Durchschnitt auf 3000 Dollar im Monat. Die Unsummen an Kosten stiegen nunmehr rapid, weil Jack fast ein halbes Jahr an das Krankenlager gefesselt war. Er versuchte Charmian zu diktieren, doch sie war gereizt, weil die Weltumsegelung abgebrochen worden war. Kein Wort von alledem verlor darüber dieser „unverbesserliche Optimist". Mit Humor schloß er den Reisebericht ab: *Der Amateur Dr. med.* Sein Handwerkszeug war ein Arzneikasten. Auf der Innenseite befand sich die Gebrauchsanweisung: Nr. 1 = Zahnschmerzen, Nr. 2 = Pocken, Nr. 3 = Magenschmerzen und so weiter. War die Flasche Nr. 1 aufgebraucht, kam Nr. 2 an die Reihe, bis sie ebenfalls leer geworden war, so daß die Zahnschmerzen mit Nr. 3 kuriert wurden. So ging das wunderschön wie am Schnürchen ...

Dann die Himbeerpocken auf den Salomoninseln. Jack experimentierte. Ätzsublimat schien das Richtige. Und Geduld. Die Zeit heilte alle Wunden.

Der Humor wandelte sich in Galgenhumor in der *„Nachbemerkung",* die im *letzten Wort* die Reise insgesamt beurteilt. Jack hält sich selbst zum Narren: *Es gab vier angeblich wasserdichte Abteilungen. (...) Ein Fünf-PS-Motor setzte die Pumpen in Bewegung, sofern er in Ordnung war... Die Akkus funktionierten vier- oder fünfmal im Laufe von zwei Jahren. Die Barkasse soll mitunter in Gang gebracht worden sein, kenterte jedoch unweigerlich, wenn ich den Fuß hineinsetzte.* Bei tropischen Böen tauchte die „Snark" *oft Reling und Deck ein, weigerte sich jedoch eigensinnig zu kentern.*

Überhaupt: Die „Snark" stand unter einem „Unglücksstern": Jack habe den unfähigen Kapitän, bevor er heimwärts dampfte, *zu Mus geschlagen.* Ebenso einen Studenten, bevor er ihn zur Fortsetzung seiner Studien nach San Francisco schickte. Ein Magazin finanziere die „Snark", deshalb könne man getrost den dreifachen Preis fordern, so daß er alles in allem *viel Spaß an der Sache* gehabt habe ...

Der Klinikaufenthalt in Sydney war bestimmt kein Spaß. Oft war

Die „Snark" auf der Auktionsbank (1909)

Jack überarbeitet. Dann unterhielt er sich mit „John Barleycorn".
Er aß kaum und magerte ab. Dunkle Augenhöhlen, eingefallene
Wangen. Die Hände zitterten. Die Gedanken kannten keine Ruhe.
Jack konnte nicht schlafen, aber auch nicht arbeiten. Er zuckte
zusammen, erschrak. Wieder die Halluzinationen. Starke Schlaf-
mittel erzwangen Ruhe, bis er nach einigen Tagen wieder aufsprang
und die augenblickliche Idee als Geschichte, als Roman zu Papier
brachte. Pausenlos... Seine Vitalität und sein Wille verblüfften.
Und — er verließ sich darauf: Arbeit besiege alles.

Als Jack in Sydney wieder auf den Beinen stehen konnte, besuchte er Boxkämpfe und schrieb für die Presse. Dann charterte

er einen Kohlendampfer nach Ecuador. Dann Panama und New Orleans. Auf der Heimfahrt hatte er bereits den Roman „*Lockendes Gold*" unter der Feder. Der Kapitän des Dampfers spann gern und ausgiebig sein Seemannsgarn. Jack konnte zuhören. Sein Notizbuch war stets gegenwärtig. Vielleicht gab es irgendwo ruhige Tage. Am 23. Juli 1909 trafen Charmian und Jack London in San Francisco ein. Die „Sonnenkrankheit" der Südsee war wie weggewischt: *Seit meiner Rückkehr habe ich meine Krankheit ganz überwunden. Ohne Medizin, nur durch den Aufenthalt in dem gesunden kalifornischen Klima . . .*

3.

Auf seinem Landsitz herrschte ein wirtschaftliches Chaos. Das projektierte und finanzierte Wohnhaus war nicht vorhanden. Noch immer stand an dieser Stelle eine alte, brüchige Scheune. Die Ranch lag brach. Die zur Verfügung gestellten Gelder waren verbraucht. Erneut hatte man Jack London betrogen. Er verzog sich wieder in den behelfsmäßigen Anbau von „Wake Robin" und machte erst einmal „rein Schiff" auf seinem Grundbesitz: Die unfertigen Manuskripte, die Ninetta Eames an Verlage ohne Genehmigung verkauft hatte, mußten zurückgefordert werden. Er schuf Ordnung auf dem Landsitz, klärte die finanzielle Situation und übernahm selbst die Leitung der einzelnen Projekte auf dem erworbenen Territorium. Dabei kam es natürlich zu einer Auseinandersetzung mit der verantwortlichen Ninetta Eames. Das Ehepaar Eames lebte in unmittelbarer Nachbarschaft, weil Jack London ihm einen Teil der Ranch als Eigentum vermacht hatte. Spannungen und Feindschaft führten zu Schikanen, so daß sich bei Jack der Ärger immerzu neu belebte und ihn beunruhigte. Aber er wollte und mußte sich doch konzentrieren, um weiter arbeiten zu können. Die Existenz hier in den Bergen stand auf dem Spiel. Jack erwarb sich ein kleines Segelboot, mit dem er durch die Bai von San Francisco kreuzen konnte. Dort hatte er einigermaßen Ruhe, um weiter zu schreiben. Mit seinem Alaska-Roman *„Lockendes Gold"* kam er nunmehr zügig voran.

Seine ganze Hoffnung setzte er zu dieser Zeit auf seinen Entwicklungsroman *„Martin Eden"*, den er nach seiner Ankunft in Honolulu zu schreiben begonnen hatte und der soeben an die Buchhandlungen ausgeliefert wurde. Die Höhen und Tiefen, die Konflikte und Erfolge des zentralen Helden Martin Eden hatte er selbst durchlebt und durchlitten.

XVI. „Martin Eden"

1.

Jack London wurde bitter enttäuscht. Sein Entwicklungsroman *„Martin Eden"* brachte nicht den Erfolg, den er erwartet hatte. Man mißverstand ihn. Hatte er seine Absicht mit diesem Werk nicht genügend durchgestaltet? Oder stimmte es wirklich, daß seine weltanschauliche Position so unsicher war, daß seine beabsichtigte Aussage mit dem Schicksal des Martin Eden unklar blieb und gar zwiespältig wirkte? Selbst sein aufrichtiger Freund und Kampfgefährte Upton Sinclair hatte ihm geantwortet, daß er für den „harten Individualismus" seines Helden „so viel Sympathie" aufgebracht habe, daß es „niemandem einfallen konnte, einen Tadel oder eine Warnung herauszulesen". Und Jack hatte nochmals Upton Sinclair versichert: *Eines der Motive hinter „Martin Eden" ist ein Angriff auf den Individualismus. Ich muß gestümpert haben, denn nicht ein einziger Kritiker hat es wahrgenommen.* Sicher, Upton Sinclair hatte recht, soweit es die Vergangenheit des Martin Eden betraf: Martin Eden und auch Wolf Larsen hatten eine furchtbare, elende und entwürdigende Kindheit und Jugend hinter sich; sie waren getreten und geschlagen worden; sie hatten schuften und leiden müssen, so daß Mitleid und Sympathie geweckt worden waren. Aber dann, später, als sie sich zu „harten Individualisten" wandelten, mußte doch eine Distanzierung einsetzen. Jedenfalls war dies vom Autor her geschehen.

Eine Identifizierung des Autors mit seiner literarischen Gestalt Martin Eden bezog sich doch nur auf den *Prozeß des Berühmtwerdens.* Die nachfolgende Wandlung stimmte nicht mehr mit der Entwicklung Jack Londons überein. Er lebte doch noch, während sich Martin Eden selbst vernichtete. Da gab es auch Literaturkritiker, die den Prozeß des Berühmtwerdens im Entwicklungsgang des Martin Eden anzweifelten. Die Ursachen dafür konnten nur beim stilistischen Radikalismus des Autors liegen. Er mußte auf kürzestem Raum eine quantitative Anhäufung von Bildungs- und Erziehungselementen folgen lassen, die natürlich durch den qualitativen Sprung zum „berühmten Schriftsteller" schockierte. Ein Arbeiterleser würde ihn schon verstehen. Nur diese bürgerlichen wohlgebildeten Leute — bei denen mußte alles schön am Schnürchen und systematisch vor sich gehen: Oberschule, Abitur, Studium und so weiter. Alles verlief schön glatt. Aber ein Proletarier? Welche Möglichkeiten hatte ein Arbeiterjunge, um sich weiterzubilden?

Doch viel, viel schlimmer traf Jack London die Reaktion der bürgerlichen Presse, die nachzuweisen versuchte, er habe sich durch diesen Entwicklungsroman „*Martin Eden*" vom Sozialismus abgewendet zugunsten eines extremen Individualismus. Martin Eden hatte sich zwar für die nietzscheanischen Ideen vom „Übermenschen" begeistert, doch daß der ursprünglich so optimistische proletarische Schriftsteller mit und durch die individualistischen Ideen des Friedrich Nietzsche, der an der Wahrheit zweifelte, unterging, das übersahen die bürgerlichen Rezensenten. Und als sich nun auch noch sozialistische Zeitungen und Zeitschriften dieser Meinung anschlossen, war Jack London ganz verzweifelt. Was er wollte, war ja gerade *ein Angriff auf den Individualismus,* indem er die verheerende Auswirkung darstellte. Er wollte abrechnen, indem er zeigte, wie Martin Eden und Wolf Larsen gegen ihren eigenen freien Willen zu Individualisten und Einzelgängern wurden. Und sie gehen doch nicht als Sieger im Sinne des Friedrich Nietzsche hervor, sondern sie zerbrechen, sie zerstören sich selbst, weil sie die Verbindung zu ihrer Klasse verloren haben. Doch keiner der Kritiker wollte ihn verstehen...

2.

Die Rezeption literarischer Werke ist nicht nur individuell, sondern vor allem auch historisch bedingt, zumal die ideologisch umstrittenen Romane Jack Londons immerhin länger als ein halbes Jahrhundert zurückliegen. Um ganz präzise zu sein: Der Roman „Martin Eden" wurde im Jahre 1908 geschrieben und 1909 publiziert, also vor sechsundsechzig Jahren!

Die aktive, schöpferische Aneignung eines Werkes hat mit dem Marxismus-Leninismus und der sozialistischen Belletristik immer mehr Bedeutung erhalten, so daß der heutige Leser nicht an der Oberfläche verweilt, sondern Tiefe und Bedeutsamkeit der Gestalten und Motive im historischen Zusammenhang versteht. Im historischen Zusammenhang — das will im Fall des Jack London heißen, daß es sich um eine weit zurückliegende Epoche handelt, die im wesentlichen durchforscht und wissenschaftlich geklärt worden ist. Ferner ist der globale Einblick in das kapitalistische System derart in das Allgemeinbewußtsein gedrungen, daß die Interpretation solcher problematischer Werke wie „Martin Eden" kaum noch Fehlspekulationen zulassen dürfte. Für einen Leser, dem die Entwicklung des Jack London vertraut ist, wird beispielsweise unmißverständlich die Stelle signalisiert, an der sich der Autor von seinem literarischen Helden Martin Eden trennt.

Ob es sich nun um den „Seewolf" oder um „Martin Eden" handelt, der Autor Jack London verarbeitete schöpferisch eigene Erlebnisse und Beobachtungen, die er zu durchdringen versuchte und selbst zu bewältigen hatte. Der ideologisch bedingte Konflikt des Autors entsprach einem wesentlichen Konflikt seiner Zeit. Und gerade deshalb errangen diese Werke der Polemik eine so starke Resonanz, und gerade deshalb sind sie auch heute noch populär. Jack London wird beispielsweise zum Sinnbild seiner Epoche, die den Streit zwischen Individualismus und Kollektivismus quälend zu empfinden begann und auszutragen versuchte. Der Klassenkampf hatte sich bereits derart heftig zugespitzt, daß humanistische Ideale ganz einfach nicht mehr mit dem Streben nach Reich-

Nach der Südseereise in San Francisco (1909/10)

tum zu vereinbaren waren. Jack London hatte längst erkannt und selbst erlebt, wie philosophische Ideen das Verhalten der Menschen interpretieren und lenken können. Sie orientieren auf bestimmte gesellschaftliche Ziele und können daher die Problemstellungen beeinflussen und lösen. Die stärksten Wirkungen von solchen Ideen können durch die künstlerische Gestaltung erfolgen. Weder Wolf Larsen noch Martin Eden orientieren letztlich auf ein gesellschaftliches Ziel. Sie sind nicht einmal fähig, ihrem eigenen Weg einen lebenswerten Sinn zu geben. Ihre Auffassungen und ihr Verhalten müssen zur Vereinsamung und zum Untergang führen. Wolf Larsen erfährt in der Gestalt des Martin Eden noch eine Steigerung, weil der politische Charakter unmißverständlich hervortritt: Während sich der Seewolf bis zuletzt mit bürgerlichen Sentimentalitäten auseinandersetzt, verarbeitet der Autodidakt und Schriftsteller Martin Eden während seines Bildungsganges diese Eindrücke zu Reflexionen, und dann vollzieht er seinen tragischen Untergang selbst. Die jeweiligen Kontrastfiguren Humphrey van Weyden und Brissenden sind im jeweiligen Entwicklungsstadium Teile vom Wesen des Autors. Van Weyden bekundet die bürgerlich-humanistische Antithese, die noch dem Bildungsstand um 1903/04 entsprach, während Brissenden als Sozialist auftritt und damit gleichzeitig die politisch-ideologische Phase des sozialistischen Agitators in den Jahren 1906/07 zum Ausdruck bringt.

Mit der individuellen Liebesbeziehung zwischen Martin Eden und Ruth Morse im ersten Teil des Romans entwarf der Autor die Erwartungen von einer harmonischen Liebe, wie sie im vorangegangenen „Seewolf" ein romantisch-verklärtes Happy-End zwischen Maud Brewster und Humphrey van Weyden fanden. Wolf Larsen wäre niemals zu einer solchen Liebe fähig gewesen. Im Falle des Martin Eden werden die Erwartungen im zweiten symbolisch-polemischen Teil des Romans restlos zerstört. Als Martin einst Ruth Morse „anbetete", vereitelte ihre Mutter die „Verlobung", weil dieser Proletarier ohne feste Beschäftigung keine „passende Partie" für ihre Tochter war. Nun ist Martin Eden fast über Nacht berühmt geworden, so daß Ruth diesmal zu Martin in das

Hotelzimmer kommt, um ihm mitzuteilen, daß ihre Mutter nichts mehr gegen eine Verbindung habe. Martin kann aber nicht begreifen, warum sie gerade jetzt den Weg zu ihm findet, während sie ihn in der Zeit, als er hungerte und keine Stellung hatte, im Stich ließ. Also kann Ruth ihn doch unmöglich *um seiner selbst willen* lieben, denn er ist doch ganz derselbe geblieben. Es muß um eines andern willen geschehen sein, etwas, das außerhalb seiner liegen muß. Martin Eden erfaßt die Ursachen: einerseits die Anerkennung, der Ruhm, andererseits das Geld, das nunmehr in Strömen fließt. Außerhalb seiner Klasse gab es damals keinen Menschen, der sich aus ihm nur um seiner selbst willen etwas machte. Auch nicht Ruth. Damit hatte er eine „idealisierte Ruth" geliebt; er hatte dieses bewunderte, elfenhafte Wesen selbst geschaffen. Denn wer nunmehr vor ihm stand, war ein Mädchen aus der Bourgeoisie, die seiner Anerkennung und seines Geldes wegen gekommen war, und die hatte er nie geliebt. Dieser logische Schluß versetzte Martin Eden in eine heftige Krise und schärfte seinen Blick für das Verhalten all der anderen aus der Kapitalistenklasse, für die er jetzt etwas zu bedeuten schien. Also befand er sich auf dem Wege, ein Bourgeois zu werden. Dies hatte bereits begonnen durch die „Lohnschreiberei" für bürgerliche Magazine. Er hatte sich dem bourgeoisen Publikum anpassen müssen. Nun mußte er sich auch weiterhin so verhalten, wenn Anerkennung und Geld beständig sein sollten. In seiner Mentalität näherte er sich mehr und mehr der Bourgeoisie. Und das bedeutete wiederum eine Entfremdung von seiner Klasse, ja einen Verrat des Proletariats, als dessen Sohn er sich fühlte. Das Schuldgefühl machte Martin Eden krank. Das Leben wurde ihm überdrüssig. Was sollte er tun? Er befand sich im „Schattental", und es war so dunkel, daß er keinen Weg fand. Er mußte fliehen; er mußte die augenblickliche Umgebung verlassen. Ideologisch hatte er sich in die Philosophie Friedrich Nietzsches verrannt. Als sein erster Erfolg eintrat, hatte er im Sinne Nietzsches triumphiert und den autobiographischen Bereich Jack Londons verlassen. Der Sozialist Brissenden warnte ganz im Sinne des Autors.

Martin Eden: „*Nietzsche hatte recht* − . . .: *Die Welt gehört dem*

Starken, dem Starken, der auch edel ist und sich nicht an einem Schweinetrog von Handel und Tauschhandel mästet. Die Welt gehört dem wahren Edelmann, der großen blonden Bestie, dem, der keinen Kompromiß kennt, der das natürliche Lebensgesetz bejaht ..."

Das „natürliche Lebensgesetz" entspricht dem Sozialdarwinismus, nunmehr gipfelnd in Nietzsches Machtphilosophie der „blonden Bestie", des „Herrenmenschen".

Der sterbenskranke Brissenden antwortet im Sinne Jack Londons:

„Mit Ihren Nietzsche-Ideen sind Sie prähistorisch. (...) Sehen Sie, ich möchte Sie gern noch vor meinem Tode als Sozialist sehen. Das würde Ihnen eine gewisse Daseinsberechtigung geben. Es ist das einzige, was Sie in der Stunde der Enttäuschung, die für Sie kommen muß, retten kann.

Doch Martin Eden, berauscht von der Anerkennung, ignoriert die Warnung des Freundes. Martin Edens „Wahrheit" heißt „Erfolg", vorangetrieben durch Ideen Friedrich Nietzsches, die sich nunmehr auch in der Praxis zu bestätigen scheinen. Der ursprüngliche Titel des Entwicklungsromans *„Martin Eden"* sollte *„Success"* lauten — Erfolg! Und woraus besteht sein „Erfolg"? Einerseits sind es die Gelder, die Martin Eden von kapitalistischen Verlegern empfängt, andererseits ist es der Ruhm, der ihm vorwiegend von dem bürgerlichen Publikum gespendet wird. Seine aufrührerischen Schriften sind bisher nicht publiziert worden. Wird er sich, um den „Erfolg" weiter auszukosten, den Forderungen und Gepflogenheiten der Bourgeoisie anzupassen haben? In seiner Mentalität wird das bürgerliche Verhalten bereits sichtbar: Martin trifft einen ehemaligen Kumpel, den Vagabunden Joe. Ihm will er „eine Wohltat erweisen" und bietet ihm Geld an, damit er sich eine Dampfwäscherei einrichte. Joe soll also ein Ausbeuter werden, ein Bourgeois? Wurde nicht gerade Martin Eden bis zur Erschöpfung ausgebeutet in der Belmont-Wäscherei? Welch ein Paradoxon, das ein Schuldgefühl bei Martin Eden auslöst! Und wie sehen ihn die ehemaligen Kumpel? Als einen Fremden, einen Reichen. Und umgekehrt scheint es nicht anders zu sein. Es begann bereits damals in der Belmont-Wäscherei: Martin ging nach den gemeinsamen Mahlzeiten in der Küche so schnell wie möglich wieder fort. Es fehlte die gemeinsame Sprache, die Verständigung. „Ihr geistiger Tiefstand" bedrückte Martin Eden, der durch seine inzwischen errungene Bildung eine Kluft zu den „gedankenlosen Arbeitstieren" verspürte. Und dazu noch die Angst, wieder in diesen „Keller" der kapitalistischen Gesellschaft zurückgedrängt zu werden, um dort genauso zu krepieren wie die anderen. Er wollte in die oberen Stockwerke, um von dort aus diesen Erniedrigten und Beleidigten zu helfen. Und wie sah seine Hilfe jetzt nach dem Erfolg aus? Er wollte Geld verschenken, das er von den Kapitalisten empfangen hatte. Welch ein Widerspruch! Martin Eden grübelte. Es festigte sich der Gedanke, seine Klasse verraten zu haben. Und es bemächtigte sich seiner das Gefühl, „überfällig" geworden zu sein: *Er erinnerte sich, einmal gehört zu haben, daß ein Gespenst der Geist eines Mannes sei, der tot, aber nicht klug genug sei, um es zu wissen; er hielt einen Augenblick inne, um nachzudenken...*

War er nicht selbst so ein „Gespenst", ein Mensch, der sozial wurzellos herumstrich? Umgeben mit einer Kette von Fratzen, die ihn in diesem teuflischen Kreis gefangenhielten? Kapitalistische Verleger, Zeitungsbosse, Lobhudler... Ein Gefangener der Bourgeoisie und ein „Toter" für seine Klasse, die auf ihn gehofft hatte?

Martin Eden ergrübelte die Wahrheit: *In der oberen Klasse gab es niemand, der sich aus Martin Eden um seiner selbst willen etwas machte...* Die Bourgeoisie gebrauchte, ja — mißbrauchte ihn als „Genie", das für ein „klassenloses Wesen" ausgegeben wurde. Also glich er doch so einer Art von „Gespenst". Er war Ideologe der herrschenden Klasse, denn er wurde von ihr bezahlt; er wurde in ihrer Presse gelobt, ihm wurde geschmeichelt, und er wurde damit willfährig gemacht. Das war die Lohnschreiberei! Seine problematischen Buchmanuskripte, die er als hungernder Proletarier geschrieben hatte, lagen immer noch tief unten in der Kiste. Und dort unten würden sie wahrscheinlich auch liegenbleiben, wenn nicht... Lebensüberdruß drängte sich zwischen diese Überlegungen. Er wollte schlafen, denn er fühlte sich müde, unendlich müde... Schlaf- und Betäubungsmittel überzogen die grelle Wirklichkeit mit einem Schleier. Nur schlafen, schlafen und vergessen. Die ungestüme Liebe zu Ruth Morse lag in Scherben. Zorn stieg hoch. Wie konnte er sich so täuschen lassen? Ruth hatte ihn niemals um seiner selbst willen geliebt, genauso wenig wie die Bourgeoisie, zu der Ruth gehörte. Der Zorn verwandelte sich in Menschenverachtung. Ganz im Sinne des „Dichterphilosophen" Friedrich Nietzsche. Vor zwei Jahren hatte der Autor diesen „besessenen Philosophen" charakterisiert: ein Ideologe der „christlichen Ära", der sich, ehe er erledigt war, im Kreis und „fort in den Wahnsinn bewegte".

Besaß Martin Eden denn gar keinen „Stützpunkt"? Keinen Halt? Wie stand es mit seiner Klasse, mit dem Proletariat? *Zu seiner eigenen Klasse, die ihn früher so gern gesehen, konnte er nicht zurück. Er wollte es auch nicht...*

Martin Eden entschloß sich zu einer Evasion, zu einer Flucht in die Südsee. Nun befand er sich auf der „Mariposa" und glich *einem Schiff ohne Kompaß und Ruder und hatte keinen Hafen, in den er steuern konnte...*

Was hatte er hier auf Deck unter den Reichen zu suchen? Tief drunten im Heizraum schaufelten die *anderen,* seine ehemaligen Kumpel, und hielten Maschinen und Dampfer in Gang. Er sehnte sich zurück nach Back und Heizraum. Doch es war zu spät. Eine Kluft lag dazwischen.

Martin Edens „Erfolg" hatte der „Wahrheit" Nietzsches entsprochen. Aber wohin hatte dieser triumphale „Wille zur Macht", dieser berauschende „Prozeß des Berühmtwerdens" geführt? Martin Eden war einsam, er fühlte sich isoliert. Er hatte seine Klasse verloren. Die Zweifel führten bis zur Verzweiflung. Warum sollte er den „Willen zur Macht" nicht umkehren? Zur Selbstvernichtung? Martin Edens Leben war Leiden geworden. Ein einzigartiges Leiden. Der „Erfolg" für einen Proletarier in der antagonistischen Klassengesellschaft entsprach einer Lüge gegen sich selbst und gegenüber seiner Klasse. Dieser Erfolg war Lug und Trug...

Das milchweiße Kielwasser der „Mariposa" würde ihn in die Arme nehmen. Er würde versinken und nie wieder aufwachen. Der Lebenswille mußte besiegt werden. Der Selbsterhaltungstrieb. Und deshalb mußte er überlistet werden. Martin Eden mußte so tief hinabtauchen, daß er nie wieder an die Oberfläche gebracht werden konnte. Und nun war er ganz, ganz tief drunten... *Es war, als triebe er willenlos in einem Meer von Traumvisionen. Farben und Strahlen umgaben ihn, badeten und durchdrangen ihn. Was war das? Es war wie ein Leuchtturm, aber drinnen in seinem Hirn — ein aufleuchtendes, klares, weißes Licht. Immer schneller leuchtete es auf. Dann lang rollendes Dröhnen, und es kam ihm vor, als fiele er eine mächtige, unendliche Treppe hinab. Und irgendwo am Ende stürzte er ins Dunkel. Soviel wußte er. Er war ins Dunkel gestürzt. Und in dem Augenblick, als er das wußte, hörte er auf zu wissen.*

Die Tragik des Martin Eden ist vollzogen. Es war die Tragik eines „leidenschaftlichen Realisten", der glaubte, die „humanistischen Bestrebungen" des Proletariats in der antagonistischen Klassengesellschaft realisieren zu können. Damit er überhaupt zu Wort kommen konnte, mußte er sich als „Lohnschreiber" verkaufen. Der „Erfolg" vereitelte jedoch jegliche Hoffnung und jeglichen Glauben an seine Mission. Martin Eden mußte den unüberwindbaren Abgrund zwischen seinen subjektiven Illusionen und der objektiven politischen Klassensituation erkennen. Der „Erfolg" hatte ihn in die tragische Position eines „Einzelgängers wider Willen" abgedrängt. Und da er weder ein „Lohnsklave" der Bourgeoisie sein wollte noch ein Verräter seiner Klasse sein konnte, wählte er den Tod. *Martin Eden starb, weil er ein Individualist war, ich aber lebe, weil ich ein Sozialist bin und das soziale Gewissen meiner Klasse besitze,* schrieb Jack London an eine Leserin.

3.

Die Mißverständnisse wegen der Romane „Martin Eden" und „Der Seewolf" haben Jack London in den nachfolgenden Jahren bedrückt und gequält. In seinen Briefen und Notizbüchern stoßen wir oft auf diesbezügliche Bemerkungen. Einen Monat vor seinem Tod, also im Oktober 1916, übersandte er in einem Brief an Henry Meade Bland eine dieser negativen Kritiken und schrieb dazu: *„Martin Eden" und „Der Seewolf"... waren Proteste gegen Nietzsches Philosophie, insofern die Philosophie Nietzsches die Stärke und den Individualismus selbst bis zum Kriege und zur Zerstörung vertritt und sich gegen Zusammenarbeit, Demokratie und Sozialismus wendet. Der Weltkrieg ist die logische Folge der Philosophie Nietzsches.*

Und eine der letzten Eintragungen in seinem Notizbuch lautet: *„Martin Eden" und „Seewolf" — Angriffe auf die Philosophie Nietzsches, die selbst von den Sozialisten nicht verstanden wurden.*

Der Muckraker Upton Sinclair, der Jack London viele Jahre persönlich kannte und der mit ihm in der sozialistischen Bewegung zusammengearbeitet hatte, teilte mit: „Das Ende Martin Edens verfolgte Jack London sein Leben lang, und am Ende machte er es für sich zur Wirklichkeit. Welche Schande, welche Tragödie für unsere Literatur, daß das kapitalistische Amerika mit seiner Philosophie der individuellen Habgier und Selbstsucht die Seele dieses Mannes mit all ihren erhabenen und unschätzbaren Gaben geraubt hat."

Maxim Gorki hatte bereits zur Jahrhundertwende in seinem ersten Roman „Foma Gordejew" (1899) einen Konflikt gestaltet, der in enger Beziehung zur Philosophie Friedrich Nietzsches stand. Es handelte sich einerseits um den Typ des „Eisernen", der nietzscheanische Ideen vertritt und der dem nach allseitiger politischer Macht strebenden Bourgeois entspricht. Andererseits empört sich Foma Gordejew gegen die „Eisernen", indem er deren Theorie und Praxis entlarvt und den Untergang prophezeit. Foma wird kurz darauf als „Narr" in Gewahrsam genommen. Die beabsichtigte

Aussage Gorkis stieß damals ebenfalls auf Mißverständnisse. Deshalb antwortete er in einem Essay zu „Foma Gordejew": Man habe ihm vorgeworfen, er hätte „eine besondere Vorliebe für die Lehre Nietzsches. Ein unbegründeter Vorwurf, ich war ein Mensch der ‚Masse', und die ‚Helden' Lawrows, Michailowskis und Carlyles begeisterten mich ebensowenig, wie mich die ‚Herrenmoral' begeisterte, die Nietzsche mit schönen Worten predigte. (...) Die ‚Herrenmoral' war mir ebenso zuwider wie die ‚Sklavenmoral', ich gelangte zu einer dritten Moral: ‚Stütze den sich Erhebenden!'"

Der Roman „Foma Gordejew" erschien 1901 in Nordamerika. Jack London war von diesem Werk begeistert. Mit diesem proletarischen Schriftsteller Rußlands fühlte er sich verwandt. Maxim Gorkis „Universitäten" auf der Landstraße durch Rußland lassen Gemeinsamkeiten mit den „Trampjahren" Jack Londons erkennen. Die Barfüßer, Außenseiter, Vagabunden und Zigeuner entsprachen im großen und ganzen den Typen der Hobos, die Jack kennenlernte. In der Gestalt des „Foma Gordejew" erkannte Jack London einen Empörer, der das Zeitalter der Märkte und Börsen durchschaut, um die Ausbeuter und Unterdrücker des Volkes, also diese nietzscheanischen „Eisernen", zu entlarven. Dieser Rebell Foma, der sich mutig gegen die Bourgeoisie erhebt, ist ein Charakter, der *noch im Todestanz nach dem namenlosen, vagen Etwas, der magischen Formel, der Quintessenz, dem Wesen der Dinge, dem Lichtblitz in der Finsternis — kurzum: einer vernünftigen Rechtfertigung des Daseins sucht.*

Obwohl der grüblerische Foma Gordejew nur spontan und noch zusammenhanglos den „Eisernen" einige Wahrheiten ins Gesicht schleudert, wirkt diese Aktion nach Jack Londons Meinung *wie ein Stachelstab, das schlafende Gewissen der Menschen wachzurütteln und sie in den Kampf für die Menschlichkeit zu treiben.*

Dieser Essay wurde in Jack Londons Sammelband „Revolution" mit aufgenommen. Im selben Jahr 1901, als Jack London über „Foma Gordejew" schrieb, marschierte Maxim Gorki inmitten der revolutionären Demonstranten am Kasaner Dom in Petersburg. Der komplizierte und langwierige Übergang Gorkis vom utopischen Sozialisten und Volkstümler zum Marxisten wurde literarisch durch das „Lied vom Sturmvogel" vollzogen. Für Jack London begann zu diesem Zeitpunkt seine politische Aktivität innerhalb der gerade gegründeten Socialist Party.

Maxim Gorkis Entwicklung führte mit fortschreitender Klärung und Reife weiter an die Seite der Bolschewiki. Als „Partisan" wirkte er mit bei der politischen Arbeit der Avantgarde des revolutionären Proletariats und entfaltete dabei sein künstlerisches Schaffen. Im Jahre 1907 vollendete Gorki seinen Roman „Die Mutter", in dem die lebensverändernden, zukunftsweisenden Helden der russischen Arbeiterklasse in Aktion treten. Zu dieser Zeit verharrte Jack London bei der Auseinandersetzung mit dem „Seewolf", dem dann die verwandte Polemik mit „Martin Eden" folgte. Die Oligarchen der „Eisernen Ferse" Jack Londons tragen Eigenschaften, die wir auch unter den „Eisernen" Maxim Gorkis finden.

Während Maxim Gorki einen engen Kontakt zur Partei der Bolschewiki und zu W. I. Lenin unterhielt, kreisten Jack Londons Gedanken bereits bei der Niederschrift des Romans „Die Eiserne Ferse" um ganz andere Anliegen: Er rüstete sich fieberhaft zum nächsten Abenteuer, das die „Lohnschreiberei" ins Unermeßliche vorantrieb. Und diese kostspieligen Abenteuer rissen nicht ab...

Mit dem Roman „Martin Eden" (1909) können wir eine Zäsur in der Entwicklung des Jack London verfolgen. Sein urwüchsig-trotziger Optimismus, sein gelegentlicher Galgenhumor gegen Mißgeschicke, all diese Eigenschaften, die wir während der abenteuerlichen „Fahrt der Snark" noch miterleben konnten, scheinen zu erlöschen. In Jack Londons Roman „Lockendes Gold" zeichnet sich sowohl die Wende als auch der zukünftige Weg des Autors bereits ab.

XVII. Das Abenteuer „Beauty Ranch"

Saxon und Billy sahen zum erstenmal einen Schimmer des
Sonomatals und der wilden Berge, die die Ostseite ein-
rahmten. Zur Linken schauten sie ein goldenes Land mit
kleinen Hügeln und Tälern. Weiter fort, nach Norden,
sahen sie einen andern Teil des Tales und im Hintergrund,
als entgegengesetzte Wand des Tales, eine Gebirgskette,
deren höchster Gipfel seinen roten, alten Krater von einem
rosigen Himmel abhob. Von Norden nach Südosten schlän-
gelte sich der Bergrand, beleuchtet von den klaren Strahlen
der Sonne, während die Abendschatten schon über Saxon
und Billy lagen.

Jack London: Das Mondtal

Im Frühjahr 1910 ließ Jack London seine Stiefschwester Eliza
London-Shepard zur Leitung der Ranch nach Glen Ellen kommen,
weil er sich entschlossen hatte, seinen Landsitz wirtschaftlich
auszubauen und intensiv zu nutzen. Eliza schien der einzige
Mensch zu sein, auf den sich Jack restlos verlassen konnte. Die
bisherigen achthundert Morgen hatte er durch den Kauf umliegen-
der verwahrloster Güter zu einer Fläche von elfhundert Morgen
erweitert. Zu seinem Besitz gehörte nun auch das „Sonomatal", das
so lange erträumte „Mondtal". Die beiden Liebesleute Saxon und
Billy hatten genauso wie Jack London und seine Gefährtin
unermüdlich nach Sonoma gesucht. Und als sie schon bald die
Hoffnung aufgegeben hatten, eröffnete sich ihnen plötzlich an
einem Abend das Mondtal mit seinem roten Felsgestein und seinen
hohen, schlanken Tannen... Und dort in diesem Tal sollte auch der
so lange gehegte Wunschtraum des Autors in Erfüllung gehen: ein
schloßähnliches Gebäude inmitten der Natur, stattlich und großzügig angelegt, sechsundzwanzig Räume umfassend, mit neun Kami-
nen, einem weiten Hof, einem römischen Bad, einem Unterhal-
tungs- und Speisesaal, groß genug, um fünfzig Gäste zu bewirten.
Es sollte zum gastlichsten Haus des Westens werden.

Rotholzbäume mußten in der Umgebung geschlagen, Steine aus dem Mondtal gebrochen, behauen und zum Baugelände transportiert werden. Zahlreiche Bauarbeiter und Handwerker kamen nach Glen Ellen, um dieses gewaltige Ranch-Projekt zu realisieren. Vorbedingung für dieses Unternehmen waren natürlich die Geldmittel. Jack befand sich wieder in guter Verfassung, so daß er täglich neunzehn Stunden arbeitete, begonnene Romane vollendete und bereits publizierte Serien von Erzählungen fortsetzte. Den zweiten Teil des Romans „*Lockendes Gold*" hatte er bereits begonnen. Den Weg des zentralen Helden Elan Harnish lenkte er in eine Umgebung, die dem neuen Wirkungsfeld des Autors entsprach. Macmillan wartete ungeduldig auf das Buch-Manuskript, denn Jack London forderte ständig neue Vorschüsse. Nebenher schrieb er weitere „*Südseegeschichten*", die in Magazinen veröffentlicht wurden und sofort Barmittel einbrachten. Schließlich griff Jack auch noch einmal den Stoffkomplex der Alaska-Abenteuer auf, entwarf die „*Smoke-Bellew*"-Reihe, die genauso wie seine „*Südseegeschichten*" in einer Zusammenfassung zusätzlich Buchpublikationen versprachen. Die literarische Produktion in diesem Abschnitt des hektischen Bauens, landwirtschaftlichen Planens und Experimentierens überstieg alle vorangegangenen qantitativen Leistungen Jack Londons. Erzählung nach Erzählung, Band nach Band kamen wie eine Serienproduktion auf den Markt. Unerschöpflich schien dieser Autor zu sein: in den Jahren 1910 und 1911 jeweils vier Bücher; im Jahre 1912 drei, und im Jahre 1913 wieder vier Bücher. So manche Arbeit war hier dabei, die Jack möglichst schnell herunterschrieb, um das dringend notwendige Geld für sein Projekt „Beauty Ranch" zu bekommen. Jacks Kräfte beim mißglückten Bau der „Snark" waren damals bereits bis zum Äußersten angespannt gewesen. Diesmal überschritten die vielfältigen Anforderungen ganz einfach sein Leistungsvermögen. Während der Südseereise hatte Jack eine „*Fünfmännerarbeit*" zu bewältigen, die ihn berechtigte, dann und wann zu trinken: *Alkohol war gut für einen Mann, der sich überanstrengte...* Und anstrengend war sein neues „Schlachtfeld", inmitten einer romantischen Landschaft, das eine besondere Tradition besaß: Sonoma, das Mondtal und die Berge, war der historische Boden, wo einst die „Squatters" die Indianer und die spanischen Siedler verdrängt und wo sie die Bärenflagge der „Republic California" gehißt und ihre Blockhütten gezimmert hatten. Und nun würde er, Jack London, auf diesem historischen Grund *„den Boden ritzen",* den Wald roden, Eukalyptusbäume pflanzen, steinerne Mauern errichten... Wie viele Männer hatten vor ihm hier schon gewirtschaftet? Eine Kette ohne Anfang und Ende... Es war „John Barleycorn", der jetzt zu ihm sprach, der ihn das *Schöne, Wunderbare* erkennen ließ, bis plötzlich die „*weiße Logik"* sich meldete und von *Leere und Staub* zu flüstern begann... Die *weiße Logik, den silbernen Boten der Wahrheit jenseits der Wahrheit, den Widerpart des Lebens, grausam und öde...* Jack verscheuchte die „weiße Logik". Sie war teuflisch mit ihren Einflüsterungen. Und vorerst konnte sie ihm nicht viel anhaben. Das neue Unternehmen verlieh Auftrieb. Diese Wende zeichnet sich anschaulich im Entwicklungsgang seines zentralen Helden Elan Harnish aus dem Roman *„Lockendes Gold"* ab: Er hat im Klondikegebiet Glück gehabt, er kehrt als Millionär nach Kalifornien zurück. Nun ist er gewillt, den Konkurrenzkampf mit den Finanzaristokraten aufzunehmen. Doch Elan Harnish muß bald erfahren, daß er den gerissenen Manipulationen der Finanzhyänen kaum gewachsen ist. Deshalb gibt er das kommerzielle Kampffeld auf, um sich mit seiner Gefährtin *Dede Mason* in die Natur zurückzuziehen: *Ich begriff, daß ich vor dem Scheideweg stand. Die eine Richtung führte ins Büro. Die andere nach Berkeley. Und ich wählte den Weg nach Berkeley.* Berkeley, das heißt: Sonoma. Elan Harnish will nie wieder das Büro betreten. Den ganzen Laden läßt er „einfach sausen". Soll das alles zu Bruch gehen. Er ist ja steinreich, so daß er sich mit seiner Gefährtin ins ländliche Idyll zurückziehen kann. Es ist hier Jack London, der Träumer, der zu uns spricht. Und zu seiner Gefährtin Dede Mason, für die Charmian wiederum Modell gestanden hat, sagt er: *„Ich bin fest zur Übersiedlung in die Natur entschlossen. Weißt du, ich hab 'ne Religion, und so muß Religion früher mal gewesen sein: Ich glaube an die Liebe und an*

dich — das ist die älteste Religion der Welt. Es ist der Glaube,
verstehst du — der Glaube überhaupt . . ."
Der Rückzug ist offensichtlich. Die Erwartungen sind versponnen und idyllisch. Das Unternehmen erscheint gleich zu Beginn fragwürdig. Das schlimmste aber ist: „John Barleycorn", der „König Alkohol", der sich ständig in unmittelbarer Nähe befindet und Wahrheit als Lüge und Lüge als Wahrheit vorgaukelt. Er besitzt die „weiße Logik"; und er besitzt Geduld und wartet. Er wartet auf seine Gelegenheit.

2.

Zum Bau des „Wolfshauses" hatte Jack London den italienischen Baumeister Forni und vierunddreißig Arbeiter verpflichtet. Zwei Jahre benötigte dieses Projekt. Zur Überbrückung dieser Zeit verließ Jack den wackeligen Anbau von „Wake Robin", erwarb ein ehemaliges Weingut mit einem verfallenen Farmhaus und einigen Scheunen, ließ die Gebäude zu Wohnungen umgestalten, so daß er dorthin seinen vorläufigen Wohnsitz verlegen konnte. Bereits während des Ausbaus dieser „Beauty Ranch" wurde sie zum Treffpunkt von Gästen aus aller Welt. Jack legte seinen Briefen gedruckte Einladungen bei, auf denen die Wege von San Francisco und von Oakland nach seiner Ranch verzeichnet waren. Täglich stand am Bahnhof von Glen Ellen ein Gespann bereit, ankommende Gäste nach Sonoma zu bringen. Im Durchschnitt weilte ein Dutzend Besucher auf Jack Londons Landsitz. Neben den ständigen Gästen wie George Sterling, Jimmy Hopper, Cloudesley Johns, Xavier Martinez, Stewart Edward White kamen Genossen der Sozialistischen Partei, Zeitungsleute, Lektoren, Matrosen, Tramps. Jack London wurde besucht von dem Gründer einer indischen Unabhängigkeitsbewegung, Hyhar Dyall, von der Schauspielerin Ula Humphrey, von dem Botaniker Luther Burbank und von vielen namhaften Persönlichkeiten. Etliche Bohemiens aus der Carmel-Gruppe, unglückliche Trinker und Nichtstuer, hatten „einen Hafen" auf der „Beauty Ranch" gefunden, so daß Jack für diese Dauergäste selbstentworfene Wohnhütten im benachbarten Wald errichten ließ. Zur Mittagszeit strömten dann alle Gäste im Speisesaal zusammen. Und dann kam auch Jack. Eine Besucherin schilderte den Gastgeber: „Trat er in ein Zimmer, wo Besucher stumm, dumpf und gleichgültig in den Sessel gerekelt vor sich hin dösten, so ging es durch sie wie ein elektrischer Strom, und es kam augenblicklich Leben in sie: nicht nur in ihre Körper, sondern auch in Herz und Geist. Nicht allein seine mächtige Vitalität bewirkte dies, es ging von ihm eine solche gewinnende, aufrichtende, vibrierende Lebenswärme aus, daß sie auf jeden überströmte. Irvine sprach für viele von Jacks Freunden, wenn er dieses Phänomen in die Worte zusammenfaßte: ‚Er war ein Berg von Leben.' "

Nur wenige Gäste wußten, daß ihr Gastgeber Jack, wenn er sich gegen Mittag an den Tisch setzte, schon einen Arbeitstag hinter sich hatte: zwei Stunden für seine umfangreiche Korrespondenz; zwei Stunden für die Lektüre, die er als Landwirt und als Schriftsteller benötigte; zwei Stunden, um Korrekturen zu lesen und zu überarbeiten; und zwei bis drei Stunden, um sein Tagespensum von tausend Wörtern zu erfüllen. Dann hatte er einen Cocktail getrunken. Die erste Schicht war bewältigt. In guter Stimmung trat er ein, winkte seinen Freunden ein jungenhaftes „Hallo!" zu, setzte sich zu Tisch und wartete. Kurz darauf kam die Gefährtin Charmian, frisch und herausgeputzt, denn sie war erst gegen elf Uhr aufgestanden und beschäftigte sich dann ausschließlich mit ihrer Toilette. Vom Kochen und von der Hauswirtschaft hatte sie keine Ahnung. Dafür gab es Dienstpersonal. Sie trat ein, wurde bewundert, drehte sich, setzte sich und lachte. Jack eröffnete das gemeinsame Mahl mit einem Cocktail...

Nachmittags ritt Jack durch sein Gelände, inspizierte den Bau des „Wolfshauses", schaute nach dem Stand der Feldarbeiten, gab Hinweise, verweilte längere Zeit bei den Zuchtpferden, erteilte den verantwortlichen Farmarbeitern Anweisungen für den nächsten Tag, überprüfte den landwirtschaftlichen Maschinenpark, ritt zum Büro, wo Eliza arbeitete, las geschäftliche Korrespondenz, dik-

Jack London besichtigt den Bau des „Wolfshauses" (1912)

tierte Bestellungen, Antworten und kehrte gegen Abend zum Hauptgebäude zurück. Das war gewöhnlich Jacks zweite Schicht, die er als Erholung, als Entspannung betrachtete.

Gäste verpflichten... Nach dem Abendbrot gab es Unterhaltungen, Dispute, Klärung aktueller Probleme, Kunstdiskussionen, manchmal auch eine kurze Manuskriptlesung mit Diskussion und alle möglichen Spiele. Dazwischen wurde auch gelegentlich musiziert, gesungen, rezitiert... Hier wurde Charmian erst richtig wach.

Sie verstand, Gäste zu unterhalten. In kameradschaftlicher Runde trank man manches Glas Whisky oder Wein.

Und nur wenige Gäste wußten, daß ihr Gastgeber Jack, der sie bei der Ankunft empfangen hatte und ihnen die Quartiere zuwies, nun zur Schlafenszeit aller mit seiner dritten Schicht begann: Der japanische Diener Nakata hatte das Schreibgerät, die Papierblöcke und die Erfrischungsgetränke vorbereitet. Er vergaß auch nicht einige Zigarettenpackungen „Imperiales" und Streichhölzer. Ferner legte er die inzwischen eingetroffenen Zeitschriften und Korrekturbogen bereit, stellte in greifbare Nähe die gerade benutzten Bücher und hing den grünen Augenschirm an den Bettpfosten. Jack lag dann im Bett, korrigierte, las, rauchte, trank ... Kurz bevor ihn der Schlaf übermannte, stellte er auf seiner Papp-Uhr die Stunde ein, zu der er früh geweckt werden wollte, und hängte die Uhr vor seine Kammertür. Die späteste Zeitangabe auf diesem Zifferblatt lag bei sechs Uhr früh. Um neun Uhr mußte er auf jeden Fall kurz in den Hof schauen: Das Fuhrwerk vom Bahnhof Glen Ellen traf ein. Vielleicht kamen unverhofft liebe Gäste ...

In der Landwirtschaft hatte Jack kühne Pläne entwickelt. Drei Ernten pflügte er unter, damit der Boden ertragreicher werde. Neben dem Anbau verschiedener Getreidearten ließ er viele Gemüsesorten ziehen, Futterweiden anlegen und hundertvierzigtausend Eukalyptusbäume pflanzen. Dafür hatte er die Weinstöcke herausreißen lassen. An den Verleger Brett schrieb Jack: *Wenn Sie den Profit von Eukalyptus wüßten, Sie würden sofort das Verlegerhandwerk aufgeben!* Doch gerade dieses Eukalyptus-Projekt sollte sich als eine Fehlspekulation erweisen. Jack London verlor dabei 46 000 Dollar.

Große Hoffnungen setzte er auf eine weitläufige Tierzucht: Pferde, Angoraziegen, Schafe, Schweine und Hornvieh. Mehr als fünfzig Arbeitskräfte benötigte die Ranch. Die Bau- und Farmarbeiter ließen ihre Familien kommen.

Eine Molkerei war inzwischen gebaut worden; die einzelnen landwirtschaftlichen Betriebe besaßen technischen Höchststand. Ein weiterer Plan lag vor: eine Schule für die Kinder seiner Ge-

Auf Kreuzfahrt mit Binnenjacht durch die Bucht (um 1911/12)

meinde und eine Kaufhalle ohne Handelsaufschlag. Im Verlauf der
Jahre sollte jede Familie ein eigenes Heim besitzen. Alles in allem:
Jack London war bestrebt, eine Muster- und Modellfarm für ganz
Amerika zu errichten.

In den ersten Jahren konnte sich „Beauty Ranch" wirtschaftlich
natürlich nicht selbst tragen. Mit äußerster Kraftanstrengung
produzierte Jack weitere Erzählungen, Essays, Romane. Aus

geschäftlichen Gründen reiste Jack mit Charmian und Nakata nach New York. Dort kam ihm die Idee, mit einem Schiff nach Kalifornien zurückzukehren. Es zog ihn hinaus auf das Meer. Eine solche Reise werde ihm bestimmt guttun und zu weiterem literarischem Stoff anregen. Es bot sich Gelegenheit, von Baltimore aus mit dem Viermaster „Dirigo" diese Fahrt zu unternehmen. Am 2. März 1912 begann die Reise, die bis in den August dauern sollte. Das Schiff durfte keine Passagiere aufnehmen, so daß Jack formal als dritter Maat, Charmian als Stewardeß und Nakata als Kajütenboy anheuerten. Nur einmal bekam die Mannschaft Land in Sicht. Es war an der Südspitze des amerikanischen Kontinents, als die „Dirigo" Kap Hoorn umkreuzte.

Jack London tat diese Seefahrt wohl: Fern lagen Ärger und Sorgen; er hatte Zeit und Ruhe, um über seinen literarischen Arbeiten sitzen zu können. In seinem Plan hatte er seit einiger Zeit ein autobiographisches Werk, das seine Auseinandersetzungen mit seinem Doppelgänger „John Barleycorn", dem „König Alkohol", darlegen sollte. Am 10. Oktober 1911 hatte sich Jack London in Glen Ellen zum Frauenstimmrecht bekannt, denn — so begründete er seinen Entscheid — *wenn die Frauen das Wahlrecht erhalten, stimmen sie für die Prohibition.* Dieser Appell, dem Alkohol den Kampf anzusagen, ein Verbot des Alkohols durchzusetzen, galt insbesondere *den gesunden, normalen Jungen meiner Zeit — für sie schreibe ich!*

Wie wir bereits verfolgen konnten, machte Jack erstmalig die Bekanntschaft mit dem Alkohol als Siebenjähriger. Furchtbare Delirien hatten ihn geschüttelt, er litt unter Halluzinationen, und es dauerte Wochen, bis sein Körper dieses Gift endgültig überwunden hatte. Und so erinnerte sich Jack der schlimmsten Begegnungen mit dem „König Alkohol", der ihn schon zweimal an den Rand des Todes gebracht hatte.

Erst auf der Ranch im Mondtal schickte „John Barleycorn" seine „weiße Logik", die ihm langsam und stetig einzuflüstern versuchte, daß „unser Leben Lug und Trug sei". Doch nun hatte Jack einen Riegel vorgeschoben: Er befand sich an Bord der

„Dirigo", wo es keinen Tropfen Alkohol gab. Und weil niemand an Bord trank, hatte auch Jack kein Verlangen nach Alkohol. Doch kaum hatte er nach hundertachtundvierzig Tagen das Land betreten, war die Verlockung wieder gegenwärtig. Warum eigentlich? Jack London versuchte, eine Antwort zu finden:

Wahrlich: mein Leben ist glücklich. (...) Und trotz alledem bin ich traurig. Ich bin es, weil König Alkohol bei mir ist. Und er ist bei mir, weil ich in einem Jahrhundert geboren bin, das spätere Zeiten das dunkle Jahrhundert vor der Epoche der vernunftgemäßen Zivilisation nennen werden. König Alkohol ist bei mir, weil er mir in den Tagen meiner unwissenden Jugend stets erreichbar war... Das Leben war so organisiert, daß ich (und Millionen mit mir) in diese Giftläden gelockt, gezogen und getrieben wurden.

In diesem Buch wird die tiefe Tragik in Jack Londons Leben durch den Alkoholismus offenbart. Trotz seines Glücks, trotz seiner Erfolge trank er weiter und weiter, so daß seine Schaffens- und Lebenskurve mehr und mehr zu sinken begann. Die beiden letzten Kapitel seiner Tragik waren mit der Rückkehr in die Sonomaberge noch nicht geschrieben. All dies begann mit dem Hearst-Verlag Century Company. Brett hatte Jack mitgeteilt, daß der Markt mit Kurzgeschichten übersättigt sei. Es kam zu geringfügigen Differenzen. Jack trennte sich daraufhin von Macmillan. Er schloß im November 1912 einen Vertrag mit Century Company, zu der die Zeitschrift „The Cosmopolitan" gehörte. Dort wurde „John Barleycorn" publiziert. Vorher kam es zum großen Geschäft mit den „Smoke Bellew Tales", den „Alaskastories".

Brett hatte sich also geirrt. Und Jack London ebenfalls. Er hielt nämlich diese Alaska-Serie für die schwächste, weil er sie des Broterwerbs wegen hastig niedergeschrieben hatte. Aber ein ungewöhnlich breites Leserpublikum griff gerade nach diesen romantisch-abenteuerlichen Geschichten. Auflage nach Auflage folgte ...

Century Company gewährte nicht so großzügige Vorschüsse, wie es Macmillan getan hatte. Jack kam ins Gedränge. Er wurde gereizt und zornig. Er trumpfte auf. Doch Century Company verlangte erst eine Ware, die sich bezahlt machte, und dann kam

Wohnhaus auf „Beauty Ranch"

sie den Honorarforderungen nach. Das war Taktik. Und sie wußten
auch, daß Jack losdonnern würde. Sie besaßen einen Vertrag mit
raffinierten Klauseln. Jack wütete gegen den Wind: *...Ich bin
durch Höllen gegangen, von denen ihr Burschen euch nie habt träumen lassen. Ich habe eine Geduld bewiesen, deren ihr Burschen gar
nicht fähig seid. Ich hege für persönliches Wohlbehagen und persönliche Vorteile eine Verachtung, die über euer beschränktes Begriffs-
vermögen geht!*

Aber was nutzte das? Sein Abenteuer „Beauty Ranch" war viel zu groß, als daß es bewältigt werden konnte. Es war eine Herausforderung, die ihn zu verschlingen drohte. Und diese Gastfreundschaft! Charmian und Eliza machten ihm Vorwürfe. Er solle die „Dauergäste" reduzieren. George Sterling sollte verschwinden; der Anarchist Frank Strawn-Hamilton halte mit seinem ewigen Geschwätz nur seine Leute von der Arbeit ab; und Spiro, Jerry Carlin und Seymour in den Wohnhütten; Jan Jones, der wie Sterling auf Jacks Kosten trinke... Natürlich war es so, doch Jack schien unbelehrbar: Sie sollten doch nicht so kleinlich sein.

Und dabei wuchs das „Wolfshaus" weiter und weiter. Es wirkte wuchtig wie ein Palast. Es hatte bereits 70 000 Dollar verschlungen. Doch bald war es soweit, daß übersiedelt werden konnte...

Da traf ihn erneut ein Schlag: Charmian hatte vor zwei Jahren ein Mädchen geboren; es war tot. Nun erwartete sie wieder ein Kind. Wie freute sich Jack! Wie wünschte er sich einen Sohn! Den Erben des „Wolfshauses" und der „Beauty Ranch"... Als gegen Ende des Jahres 1912 Charmians zweite Tochter nach drei Tagen ebenfalls starb, wußte Jack, daß er nie einen Sohn haben werde. Er rannte hinaus in die Nacht, torkelte und lärmte in Glen Ellen von einer Kneipe zur anderen, entfachte Streit und Schlägerei, so daß die Polizei eingreifen mußte. So hatte bisher keiner Jack erlebt, der stets frohe Stimmung verbreitete. Doch damit schien es vorbei zu sein. Er wurde mürrisch und unzugänglich. Vielleicht hatte ihm die finanzielle Misere die Augen geöffnet. Vielleicht hatte auch „John Barleycorn" mit seiner „weißen Logik" die Hände im Spiel. Jedenfalls bemerkte Jack, wie er von vielen Seiten her bedenkenlos ausgenutzt wurde. Aus den Erfahrungen mit Ninetta und Roscoe Eames hätte er eigentlich seine Lehren ziehen sollen. Aber er war gutgläubig, vertrauensvoll, naiv. Jetzt auf einmal verspürte er, wie ihm sein Freundeskreis fremder wurde. Da gab es Egoisten, Nutznießer. Dann und wann beobachtete er ein hämisches Grinsen, wenn er einen seiner Pläne entwickelte. Nur bei den Trinkgelagen entschwand dieses beklemmende Gefühl der Vereinsamung. „John Barleycorn" schien ein Zauberer zu sein.

3.

Das „Wolfshaus" glich einem Märchenschloß. Achtzigtausend
Dollar. Es stand vor der Vollendung: errichtet aus wuchtigen Stein-
quadern des Mondtales, fest zementiert, im Inneren ausgelegt mit
kostbarem Rotholz. Errichtet für ein Jahrtausend. Errichtet für die
nachfolgenden Generationen des Jack London...

Der Umzug wurde Mitte August 1913 vorbereitet. In der Nacht
zum 22. August 1913 stand das riesige Gebäude in einem Flammen-
meer. In dieser Nacht versank sein Traum in Asche...

Jack London hatte das „Wolfshaus" nicht versichern lassen, weil
es als feuerfest galt. Sollte in irgendeinem Raum einmal Feuer
ausbrechen, so war dieser Brandherd von vornherein durch die
Steinmauern gegenüber den anderen Zimmern isoliert. Doch der
gesamte Gebäudekomplex stand in Flammen. An verschiedenen
Stellen mußte Brand gelegt worden sein. All dies blieb im dunkeln.
Anderntags ragte eine verkohlte Steinruine gen Himmel. Man fand
zwölf Brandherde. Nie mehr kam der Name „Wolfshaus" über
Jacks Lippen. Nur wenn es notwendig wurde, erwähnte er „die
Ruine".

Jack schien gleichgültig und stumpf zu werden. Er sattelte nur
noch selten das Pferd. Stundenlang lag er in der Hängematte und
starrte ins Leere. Er wurde träge, er wurde fett. Sein Tagespensum
bezeichnete er seit dieser Zeit meist mit *hundert Zeilen,* die keinesfalls den sonst üblichen *tausend Wörtern* entsprachen. Bisher hatte
Jack nach diesem Pensum den ersten Cocktail getrunken. Doch
jetzt litt er an der *„Morgenkrankheit":* Damit er überhaupt „auf die
Beine kommen konnte", trank er schon vor dem Frühstück ein
Glas. Die gesamte Frühschicht ließ sich nicht mehr ohne Trinken
bewältigen. Damit seine Arbeit in Bewegung kam, bedurfte es
mehrerer Gläser hintereinander, bis es endlich hell in seinem Hirn
wurde und die Zeilen aus der Feder flossen.

Doch mit der „weißen Logik" des Königs Alkohol wurden „Geister" herbeigerufen, die man nicht mehr los wurde. Die weiße
Logik flüsterte alle möglichen „Wahrheiten" von „Leere und

Staub", von „Lüge und Betrug". Alles sei vergänglich, sinnlos und eitel. Er solle sich nur umsehen hier auf dem Boden von Sonoma. Mord und Totschlag habe geherrscht, und allesamt seien sie vergessen. Und nun sei *er* an der Reihe, er, genannt Jack London. Ein Stäubchen im Wind, mehr nicht...

Die weiße Logik wollte noch weiter vordringen. Sie wollte ihm einflüstern, daß auch sein Schreiben sinnlos sei, obwohl ihm der König Alkohol erst die Helle des Schreibens gab. *Es war die alte Geschichte. Je mehr ich trank, desto mehr mußte ich trinken, um eine Wirkung zu erzielen.* Kaum war die Wirkung erzielt, tuschelte auch schon wieder die weiße Logik...

Bisher hatten ihn Freunde und Bekannte nur angeheitert gesehen. Jetzt sahen sie ihn oft schwankend und mit glasigem Blick. Er wirkte unsicher und stumpf. Gelegentlich begehrte er auf. Jack konnte barsch werden. Das „Wolfshaus" ist schuld ..., dachten die Freunde. Sie konnten nicht wissen, daß er sie mit anderen Augen sah. Zum Beispiel seine Gefährtin Charmian. Wie hatte sie sich verändert! Sie gebärdete sich abstoßend und affektiert. Sie ließ sich teure Phantasiekostüme schneidern, behängte sich mit Schmuck und kokettierte ringsum. Wie sie sich drehte und wendete! Geziert gespreizt, gefallsüchtig. Und das stupide Lächeln. War *das* noch seine Gefährtin aus alter Zeit zur See und im Sattel? Vor ihm produzierte sich eine Geltungssüchtige aus dem Kleinbürgertum...

Möglichst unbemerkt schüttete Jack einige Gläser hinter die Kehle, damit König Alkohol rasch einen Schleier über den ganzen Zirkus hier im Mondtal werfe. Und dann quälten ihn die Nächte, in denen er ohne Schlaf lag und grübelte. Jack versuchte aufzustehen. Das Atmen fiel ihm schwer. Die frische Waldluft drängte die Übelkeit zurück. Da hörte er ein Tuscheln in unmittelbarer Nähe. Dann sah er einen flüchtigen Lichtstreifen. Er kam vom Türspalt des Schlafgemachs seiner Frau. Die Gefährtin verabschiedete irgendeinen Kerl. Erschöpft lehnte Jack an der Rotholztanne. Er war zu schwach, zu willenlos, um sich überhaupt bemerkbar machen zu können. Er hatte gelernt zu schweigen. Morgen, wenn ihm König Alkohol wieder eine Stütze bot, wird er auch weiterhin seine

Umgebung literarisch so projizieren, wie er sie gern gesehen hätte. Jack, der ewige Träumer ... Nun klammerte er sich an diese Traumgebilde.

Zum Beispiel die Tante von Charmian, Ninetta Eames. Nachdem ihr Mann Roscoe gestorben war, lebte sie weiterhin mit Edward Payne in unmittelbarer Nähe. Seit etlicher Zeit bereitete sie ihm zermürbenden´ Ärger. Jack mußte Prozesse führen, weil der notwendig gewordene Bau eines Staudammes zur Bewässerung der Felder angeblich Ninettas Grundstück das Wasser entziehe. Dieser verdammte ,,Wasserkrieg" räderte und zerrieb ihn; er zehrte und zerrte an den Nerven, so daß Jack automatisch nach der Whiskyflasche griff. Er war es selbst gewesen, der Ninetta Eames das Grundstück geschenkt hatte; mit seinen Honoraren hatte sie sich das zweistöckige Haus errichten lassen. Er hatte ihr und ihrem Mann, dem ,,Kapitän" und ,,Steuermann", nichts nachgetragen. Und nun sammelte diese ,,Tante Ninetta" eifrig Unterschriften bei den benachbarten Farmern, um sein Wasserprojekt zu vereiteln. Wenn ein heißer, trockener Sommer kommen sollte, war die gesamte Ernte verdorben. Und dieser Sommer war gekommen; der Sommer des ,,unglücklichen Jahres 1913". Jack London begriff seine Umgebung nicht mehr.

Qualvolle Enttäuschungen reihten sich aneinander: Im Hinterhalt spottete man über seine Pläne und Bemühungen; man machte sich lustig über seine großzügige Hilfsbereitschaft; man nahm die erbettelte Unterstützung entgegen und fletschte hinter seinem Rücken die Zähne, weil er ein ,,Reicher" war ... Wenn es nur so wäre. Man lachte über seine Mißgeschicke, die ihn hier über dem ,,Goldenen Tor" trafen. Warum verstummte das Lachen, wenn er eintrat? Warum schwieg man verlegen, wenn er einmal vorzeitig zu Tisch kam? Und dann setzten sich alle um seinen Tisch. Sie genossen die reinste Sommerfrische hier oben in den Sonomabergen; sie amüsierten sich; sie quatschten und tratschten und lauerten auf die nächste Sensation, die nur ihn, den Gastgeber, diesen ,,reichen Narren", treffen konnte. Selbst sein Freund, der Lyriker George Sterling, der hier in der Runde saß, hatte sich andernorts über „Jack Londons goldene Geschäfte mit Hearst" entrüstet, obwohl er und seine Frau immerfort von diesem „Hearst-Geschäft" profitierten ... Eliza hatte schon recht gehabt: Er hätte hier „aufräumen" sollen.

Und wenn sich Jack schon einmal aufraffte, um seine „Beauty Ranch" zu inspizieren, so beobachtete er jetzt, wie alle herumbummelten; wie sie ihn ausnutzten und betrogen; wie sie nur auf ihren eigenen Vorteil bedacht waren.

Das Jahr 1913 hatte nichts als Unglück gebracht: Die Ernte war verdorrt; die Angoraziegen wurden von einer Seuche hinweggerafft; der Shire-Hengst, der mehrere Blaue Bänder gewonnen hatte, lag eines Tages vergiftet auf der Weide; der zementierte Schweinestall brachte den Tieren Lungenentzündung; hundertvierzigtausend Eukalyptusbäume wurden zu Brennholz zerhackt. Wie ein Symbol über alledem ragte die Ruine.

Das erhoffte Glück der literarischen Gestalt Elan Harnish blieb dem Autor versagt: Sein Glaube an die Liebe, diese *älteste Religion der Welt,* war zerstört. Die persönliche Niederlage bewirkte bei dem Träumer genau das Gegenteil: Er verklärte seine Wirklichkeit in der künstlerischen Gestaltung und belog sich selbst...

4.

Seit Mitte 1910 war die mexikanische Revolution im Gespräch. Die Informationen blieben ungenau und widersprachen sich oft. Die Kämpfe im Norden klärten sich durch John Reed: Er berichtete über den Rebellengeneral Pancho Villa. Vom Süden her drang unter Emilio Zapata die indianisch-proletarische Bewegung „Tierra y liberdad", „Erde und Freiheit", nach dem revolutionären Zentrum der Hauptstadt.

Das war seine Revolution: Im Februar 1911 publizierte Jack London in der sozialistischen Presse sein Grußtelegramm an die mexikanischen Genossen: *Wir Sozialisten, Anarchisten, Geächtete und unerwünschte Bürger der Vereinigten Staaten sind mit Herz und*

Seele bei Euren Kämpfen gegen Unterdrückung und Ausbeutung in Mexiko. (...) Ihr sollt wissen, daß auch wir die Herrschaft des Kapitals nicht respektieren. (...) Es ist mein Wunsch, daß Ihr die Diktatur des Porfirio Diaz zerschlagt und ein neues Mexiko aufbaut.
Wenige Wochen später bekundete Jack London in einem Interview erneut die Solidarität mit den mexikanischen Revolutionären und verurteilte gleichzeitig die Expansionsbestrebungen der amerikanischen Imperialisten. Seine lebhafte Sympathie für die Revolution gestaltete Jack ferner in der aktivierenden Erzählung *„Der Mexikaner Felipe Rivera"*, die am 12. August 1913 in der „Saturday Evening Post" erschien.

Als die Vereinigten Staaten in den Apriltagen 1914 gegen Mexiko intervenierten und Truppeneinheiten nach Vera Cruz entsandten, nutzte Jack bedenkenlos das Angebot, als Berichterstatter für „Collier's Weekly" gegen elftausend Dollar pro Woche dorthin zu gehen. Da er in dieser Zeit nicht den Verpflichtungen der „Cosmopolitan" nachkommen konnte, war „Collier's Weekly" bereit, jede Woche zusätzlich einen Scheck in Höhe von 2000 Dollar an Eliza Shepard in Glen Ellen zu senden.

Als Sozialist hätte Jack weder bei der bourgeoisen Wochenzeitschrift „Collier's Weekly" noch bei dem Hearst-Blatt „The Cosmopolitan" die Mitarbeit annehmen dürfen, denn er wußte genau, was ihm bevorstand. Doch Jack war völlig verschuldet. Jack benötigte dringend Geld, weil „Beauty Ranch" kurz vor dem Bankrott stand... Am 17. April 1914 reiste er nach Galveston in Texas und wartete auf die Weiterfahrt mit dem Armee-Transporter „Kilpatrick". Washington erteilte ihm jedoch keine Genehmigung. Ein gewisser Edwin Emerson hatte Jack in dem Journal „Army and Navy", Armee- und Marine-Journal, denunziert, weil im „International Socialist Review" ein Pamphlet gegen den amerikanischen Soldaten stand, das Jack Londons Namen trug. Jack beteuerte gegenüber dem verantwortlichen General Funston, daß er diesen diffamierenden Artikel in der Oktober-Nummer 1913 nicht geschrieben habe. Daraufhin konnte er nach Vera Cruz weiterreisen.

Jack London auf seiner Farm in Glen Ellen (1913)

Als Jack in Tampico die nordamerikanischen Ölfelder besichtigte, war er von der rationellen Arbeitsorganisation dieser mächtigen Unternehmen imperialistischer Ausbeutung der USA so fasziniert, daß er für „Collier's Weekly" begeisternde Berichte verfaßte. Den mexikanisch-indianischen Peon schien er zu übersehen. Da waren nur die ineinandergreifenden technischen und maschinellen Arme und Beine; und dann beeindruckte das unermüdlich hervorquellende schwarze Gold, das Öl. In Röhren floß es zu den Tankern im Hafen von Tampico. Jack verdammte in diesem Zusammenhang das „durch die Revolution angerichtete Chaos" in Mexiko und lobte die nordamerikanischen Bemühungen, „wieder Ordnung im Lande zu schaffen". Die Sozialisten in den USA waren empört über diese Haltung und distanzierten sich von dieser gepriesenen „Hilfe des guten Nachbarn", des USA-Imperialismus. Jack London stutzte stets, wenn er eine unerwartete Kritik erhielt. Upton Sinclair kannte seinen Freund Jack besser als jeder andere Genosse. Er durchschaute Jacks Zwiespalt, der so oft in Leben und Werk hervortrat. Deshalb urteilte Upton Sinclair milder als die anderen: „Jack blieb bis zu seinem Ende ein Kind; er mußte unentwegt wie ein Kind neue Entdeckungen machen und sich immer wieder in kindlich-naiver Weise für Neues begeistern. Führte ihn ein Marineoffizier auf einem Kriegsschiff herum, so fand er, das sei eine aufregend schöne Maschine. Jedoch in stillen Nachtstunden gedachte er der bleichen, erschöpften Gesichter der Heizer, mit denen er, der Gast des Offiziers, keine Bekanntschaft gemacht hatte. Denn er selbst hatte ja einst an der Stelle der Heizer gestanden, ihre Gefühle hatten sich in seine Seele eingebrannt."

Der so schnell entflammte Jack war sich in solchen Augenblicken sicher nie ganz bewußt, daß er mit seiner Begeisterung den Imperialisten diente und den Genossen der Sozialistischen Partei im politischen Kampf schadete.

Jack erkrankte in Tampico an der Ruhr; eine Brustfellentzündung verschlimmerte seinen Zustand, so daß er die Rückfahrt mit dem Viehdampfer „Ossabaw" antrat. Das Klima in den Bergen von Sonoma würde ihn wieder genesen lassen. Trotzdem kehrte er mit gemischten Gefühlen zurück. Widerwillen stieg in ihm hoch. Unzufrieden und gereizt traf er in Glen Ellen ein. Als die Pferde zur „Beauty Ranch" losgaloppierten, wuchs sein Unbehagen, denn er wußte, was ihn erwartete . . .

Alles schien brachzuliegen. Es fehlte das freudige Glücksgefühl der vergangenen Jahre, als er noch von dem Mondtal träumte und nach ihm suchte. Die Korrekturfahnen seines dreiteiligen Romans „Das Mondtal" lagen vor. Was dort auf den Seiten des monumentalen Romanwerkes zu lesen stand, war für den Autor, der nun noch einmal mit dem jungen Paar Saxon und Billy aus Oakland die Reise antrat, um Sonoma Valley, das „Mondtal", zu finden, so weit entfernt, so fremd wie eine tausendjährige Vergangenheit.

Das Korrekturlesen machte ihn müde. Zäh und langsam las er sich voran. Manchmal kam eine Stunde, in der ihn die Rückerinnerungen ergriffen. Ja, so hätte es sein sollen ... Vielleicht war doch noch nicht alles verloren? Schon begann die „weiße Logik" zu flüstern und abzulenken. Jack versuchte sich zu konzentrieren. Billy und Saxon befanden sich auf dem Pfad von Glen Ellen nach dem Mondtal. Dort, neben der Senke und zwischen den Rotholztannen, sollte ihr Farmhaus stehen. Sie träumten ... Unwillkürlich blickte Jack aus dem Fenster. Dort standen verkohlte Steinruinen. König Alkohols Aufforderung wäre gar nicht nötig gewesen. Widerwillig kippte Jack ein Glas Whisky hinunter. Das vierte während der ersten Schicht ...

Er wollte nur noch Farmer sein, ein bescheidener Farmer ... Das Schreiben mußte er aufgeben, ob er wollte oder nicht. Der Zugriff vom „König Alkohol" war viel fester und härter, als Jack bekannt hatte. Einem alten Kumpan aus Oakland, T. A. Bostick, hatte Jack mitgeteilt: *Es ist abscheulich, daß ich Dir gestehen muß: Mit „John Barleycorn" habe ich nicht die volle Wahrheit gesagt. Ich habe es einfach nicht gewagt.*

Johnny Heinold betreibt immer noch seine Kneipe „Die letzte Chance" in der Webster Street, dicht neben dem alten Ladeplatz ...

Nun ist auch vor zwei Monaten die fette, stets heitere Jessie Harper gestorben. Ich erwähnte sie in meinem Buch „König Alkohol". Als sie dahinging, wurde sie in den Zeitungen meine Busenfreundin genannt; und so geht es weiter, immer weiter ...

Jack dachte an die „Todesstraße" von Frisco, die fast sämtliche ehemaligen Kumpel hinweggerafft hatte. Er war einer der letzten ...

XVIII. Rückzug und Resignation

1.

In der Anmerkung Nr. 77 zum sozialistischen Roman „Die Eiserne Ferse" (1909) hatte Jack London über den Zeitungsboß *William Randolph Hearst* vermerkt, *daß es ihm gelang, sich der leeren Hülle der alten Demokratischen Partei zu bemächtigen.* Die Schriftsteller werden *zu Leibeigenen erniedrigt,* weil die Plutokratie Mittel und Wege fand, die Künstler zu drangsalieren. Schließlich kam es soweit, daß sie *dem vulgären Geschmack der Plutokratie schmeichelten.*

All das, was Jack hier vorausgesagt hatte, war für ihn selbst in Kraft getreten. Der erste Vertrag mit Hearsts Century Company war kurz nach den ersten triumphalen Erfolgen zustande gekommen. Jack verkaufte die Schilderung seiner abenteuerlichen Jugenderlebnisse „Joe unter den Piraten" 1902 an den Hearst-Konzern. Der Vorteil bestand darin, daß nicht nur eine Buch-Publikation erfolgte, sondern daß dieser Text fortsetzungsweise durch ein Dutzend Hearst-Zeitungen lief.

Obwohl Jack London seinem Freund George P. Brett von The Macmillan Company bis 1912 treu blieb, trieb ihn im selben Jahr die finanzielle Notlage erneut in die Fangarme der Century Co., aus denen er sich mit Hilfe von Brett noch einmal nach vier Buch-Publikationen befreien konnte. Zur selben Zeit hatte Jack aber einen fünfjährigen Vertrag mit Hearsts „The Cosmopolitan" geschlossen, den er zwar mit seiner Korrespondentenfunktion in Mexiko für „Collier's Magazine" verletzte, eine vertraglich festgelegte finanzielle „Strafe" entgegennehmen mußte und weiter an der „goldenen Kette" des schier allmächtigen W. R. Hearst blieb.

Inzwischen war der erste Weltkrieg ausgebrochen. Jack erhielt vom Hearst-Konzern ein zusätzliches und lohnendes Angebot: Sie benötigten ihn als Kriegskorrespondenten. England, Frankreich, Italien. Verlockend war so ein Job zweifellos... Man benötigte ihn. Immerhin besaß er einen berühmten Namen. Doch aus gesundheitlichen Gründen lehnte er bedauernd ab: Diese weite Reise, diese Öffentlichkeitsarbeit, diese lange Zeit... Dieser Krieg würde lange dauern. Und Jack fühlte sich erschöpft. Er wollte sich ganz und gar der Ranch widmen...

Oft durchkreuzte er mit seinem Segelschiff „Roamer" die Bai von San Francisco. Er las eine Menge Bücher über die Landwirtschaft und verfaßte an Bord der „Roamer" seitenlange Anweisungen für seine Schwester Eliza auf der „Beauty Ranch".

Als man Jack London in der bürgerlichen Presse um eine Stellungnahme zum Krieg in Europa bat, schrieb er einen Artikel, in dem er die Auseinandersetzung Englands mit den Deutschen und „ihrem verdammten Kaiser Wilhelm II." begrüßte. Dabei rügte Jack scharf die Regierung der USA, warum sie sich nicht sofort den Alliierten anschloß. Die nordamerikanischen Sozialisten waren erneut empört: Wie konnte er den USA-Militarismus und -Imperialismus ermuntern, die „starken Kräfte einmal in Europa zu demonstrieren"? War er von Sinnen?

Jack London zog es vor, von Februar bis Juli 1915 nach Hawaii zu übersiedeln. Im Auftrage von Hearst, der zu dieser Zeit siebzehn Tageszeitungen mit einer Gesamtauflage von fünf Millionen Exemplaren besaß, schrieb er die Hundegeschichte *„Jerry, der Insulaner"*, um seine erfolgreiche Serie von Tiergeschichten fortzusetzen. Jack wollte die *Psychologie eines Hundes* darstellen, die *die Herzen des Hundefreundes und der führenden Psychologen erwärmen wird.* Dann sollte *„Michael, der Bruder von Jerry"* folgen.

Jack mußte wieder nach Sonoma zurück, um nach dem Rechten zu sehen. Es war zum Verrücktwerden: Da war schon wieder ein Doppelgänger aufgekreuzt, der die Gepflogenheit hatte, Schecks mit dem Namen „Jack London" zu unterschreiben. Von diesem Hochstapler erfuhr Jack durch die Presse, denn da und dort wurde dieser „Jack London" gemeldet. Er gab eine Party, verliebte sich

Lektüre der Tagespresse

oft, machte Frauen unglücklich und war ansonsten verdammt großzügig. Das bewiesen auch die ersten Bankbelege, die inzwischen eingetroffen waren.

Nun saß Jack London neben Eliza, als sie Rechnungen und Belege sortierte, als sie kalkulierte, überprüfte, verglich. Immer wieder Verluste. Es ging Jack zu Herzen, als er sah, wie sich Eliza so selbstlos engagierte, wie sie etwas zu retten versuchte, was kaum noch zu retten war. Das „Ungeheuer", diese mächtige Ranch, wird uns noch alle verschlingen, so wie es all die Vorgänger verschlungen hatte. Jack blätterte müde in den Auszügen des Grundbuches: Sie lasen sich wie ein Roman vom tragischen Untergang der Rassen und Generationen. Da waren die Modoc gewesen, die Indianer, dann die Spanier, daraufhin die „Squatters"; es folgten ein Franzose, der Wein anbaute; zwei fleißige Deutsche, die eine Kelterei errichteten; schließlich einer, der nun immer noch Brennholz aus Eukalyptusbäumen schlagen ließ. Wo die Behausungen lagen, war nicht mehr festzustellen. Die Kelterei war ein Steinhaufen, vom Busch wieder gefressen. Und dort ragte eine Ruine hervor, die auch schon vom Buschwerk überzogen wurde...

Im März 1916 weilte Jack schon wieder in Honolulu. Er habe einen geräumigen Bungalow in Waikiki gemietet, schrieb er an Eliza. Und sie möge sich beruhigen: Durch die Hearst-Zeitungen „renne" gerade der Roman *„Die kleine Herrin des Großen Hauses"* und der Roman *„Die Zwangsjacke"*. Es gäbe einen großen Wirbel, Nachdrucke und eine Menge Geld.

Jack ließ sich in Waikiki nur selten sehen. Er griff nach halbfertigen Manuskripten und versuchte weiterzuschreiben. Es war eine einzigartige Quälerei. Zu oft beugte sich die weiße Logik über seinen Schreibtisch. Nur zuweilen, an kühlen und stürmischen Tagen, kam er zu literarischen Ergebnissen. Nach kurzen Gesprächen mit „John Barleycorn" geschah es, daß auf einmal ein Schalter in seinem Kopf angeknipst wurde. Die Helle! Plötzlich war die Helle da. Nun flog die Feder über das Papier. Bildscharf stand eine Szene vor ihm. Jack brauchte nur zu erzählen, was er sah. Es folgte das nächste Kettenglied der Handlungsführung. Zum Greifen nahe rückten die Gestalten... Dann kam dieser dumpfe Knacks. Ein Schalter, den er fürchtete, der viel zu früh betätigt wurde: kühles, gedämpftes Licht, das unaufhaltsam erlosch. Zornig bäumte sich Jack London auf. Er griff zum Glas. Doch nun senkte sich völliges Dunkel herab. Jetzt wirkte alles friedlich. Wie ein Trost... Schlimm würde nur das Erwachen sein. Doch dessen war er sich in der Minute des Friedens nicht bewußt. Auch hier hatte sich der Teufelskreis geschlossen: König Alkohol diente mehr und mehr der Betäubung.

Charmian hatte ihre Tätigkeit als Sekretärin aufgegeben. Sie interessierte sich nur noch für die Briefpost. Der Schwager von Elizas Schwester, Jack Byrne, arbeitete jetzt in Glen Ellen als

Sekretär. Als sich Ideen-Verkäufer bei ihm meldeten, antwortete Jack Byrne nach Anweisung seines Schwagers: „Die Art seiner Arbeiten ist ihm von seinen Verlegern vorgeschrieben, und er unterliegt dieser Verpflichtung auf eine Reihe von Jahren."

Der Aufenthalt in Waikiki, hier unter den Reichen und Nichtstuern, ekelte Jack langsam an. Er fühlte sich allein, mutterseelenallein. Und er trank für sich allein. Charmian besuchte die Freiluftcafés, um zu tanzen; sie besuchte die Abendgesellschaften, um sich zu amüsieren. Sie benahm sich kindisch wie ein Teenager, obwohl sie nun schon dreiundvierzig Jahre zählte. Und wie sie sich kleidete! Jack sah sie einmal tanzen. Er saß in unmittelbarer Nähe auf der Terrasse und trank stumpf vor sich hin. Sie schwebte in den Armen eines jungen Kerls an ihm vorbei und zeigte ihr eingefrorenes Lächeln. Jack lächelte „verständnisvoll zurück" und dachte an seine Töchter Joan und Bess. In der letzten Zeit hatte er seiner Tochter Joan so oft geschrieben, er hatte sie angefleht, ihn einmal zu besuchen. Joan hatte kurz und kühl geantwortet. Die Töchter schienen ihn, den Daddy, der Woche für Woche für sie sorgte, zu hassen. Und wieder schwebte die so stupid lächelnde Charmian vorbei. Jack dachte: Sobald ich zurück in Kalifornien bin, muß ich meine Töchter sprechen. Übermorgen fährt ein Dampfer ... Ende August weilte Jack wieder in Glen Ellen.

2.

Jack London war in diesen Tagen hochgradig gereizt. Obwohl er genau wußte, daß seine publizistischen Äußerungen nichts als Ärger für ihn brachten, trat er in bezug auf den ersten Weltkrieg erneut mit einer chauvinistischen Stellungnahme hervor. Und der Ärger kam. Er kam diesmal von zwei Seiten. Einerseits brachte man sein unverständliches Verhalten mit König Alkohol in Verbindung, andererseits wies man ihm an Hand von Fakten nach, wie er sich in den letzten Jahren immer mehr von der Sozialistischen Partei entfernt hatte. Sein „König Alkohol" sei nichts anderes als ein „Trinkepos eines Alkoholikers", dessen Folgen man nunmehr erlebe. Damit wurde gleichzeitig der Wahrheitsgehalt der Werke von Jack London in Frage gestellt. Er bekenne sich als Sozialist; er lebe und denke aber wie ein Bourgeois. Peinlich wirkte eine Konfrontation seiner antimilitaristischen Haltung in dem Bekenntnisband „Klassenkampf" mit den neuesten publizistischen Beiträgen, die letztlich den imperialistischen Krieg befürworteten.

Ganz spontan reagierte der zorngeladene Jack London auf den Wirbel, den er selbst verursacht hatte. Am 7. März 1916 schrieb er in Honolulu drei Briefe: Der erste Brief ist an den Chefredakteur von „Collier's Weekly", E. J. Sisson, gerichtet, in dem Jack bittet, ein gutes Wort beim Boß Hearst wegen der Mexiko-Geschichte für ihn einzulegen, und in dem er sich einsetzt für die Veröffentlichung eines Poems des George Sterling. Den zweiten Brief schrieb Jack an seine Tochter Joan: Er habe Tante Eliza angewiesen, zusätzlich dreimal im Monat Geld für Theaterbesuche zu überweisen. Ferner sollen Joan und Bessie den Preis für zwei Paar Schuhe Eliza mitteilen, damit sie auch dieses Geld überweise. Bald werde der Film „Herzen der drei" nach seinem gleichnamigen Drehbuch in den Filmtheatern zu sehen sein. (Dieser Film wurde nie gedreht.) Der dritte Brief ist adressiert an die „Mitglieder der ‚Sozialistischen Arbeiterpartei' des Ortsverbandes Glen Ellen". Erhitzt und wütend mit sich und aller Welt, hatte er nachfolgendes Schreiben seiner Gefährtin Charmian diktiert:

Teure Genossen —
Ich habe gerade die Resignation des Genossen Edward B. Payne in den jüngsten Lokalnachrichten gelesen.
Ich bekunde hiermit auch meine eigene Resignation gegenüber dem Ortsverband Glen Ellen. Die Begründung stimmt mit der des Genossen Payne überein: Ich verzichte auf die Mitgliedschaft der Sozialistischen Partei, weil es ihr an Feuer und Kampfgeist gebricht und weil sie die Energie im Klassenkampf verloren hat.
Ich war ursprünglich ein Mitglied der alten revolutionären, sich

auf die Hinterbeine stellenden, kämpfenden Socialist Labor Party.
Von Anfang an und bis zum heutigen Tage bin ich ein kämpfendes
Mitglied der Sozialistischen Partei gewesen. Die Geschichte meiner
Kämpfe für die SACHE ist auch heute noch nicht vergessen. Im
Klassenkampf geübt, wie ihn die Socialist Labor Party lehrte und
praktizierte und wie er meinem schärfsten Urteil entsprach, glaubte
ich, daß sich die Arbeiterklasse durch Kämpfen, ohne sich mit dem
Feind zu verständigen und zu paktieren, befreien könnte. Weil die
ganze Richtung des Sozialismus in den Vereinigten Staaten in den
letzten Jahren nach Versöhnung und Kompromiß neigt, erlaubt
mir meine Gesinnung nicht länger, ein Mitglied der Partei zu bleiben.
Darum meine Resignation, darum mein Rücktritt.

Gleichzeitig nehmen Sie bitte vom Austritt meiner Frau und
Genossin Charmian K. London Kenntnis.

Zum Schluß sei gesagt, daß Freiheit, Recht und Unabhängigkeit
großartige Dinge sind, die Klassen und Rassen weder geschenkt
noch zugesteckt werden können. Wenn sich Rassen und Klassen
nicht erheben können durch ihre eigenen geistigen und körperlichen
Kräfte, um der Welt Freiheit, Recht und Unabhängigkeit zu erkämp-
fen, kann es niemals zu diesen herrlichen Errungenschaften kom-
men. Und wenn solche herrlichen Dinge durch höherstehende
Individuen auf Silberplatten geschenkt werden sollten, wird man
nicht wissen, was man damit anfangen soll, man wird sie falsch
anwenden, und alles wird so sein, wie es in der Vergangenheit war:
unterdrückte Rassen und unterdrückte Klassen.

Der Ihre im Namen der Revolution   *Jack London*

Dieses Schreiben, das in der sozialistischen Presse veröffentlicht
wurde, erregte einiges Aufsehen. Die Meinungen gingen auseinan-
der: Es gab Mitglieder, die Jack Londons Bedenken wegen reformi-
stischer Tendenzen innerhalb der Partei bestätigten. Bereits am
20. Februar 1915 hatte „American Socialist" darauf hingewiesen,
daß die Partei Gefahr laufe, eine „reformistische Partei" zu werden. Die „revolutionären Ideale" würden zugunsten des Stimmen-
fanges zurückgedrängt. Und einen Monat nach Jack Londons

Austrittserklärung schrieb „International Socialist Review", daß „kleinbürgerliche Funktionäre" überhandnähmen, daß sie die Interessen der revolutionären Arbeiter ignorierten und einen Boßkult trieben. Sie hätten niemals ehrlich hinter der II. Internationale gestanden.

Es meldeten sich auch Stimmen, die Jack als einen „unverbesserlichen Träumer" bezeichneten, der die jeweiligen politischen Situationen nicht mehr überschaue und zu voreiligen und unüberlegten Verallgemeinerungen komme. Mit Recht warf man ihm erneut vor, mit einem Kriegsschiff nach Mexiko gefahren zu sein, um in einigen Artikeln für die kapitalistische Presse die Annexion mexikanischen Territoriums zu befürworten. Hier zeige sich wiederum einer seiner Widersprüche: In der Erzählung *„Der Mexikaner Felipe Rivera"* schildert Jack London einen achtzehnjährigen Mexikaner, einen „wilden Wolf", der von Kalifornien aus alles tat, um die Revolution in seiner Heimat mit vorzubereiten. Felipe Rivera sah sich bei dieser Aktion gezwungen, „mit einer verächtlichen Beschäftigung" die notwendigen Gelder für die Revolutionäre zu erwerben. Auch hier zeigt sich Zwiespältigkeit.

Sozialisten aus Oakland stellten fest, daß der Genosse London schon lange den Kontakt zu ihrer Partei verloren habe, weil er es beispielsweise abgelehnt hatte, in ihren Versammlungen zu sprechen. Es könnte also gar nicht stimmen, daß er „bis zum heutigen Tag ein kämpfendes Mitglied" gewesen sei. Jack London sah sich daraufhin veranlaßt, sein inaktives Verhalten in den letzten Jahren zu begründen: Er habe *mit seiner Feder* die Möglichkeit, Millionen von Menschen zu erreichen, während er *mit seiner Stimme* in den Versammlungen *nur von wenigen* gehört werde. Ferner wäre dieses Verhalten notwendig geworden, damit er *seinem Charakter gemäß leben könne.*

Jack London merkte bei den „Rechtfertigungen" nicht, daß er sich im Kreis drehte. Sein persönliches Verhalten, also „seinem Charakter gemäß", entsprach der Rolle eines Besitzers riesiger Landgüter, auf denen mehr als hundert Arbeitskräfte beschäftigt waren. Um diesen Besitz auszubauen und zu erhalten, hatte er sich an den Klassenfeind, die „Organisation Hearst", verkauft. Einen klaren Weg und eine klare Perspektive gab es seit Jahren nicht mehr. Deshalb hatte er sich von seiner Klasse und seiner Partei entfernt, und deshalb wich er den aktuellen gesellschaftlichen Problemen aus. Seine letzten Werke zeigten, wie er die Wirklichkeit negierte, indem er entweder in abseitige Themen wie „Jerry" und „Michael" entfloh oder einer Fata Morgana nachjagte, die in der beschämenden Phantasmagorie der „Kleinen Herrin des Großen Hauses" gipfelte.

Jack London fühlte sich „in der Rolle des Gutsbesitzers" keinesfalls als Bourgeois und als Ausbeuter. Er betonte immerfort, daß er mit seiner „Beauty Ranch" das Modell einer vorbildlichen „Kommune" erstrebe. Die „Lohnschreiberei", diese „verächtliche Beschäftigung", solle lediglich die finanzielle Grundlage schaffen. Er denke nur an das Gemeinwohl, und der Sozialismus sei nach wie vor sein Ziel ...

3.

Auch „in der Rolle als Künstler" fühlte er sich mißverstanden. An seinem vierzigsten Geburtstag stellte er mit Stolz fest, daß er sein „fünfzigstes Buch" im „sechzehnten Jahr Schriftstellerei" feiern konnte. Natürlich hatte er auch bemerkt, daß seit seinem Roman „Das Mondtal" kein weiteres Buch von ihm zu den „meistgekauften Büchern" gezählt werden konnte. In den oft wiederkehrenden „Stunden des Gewissens" quälte er sich ab und fiel mehr und mehr in Depressionen.

Seine „Rechtfertigung", als Künstler nicht verstanden zu werden, blieb wie all die anderen Versuche nur eine halbe Wahrheit. An Mary Austin hatte Jack am 5. November 1915 geschrieben: *Die besten Bemühungen meines Herzens und meines Kopfes haben in Wirklichkeit bei so gut wie keinem lesenden Menschen gezündet. Ich bekämpfte Nietzsche und seine „Super-Mann-Idee". Dies geschah im „Seewolf". Unendlich viele Menschen haben das Buch gelesen,*

aber nicht einer entdeckte, daß ich die „Übermenschen-Philoso-
phie" angriff. Später habe ich erneut die „Übermenschen-Idee"
bekämpft in meinem „Martin Eden". Keiner hat entdeckt, daß es
sich um einen solchen Angriff handelt. (...) Man bewundert mich
dafür ob meiner vollblütigen Brutalität und einer Reihe anderer
hübscher kleiner Dinge, mit denen mein Werk nichts, aber auch gar
nichts zu tun hat. Wer allein ist, muß allein bleiben. Wenn ich mich
recht erinnere, standen die Propheten und Seher aller Zeiten allein,
außer damals, wo man sie steinigte oder auf dem Scheiterhaufen
verbrannte.

Jack London war sich bewußt, daß er mit seinen problematischen
Werken der Polemik schöpferische Versuche zur realistischen
Widerspiegelung des Lebens in der Klassengesellschaft unternom-
men hatte und daß es ihm dabei gelungen war, den epochalen
Konflikt in der ersten Phase des amerikanischen Imperialismus
freizulegen. Die gegensätzliche Kritik schien ihm gerade zu beweisen, daß er die komplizierte Dialektik der Widersprüche im poli-
tisch-ideologischen Bereich erfaßt hatte. Er selbst als erster proletarischer Schriftsteller Amerikas wird das klassische Beispiel der
tragischen Verstrickung im Klassenkampf der Endphase des
Kapitalismus abgeben. Jack London mag wohl auch im stillen
gehofft haben, daß die Nachwelt irgendwann seine Konflikte
aufdecken wird. Und dabei wird und muß man feststellen, daß zum
Beispiel *„Die kleine Herrin des Großen Hauses"* ein regelrechter
Rückzug in die Selbsttäuschung und eine bewußte Flucht in die
Lüge war. Friedrich Nietzsche sah es als eine Pflicht der Künstler
an, Illusionen, Phantasiegebilde zu schaffen. Diese künstlerischen
„Illusionen" und Phantasmagorien bekundet beispielsweise sein
„Zarathustra": „Ich liebe die, welche nicht zu leben wissen, es sei
denn als Untergehende, denn es sind die Hinübergehenden" (nach
dem Ufer der Sehnsucht, der Illusion). Die Illusionen in dem
Roman *„Die kleine Herrin des Großen Hauses"*, die Jack London
so auffallend übertrieben lobte, so daß man Sarkasmus dahinter
vermuten muß, lesen sich heute wie eine Persiflage auf Nietzsches
„Übermenschentum".

Als die offizielle Literaturwissenschaft durch Professor Philo M. Buck jr. in der Abhandlung „Der amerikanische Barbar" als Beispiele den Seewolf, Martin Eden und Elan Harnish nannte, antwortete Jack London am 5. November 1912, daß er ja gerade mit deren Barbarentum abrechne. *Und wie steht es mit den „Menschen des Abgrunds", mit der „Eisernen Ferse", mit „Vor Adam" und vor allem mit meinen Essays „Klassenkampf", „Revolution" und so weiter ...? Diese Bücher sind Ihnen wohl unbekannt? Eine komische Art, etwas aus dem Zusammenhang zu reißen und zu schlußfolgern. Wahrhaftig, Sie sind mir und sich selbst und der Öffentlichkeit einiges schuldig geblieben.* Diese Kritik dürfte bis heute noch seine Gültigkeit haben. Heute — da wir bereits dem sechzigsten Todestag Jack Londons entgegengehen!

XIX. „Das verhängnisvollste Zeichen seines Lebens"

1.

In den Studien „Die Goldne Kette" und „Das Geld schreibt" kehrte Upton Sinclair Schriftstellern die Taschen um und fragte: „Wofür hast du dieses Geld bekommen?"

Bei Jack London war es offensichtlich: Er war in die „Gefangenschaft der Goldnen Kette" geraten, und deshalb schrieb auch bei ihm „das Geld". Als Demonstrationsobjekt wählte Upton Sinclair den Roman *„Die kleine Herrin des Großen Hauses"*, das „verhängnisvollste Zeichen seines Lebens". Warum? Sinclair antwortet: „Es ist schwer, 36 000 Dollar von den Hearst-Zeitschriften zu beziehen und dabei ohne Schaden an seiner Seele davonzukommen..." Jack London galt als „der bestbezahlte Schriftsteller in der Welt". Trotzdem hatte er nach der Jahrhundertwende stets Schulden. Es war der tragische „Schlußverkauf einer Saison", die den Modenamen Jack London trug. Seine Zeit war vorbei; seine Lebensträume waren zerronnen; seinen „Stützpunkt" hatte er längst verloren. Jack gestand Emanuel Julius vom „Western Comrade": *Der einzige Grund meiner schriftstellerischen Tätigkeit ist nur noch der, daß ich gut für diese Schufterei bezahlt werde — es ist genau das, was ich sagen will: Schufterei. (...) Und ich bin ehrlich, wenn ich Dir gestehe, daß mich der Beruf krank macht... Ich schreibe immer nur das, was die Verleger wünschen, und nicht das, was ich gerne möchte. Ich quäle mich mit Gegenständen ab, die dem Wunsche der kapitalistischen Verleger entsprechen, und diese Verleger kaufen nur das, was dem Geschäft dient und die Zensur erlaubt. Die Verleger sind nicht interessiert an der Wahrheit...*

Jack London bot Hearst vertragsgemäß ein „ungewöhnliches Romanwerk von einer Gattung" an, *worin in der Weltliteratur noch*

Schlafzimmer mit
Weckuhr

*niemals etwas geschrieben worden ist. Ein gewaltiges Trio
in einer gewaltigen Situation.*

Mit diesem „gewaltigen Trio" in „gewaltiger Situation" schuf
Jack London eine typische Phantasmagorie: Anstelle der verkohl-
ten „Ruine" steht das weitläufige „Wolfshaus" wie ein Märchenschloß. Die Ranch floriert; die Technik funktioniert. Alles

263

greift ineinander, alle leben harmonisch miteinander. Die „Gemeinde" gleicht einer „großen Familie". Der zentrale Held Dick Forrest leitet nicht nur souverän diesen gut durchorganisierten Betrieb, sondern er verfaßt auch landwirtschaftliche Fachliteratur und Anleitungen über seine erfolgreichen Experimente und Erfahrungen. Ihm zur Seite wirkt die „kleine Herrin des Großen Hauses", Paula, die Gefährtin, die tollkühn zu reiten versteht, in den Abendstunden die vielen Gäste mit Musik und Gesang unterhält und ein eigenes Appartement mit Dienerschaft im Märchenschloß besitzt. Jack London antwortete einem Leser: *Charmian ist Dede (aus dem Roman „Lockendes Gold") und Paula* ... Dick Forrest entspricht dem Bild des Autors, wie er in den ersten Jahren nach der Jahrhundertwende gewesen war oder wie er sein wollte.

Herkunft und Jugend des Dick Forrest hat aber nichts mit der Arbeiterklasse zu tun: Seine Herkunft entspricht dem Joe aus dem ersten Buch „Joe unter den Piraten", das Jack London an Hearst verkaufte. Die nachfolgenden Jahre des Dick werden nun folgendermaßen geschildert: *Mit dreizehn Jahren war er von einem Millionärsheim weggelaufen. Mit einundzwanzig hatte er die Universität mit Glanz absolviert, und dann hatte er alle blauen Häfen in allen blauen Meeren besucht und sich mit klarem Kopf, warmblütig und lachend, in jede Gefahr der wilden Abenteuerwelt gestürzt, bis er gelernt hatte, sich Gesetz und Ordnung zu fügen.*

Das „gewaltige Trio" setzt sich aus nietzscheanischen „Aristokraten" zusammen. Als Dritter gesellt sich Dicks Freund Evan Graham zu diesem Bund. Er trieb sich ebenfalls als Abenteurer in der Welt herum: *Er ist einer von der richtigen Sorte, alte amerikanische Familie und Yale-Student. (...) Oh, er ist ein Mann — durch und durch ein Mann! Ihr kennt den Typ: groß, stark und schlicht, ist überall gewesen, hat alles mögliche gesehen, weiß alles mögliche, ist ehrlich, gradlinig...*

In dieser Weise beschreibt Dick den zu erwartenden Freund Evan. Es sind zwei gleichstarke „*Vollblutmenschen*", die ständig Gefahren und Risiken suchen, um ihre Kräfte gegenüber den anderen zu beweisen. Die biologistischen Prinzipien des Darwinis-

mus treten hervor, wenn Paula feststellt, daß die beiden Männer glücklicher sind als all die anderen *durch Geburt, Konstitution und Widerstandsfähigkeit.*
Eure Muskeln sind Vollblutmuskeln, eure Lebensorgane Vollblutorgane. Und all dem entspringt eure Vollblutphilosophie ...
Die „Vollblutphilosophie" entspricht dem *Evangelium der Starken* im Sinne der nietzscheanischen Elite-Theorie. Bisher handelte es sich bei diesen „Herren- oder Übermenschen" nur um Männer. Das „völlig Neue" beruht darin, daß diesmal eine Frau gleichstark und gleichwertig mit einbezogen wird. Nach wenigen Tagen stehen sich Dick und Evan in ihrer Liebe zu Paula als Rivalen gegenüber. Jeder möchte nunmehr „in aristokratischer Weise" den Konflikt lösen. Doch Paula meistert die „gewaltige Situation" und kommt den beiden Männern zuvor: Sie erschießt sich. Sterbend weiß sie noch zu sagen:
„Zwei prächtige Männer! Lebt wohl, ihr beiden prächtigen Männer. Leb wohl, Rote Wolke!"
Ein großer Teil der Jack-London-Leser war von diesem gekünstelten, geschraubten, kitschig wirkenden Machwerk enttäuscht und warf die Magazinhefte mit den Romanfortsetzungen ins Feuer.
Dick Forrest denkt und handelt wie ein Finanzaristokrat. Für ihn gilt das „Recht des Stärkeren", das „Gesetz des Überlebens der Tüchtigsten". Seine Manipulationen, bei denen „die Politik als ein Geschäft" gilt, betrachtet er als Abenteuer. So manövriert er beispielsweise während der mexikanischen Revolution zwischen dem Rebellen-General Pancho Villa und dem reaktionären Präsidenten Porfirio Diaz beziehungsweise dessen Nachfolgern, um seine Goldminen über die Unruhen hinweg zu retten.

2.

Fast zur selben Zeit lief durch die Hearst-Blätter Jack Londons Roman „*Die Zwangsjacke*". Im Zuchthaus von San Quentin werden Häftlinge, die „sich nicht beugen", mit Dunkelzelle bestraft und in Zwangsjacken geschnürt. Den Häftlingen Ed Morrell und – dem Ich-Erzähler – Darrell Standing gelingt es, die physischen Schmerzen und die psychischen Qualen dieser Tortur durch Training zu überwinden. Jack London vollzieht hier erneut die Flucht in eine Selbsttäuschung durch das Versenken in eine Traum- und Wunschwelt. Der Körper wird „abgetötet", so wie es bei indischen Fakiren üblich ist. Diese kataleptische Trance, *das kleine Sterben,* löst die Subjekt-Objekt-Relationen auf, so daß die befreite Phantasie Mauern und Ketten der Gefangenschaft nicht mehr kennt. Durch die jeweiligen Trance-Zustände entfliehen die Gefangenen dem Unbehagen und den Spannungen, um immer tiefer in die Vergangenheit vorzustoßen, so daß sie historische Ereignisse bis hinab in das paläolithische und neolithische Zeitalter der Menschheit noch einmal durchleben.

Für den Autor selbst wurde der „Tod im Leben" durch die *„Zwangsjacke", das kleine Sterben,* zu einem Leben im phantastischen Bereich der Literatur. In den Stunden der künstlerischen Wandlung in andere Existenzen zeigte sich eine Euphorie, die wie ein Wunder die episodischen Phänomene beflügelte und den Geist über die gegenwärtigen Drangsale triumphieren ließ.

Aber es gibt keine Wunder. Das wußte auch Jack London. Als ein Dr. John E. Purdon in bezug auf die *„Zwangsjacke"* eine Abhandlung zur „Reinkarnation", zur Seelenwanderung, schrieb, antwortete ihm Jack London: *Ich bin sozusagen in die Spiritisten hineingeboren worden und habe meine Kindheit und Jugend unter Spiritisten verlebt. Dieser enge Kontakt ließ mich zu einem Ungläubigen werden.* Obwohl Jack London diesen Humbug ablehnte, gab es für ihn „das Wunder des Schöpferischen", um Phantasmagorien zu schaffen: Diese „Wunder" waren äußerst real, weil sie sich aus Rauschzuständen ergaben, die einst „König Alkohol" durch seine „Helle" gewährte und die nunmehr durch Narkotika beschleunigt und intensiviert wurden. Bereits in der Jugendzeit hatte Jack „Opium konsumiert". Dieses Gift konnte man sich in Frisco genauso beschaffen wie Alkohol. Man benötigte dafür nur Geld. Aber beim Opium blieb es nicht. Oft erwähnt Jack London zum

Beispiel Haschisch. Man kann es trinken, kauen, schlucken oder rauchen ...

Ein großer Teil der Mitglieder des Bohème Club im „Madroño-Hain" beim Russian River, die sogenannten High Jings, war rauschgiftsüchtig. Einer dieser „Dschungelvögel", der „Allesbewältiger" F. S.-H., versorgte den Gastgeber Jack mit genügend „Stoff", um die „graue Welt abzuschütteln" und um „die Freude eines beschleunigten Pulses" zu genießen. In den letzten beiden Lebensjahren wartete Jack kaum noch auf die „Helle" von John Barleycorn, sondern auf den Stoß der Euphorie: Sein Selbstbewußtsein erhöhte sich, die sinnliche Aufnahmefähigkeit wurde schärfer, ein wohliges Gefühl drängte körperliches Unbehagen zurück. Nun fühlte er sich „übernormal", er schien unermeßliche Kräfte zu speichern, er wuchs heran zu einem „starken, alles bewältigenden Geist" wie Darrell Standing oder zu einem „Übermenschen" wie Dick Forrest, Evan Graham oder Paula. Jack London hat früher nie emphatisch seine Bücher empfohlen oder gelobt. Diesmal treten unnormale Empfindungen zutage: *Wenn die Geschichte zu Ende geht, wird sich der Leser vor jedem Mitglied des Trios tief verbeugen und den Hut ziehen: „Großer Gott! Was für ein Mann!" oder „Großer Gott! Was für eine Frau!"*

Jack wurde von George Sterling, einer der „High Jings", in den Briefen mit „Wolf" angeredet, so wie Sterling nur „der Grieche" wegen seines Profils genannt wurde. In der Endphase des Jack London forderte er von Charmian ebenfalls die Anrede „Wolf" und vom japanischen Diener Sekiné die Anrede „Mister God", Herr Gott.

Bei den beiden Büchern versuchte der Autor noch einmal die längst verlorengegangene *älteste Religion der Welt* heraufzubeschwören. Die Zwangsjacken-Trancezustände, die die Fähigkeit entwickelt hatten, *vergessen zu können,* führen im letzten Teil des Romans zu einem Hymnus auf die Liebe des Mannes zum Weibe als ewiges Werden und Vergehen der Menschheit: *Wir kämpfen am besten und sterben am besten für das, was wir lieben.* Und Jack kommentierte: *Der Schlüssel des Buches ist: DER*

Das „Wolfshaus" als Ruine

TRIUMPHIERENDE GEIST. Die Liebenden der Liebe werden hier nicht enttäuscht...
Die Euphorie der ersten Schicht ließ Visionen vorüberziehen, so daß die Feder über das Papier jagte. Gegen Mittag traten nervöse Reizzustände hervor. Es war ratsam, Jack aus dem Wege zu gehen. Zu einer zweiten Schicht kam es nicht. Im letzten Jahr 1916 kämpfte Jack oft gegen ungerufene „Geister", gegen Halluzinationen.

Manchmal rannte er zu Eliza und flehte sie an: „Versprich mir bitte, wenn ich krank oder verrückt werden sollte, daß ich nicht in eine Klinik eingewiesen werde. Versprich mir bitte, daß du mich pflegen wirst. Nur du sollst mich pflegen."

Am späten Nachmittag wollte Jack nur noch schlafen. Er wollte Ruhe... Der Schlaf blieb aus. Morphium hatte geholfen. Aber es geschah genau dasselbe wie mit dem Alkohol und den Rauschmitteln. Der Morphiumgebrauch mußte gesteigert werden und führte zum Morphinismus. Bald folgten Blasen- und Darmverstimmungen, Zittern, kalter Schweiß, Schwäche. Die Halluzinationen entsprachen Angstzuständen; der Denkprozeß stockte mehr, als daß er sich entfaltete; die Gefühle und Empfindungen stumpften ab. Am schlimmsten bestürzte ihn das Nachlassen der schöpferischen Kräfte, die er mit Surrogaten aufputschte und beschleunigte. Jack alterte mehr und mehr; er wirkte behäbig und aufgedunsen.

Maxim Gorki hatte die Fähigkeit entwickelt, die Gegenwart aus der Perspektive der Zukunft zu sehen. Jack London versuchte die Fähigkeit zu entwickeln, Gegenwärtiges zu vergessen, um in einer phantastischen Vergangenheit leben zu können. Jack wollte entfliehen, er wollte ausweichen, er wollte verhindern, daß der Grundsatz des Zeitungskönigs Hearst auch auf ihn angewendet werden konnte: „Jeder Mensch ist ein Lump und für Geld zu kaufen." Jack wußte jedoch, daß er längst in „goldenen Ketten" lag und daß sein trotziges Empören in der phantastischen Sphäre seiner Helden die Gefangenschaft nicht aufzuheben vermochte.

Maxim Gorki hatte nach seinem „Foma Gordejew" das vollbracht, was sich Jack London ebenfalls erträumt hatte: die Übereinstimmung von Literatur und Politik. Doch er griff immer wieder zum Unwirklichen, obwohl er Realist war. Als einziger Ausweg blieb der abenteuerliche Stoff. Jack schrieb die Erzählung „Der Rote" und war damit zufrieden. Ein guter Auftakt, ein gelungener Anfang! Aber leider nur der Anfang von einem Zyklus, den er sich noch abquälen mußte...

XX. Das Ende...

1.

Jack London hatte gerade den Indianersommer 1916, den Herbst, durchlebt: dieses Sterben in farbiger Pracht. Jetzt jagte der Wind das Laub vor sich her. Nur die Rotholztannen trugen ihr sattes Grün. Stolz und aufrecht streckten sie ihre Gipfel dem düsteren Himmelsgewölbe entgegen.

Jack fühlte sich wie ein welkes Blatt. Er war körperlich erschöpft und sterbenstraurig. Er beobachtete die Willkür des Windes, die Wirbel des Laubes, das langsam zerstob...

Er war zurückgekehrt zu seiner Heimstatt in Sonoma. Hier begann die verhängnisvolle Geschichte seines Landes, dessen Sohn er war. Zu Füßen lag das Goldne Tor von San Francisco... Jack London träumte von seiner letzten *„Botschaft an Amerika"*. Er wollte ein Amerika ohne die krassen sozialen Gegensätze; er wollte ein Amerika, das endlich zur Ruhe und zur Besinnung komme: *Die Lösung der großen ökonomischen Probleme der Gegenwart sehe ich in der Rückkehr zum Acker. (...) Ich sehe meine Farm von der Warte der Welt und die Welt von der Warte meiner Farm.*

Jack London hatte noch einmal den Weg von seinem literarischen Double Elan Harnish aus dem Roman *„Lockendes Gold"* vollzogen: Er hatte der verabscheuten Welt des Handels und der Ausbeutung und Unterdrückung des Menschen durch den Menschen den Rücken gekehrt. Doch Jack London wußte, daß die Unruhe damit nicht beseitigt worden war. Sie brach durch einen Erdrutsch auf dieser idyllischen „Welt des Ackers" erneut hervor. Eine goldhaltige Ader war freigelegt worden; *das alte Goldfieber* der kapitalistischen Gesellschaft bemächtigte sich des literarischen Helden. Zwei konträre Visionen forderten einen Entscheid: ent-

Arbeitsraum mit Kartei, Reisetasche, Diktiergerät

weder industrielle Ausbeute und Reichtum oder besinnlich-be-
scheidenes Farmerleben an der Seite der Gefährtin Dede. Blitzschnell überwand Elan Harnish diese *schreckliche Krisis*. Er verdeckte die Verlockung eines profitablen Bergwerkes, um *die ganze
Stelle mit Eukalyptusbäumen zu bepflanzen.* Harnish-London
glaubte an dieser Stelle zur *ältesten Religion der Welt* zurückge-
funden zu haben. Diese „Religion" bestand aus der natürlichen,
Liebe des Mannes zum Weib und aus dem gegenseitigen Dienen

aller. Hier verharrte Jack London. Es war schon später Herbst, und der „ewige Träumer" dachte ans Sterben. Er notierte:

Zum überzeugten Anhänger des Evangeliums vom selbstlosen Dienst an der Allgemeinheit geworden, wird er der Wahrheit dienen, um die Lügner bloßzustellen und sie zu Freunden der Wahrheit zu machen; er wird im Dienste der Güte die Brutalität vernichten; er wird der Schönheit dienen, indem er die Häßlichkeit vom Angesicht der Welt beseitigt. Und er, der stark ist, wird den Schwachen dienen, damit sie stark werden. Er wird seine Kraft nicht für die Erniedrigung seiner schwächeren Mitmenschen hergeben, sondern dafür, daß sie sich zu Menschen, statt zu Sklaven und Tieren entwickeln.

Diese Zeilen schrieb Jack London für die Anthologie „Der Schrei nach Gerechtigkeit", die Upton Sinclair herausgab. Mit diesem Vorspann des „Schreis nach Gerechtigkeit" befand sich Jack London auf der ersten Entwicklungsstufe seines russischen Gefährten Maxim Gorki: „Stütze den sich Erhebenden."

Und hier verweilte Jack, den viele Millionen Arbeiterleser in der Welt immer noch als den amerikanischen Sturmvogel sahen. Aber das herrschende Amerika hatte ihm die Flügel gebrochen...

2.

Charmian Kittredge-London bemüht sich in ihrer Biographie „Jack London. Sein Leben und Werk", die Entwicklung des proletarischen Schriftstellers zu verfälschen. Vor allem den tragischen Ausgang im Leben Jack Londons. Die meisten Fakten sind dort entstellt. Es entsprach zum Beispiel keinesfalls der Wahrheit, wenn sie in der Biographie berichtet, Jack sei am Vorabend seines Todes „plötzlich aufgestanden", um „auf dem Ruhebett" in ihre Arme zu „schlüpfen". Der „arme Junge" habe gesagt:

„Gefährtin, Gefährtin — du bist alles, was ich habe — der letzte Strohhalm, an den ich mich klammere — das einzige, was mich noch am Leben hält. Das weißt du. Ich habe es dir oft gesagt. Du *mußt* mich verstehen. Wenn du mich nicht verstehst, bin ich verloren. Du bist alles, was ich habe."

Charmian befand sich am 21. November 1916 überhaupt nicht auf der Ranch. Sie weilte „drunten in Frisco" und erledigte Einkäufe. Sie kehrte erst am Mittwoch, dem 22. November 1916, gegen zehn Uhr vormittags nach Glen Ellen zurück. In ihrer Begleitung befand sich Dr. William Porter, der mit dem Ehepaar London befreundet war und Jack in den letzten Jahren als Arzt betreute. Wegen der Anzeichen chronischer Urämie hatte Dr. Porter für Jack Diät verordnet. Jack richtete sich kaum danach. Im Monat Oktober, in der Zeit der Entenjagd, soll er täglich zwei Enten verzehrt haben. Für die „schlimmen Nächte" hatte ihm Dr. Porter reichlich „Schlafpulver", sprich: Morphium, verschrieben.

Neben den versuchten Verfälschungen der Witwe rankten sich um den Tod des Jack London etliche Gerüchte und Legenden. Im Bulletin steht zu lesen, daß Jack London an einer „organischen Vergiftung vom Typ der Urämie um 19.45 Uhr am 22. November 1916" verstarb.

Bereits anderntags wurden von Freunden Jack Londons Zweifel an dieser Todesursache geäußert. Beispielsweise Upton Sinclair: „Im engsten Bekanntenkreis von Jack London wußte jeder, daß er Selbstmord begangen hatte."

Jack London hat oft in Briefen und auch im Werk Gedanken einer Selbstvernichtung bekundet. Die Zeitschrift „Medical Review of Reviews" hatte im Februar 1914 ein „Symposium der Euthanasie" publiziert. Jack Londons Beitrag lautete: *Man besitzt auf jeden Fall die Freiheit, den Tod selbst zu bestimmen. Könnten überhaupt irgendwelche Leute einem selbstbewußten Menschen diese Freiheit entziehen? Keinesfalls! Ich glaube an das Recht des Individuums, über sein Leben selbst zu bestimmen.*

Was war in den letzten Lebenstagen Jack Londons wirklich geschehen? Am Abend des 21. November 1916 saßen Jack und seine Stiefschwester Eliza Shepard beisammen und besprachen eine Fahrt nach Chicago und New York. Jack wollte in Chicago Zuchttiere kaufen und den Transport nach Glen Ellen arrangieren.

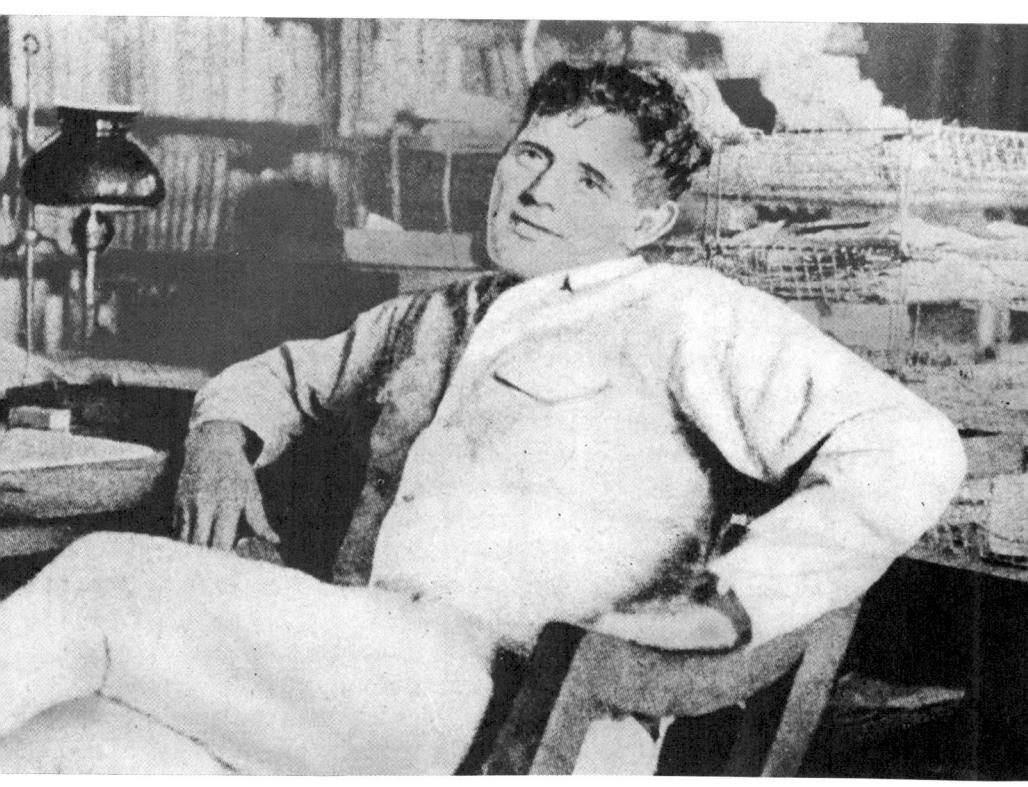

Jack London am Schreibtisch in Glen Ellen

Seine Reisetasche war gepackt. Diese Fahrt hatten sie schon mehrmals eingeplant, doch wegen Jacks Erschöpfungszustand wurde diese Reise immer wieder aufgeschoben oder vergessen. Eliza war sich inzwischen klar darüber geworden, daß Jack diese Reise niemals werde antreten können. Sie fügte sich tief erschüttert seinem Pläneschmieden. Eliza pflichtete bei, sie nickte und wußte gleichzeitig, daß diese Illusionen das Letzte waren, was den Bruder Jack London noch aufrecht hielt. Sie wußte von seinen Konflikten;

sie wußte von seinen Gedanken an eine Flucht aus dem Leben. Gemeinsam mit dem japanischen Diener Sekiné hatte Eliza alle nur denkbaren Vorsichtsmaßnahmen getroffen, damit Jack keine unüberlegte Handlung begehen konnte.

Bis gegen einundzwanzig Uhr schmiedete der „unverbesserliche und ewige Optimist", dieser Träumer Jack London, seine so oft wiederholten Pläne:

„Beauty Ranch" sollte eine Muster- und Modell-Farm für ganz Amerika werden. Sein Privateigentum sollte sich verwandeln in „sozialistisches Eigentum" einer autonomen „Agro-Stadt" mit dem Namen „Independence", Unabhängigkeit, oder auf spanisch: „Independencia". Vorher wollte er noch eine Auswahl derjenigen treffen, die endgültig zur Gemeinde gehören sollten. Aber wie dem auch sei: Jede Familie erhalte ein Stück Land, auf dem ihr Wohnhaus gebaut werde. Dann ein zentrales Warenhaus. Ohne Aufschlag. Eliza möchte den Ort bestimmen, wo dieser Laden errichtet werden kann. Und eine Schule für die Kinder seiner Gemeinde! Eliza sollte sich jetzt schon nach einem geeigneten Lehrer umsehen.

Eliza nickte und notierte. Ihr war plötzlich eingefallen, daß sie zum Tiermarkt nach Pendleton in Oregon fahren konnte, denn dort war es ja auch möglich, die notwendigen Zuchttiere zu erwerben...

Jack hatte sich erhoben, um in die Schlafkammer zu gehen. Die Uhr in der Halle begann zu schlagen. Jack verweilte, bis die neun dumpfen Schläge beendet waren. Sicher sah er jetzt seine Phantasmagorie „Independence" mit Schule, Kaufhalle und Wohlstand aller vor sich... Doch da fehlte noch irgend etwas in diesem Bild der Utopie. Ja, nun fiel es ihm wieder ein:

„Ein Postamt! Ja, morgen werden wir die Behörde in Sacramento bitten, ein Postamt einzurichten."

Morgen? Was wird morgen sein? dachte Eliza, ohne sich etwas anmerken zu lassen. Morgen wollte Jack nach New York fahren, er wollte in Chicago Station machen...

Jack strich sich mit der Rechten durch den Haarschopf. Er stand im Lichtkegel der Wandleuchte. Wie ein großer Junge, dachte

Eliza. Jacks blaue Augen spiegelten das Licht. Diese blauen Augen, die in seinen Erzählungen so oft die Stimmungen seiner Helden verrieten. Und diese Geste...

„Da fällt mir noch ein, Eliza..." Es folgte eine kurze Pause, die er immer einlegte, wenn er sich an einem Bild erfreute: „...– ein Flaggenmast! Hoch, sehr hoch. Stolz und gerade wie unsere Rotholztannen. Die Flagge mit einem Bären, der sich aufrichtet zur Verteidigung; nein, zum Angriff."

Jack trat aus dem Lichtkegel heraus, legte den rechten Arm um Elizas Schulter und sagte plötzlich etwas müde: „Ich lasse dich jetzt allein, altes Mädchen. Gute Nacht."

Eliza konnte nur schwer einschlafen. Sie grübelte über Jack, über den Kredit für das Zuchtvieh, über ihr Leben hier über dem Goldnen Tor... Der Bankkredit war schon wieder überzogen worden...

Harte Schläge an die Tür schreckten Eliza hoch. Sekiné schaute verstört. Eliza warf den Morgenrock über und eilte durch die Halle. Jack bäumte sich auf; er rang nach Luft. Eliza griff zum Telefon. Die Standuhr zeigte 8.34 Uhr. Dr. Allan Thomson hatte bereits Sprechstunde...

„In Ordnung. Komme!" hatte er kurz geantwortet.

Eliza eilte wieder in Jacks Schlafkammer und beugte sich über den kranken Bruder. Unter ihrem Fuß knirschte es. Ganz dünne Scherbensplitter. Nicht weit davon lag noch eine zweite Ampulle. Eliza las „Morphin". Sie steckte das Indiz in die Tasche des Morgenrocks. Die Scherben versuchte sie aufzulesen. Den feinen Rest stiebte sie hinweg. An alles hatte sie gedacht, an alles. Nur nicht an die Medikamente...

Dr. Thomson zog Jacks Augenlid hoch und überprüfte mit einer Taschenlampe die Reflexe. Dann fühlte er den Puls, nickte Eliza zu, öffnete die Arzttasche, während ihn Eliza informierte. Dr. Thomson eilte zum Telefon und rief die Apotheke an:

„Ja, Atropin. Gegengift. Mein Assistent Dr. Hayes kommt gleich vorbei."

Als Dr. Hayes eintraf, hatte Thomson bereits eine Injektion vorbereitet. Hayes versuchte währenddessen nochmals, dem Patienten ein Reizmittel zu geben. Es blieb ohne Erfolg. Die Ärzte beendeten die Ausspülung des Magens. Jetzt hieß es nur noch warten und hoffen. Dr. Hayes massierte weiter. Eliza saß am Bett und strich über Jacks Haarschopf...

Der Gutswagen schepperte in den Hof. Charmian und Dr. Porter! Sie luden Gepäck ab. Eliza eilte Charmian entgegen. Sie reagierte gefaßt, als sei sie darauf vorbereitet. Während sie den Kutscher anwies, wohin die Taschen und Pakete gebracht werden sollten, schien sie nachzudenken. Gott sei Dank, dachte Charmian, das Testament vom Jahre 1911 hatte noch Gültigkeit. Sie blieb die alleinige Erbin... Kurz nach Dr. Porter trat sie ein, sah den Patienten und wendete sich an William Porter: „Es geht zu Ende... Erlöst von diesem schrecklichen Leiden der Urämie." Und dann sagte sie so laut und so bestimmt, daß sich jeder angesprochen fühlen mußte: „In den letzten Wochen hat sich Jack furchtbar gequält. Die Koliken der Urämie rissen nicht ab." Dabei schaute Charmian zu Dr. Hayes und Dr. Thomson. Hayes blickte verlegen zu Boden. Dr. Allan Thomson schüttelte den Kopf. Man wußte nicht, ob er damit die Kaltherzigkeit der „Herrin" meinte oder die Todesursache. Wahrscheinlich beides... Es war nichts mehr zu retten. Das sahen die Ärzte.

Nachdem Dr. Thomson um 19.45 Uhr noch einmal das Hörgerät angesetzt hatte, richtete er sich auf und sagte: „Die Herztöne sind verstummt. Jack hat ausgelitten. Es war seine letzte Wanderung mit Morphin." Dann wandte er sich an seinen Kollegen Dr. William Porter aus Oakland: „Haben Sie die Morphin-Rezepte veranlaßt?"

Porter schien verlegen. Er antwortete: „Ja. Urämie ist äußerst schmerzhaft, und..."

„Und Morphin beschleunigt die Vergiftung", ergänzte Dr. Thomson den Satz, den Porter ganz anders zu beenden gedachte.

Charmian London war bereits wieder an ihren Schreibtisch geeilt und verfaßte das „Bulletin nach dem Tode".

Mit einer Stimme, die das Befehlen gewohnt war, rief sie nach dem alten Parslow, damit er seinen ältesten Sohn sofort zum Postamt in Glen Ellen mit dem Telegramm schicke. Parslow

JACK LONDON DIES IN HIS "VALLEY OF THE MOON"

PHYSICIANS' BULLETIN AFTER DEATH

"At about 6:30 p. m., November 21, 1916 Mr. Jack London partook of his dinner. He was taken during the night with what was supposed to be an attack of acute indigestion. This, however, proved to be a gastro-intestinal type of uraemia. He rapidly entered coma and died at 7.45 p. m. November 22, 1916.

"W. S. PORTER M. D.
"A. M. THOMSON, M. D.
"W. B. HAYS, M. D
"J. WILSON SHIELDS M. D."

AN EARLIER BULLETIN ISSUED BY DOCTORS

"London Ranch, Glen Ellen, Calif., Nov. 22, 1916, 6:30 P. M.

"Mr. London is in state of uraemia following an error in diet, causing a faulty elimination of the kidneys. His condition is serious. Further bulletins will follow. Signed.

J. WILSON SHIELDS M D
A M THOMSON, M. D.
W B HAYS, M D

(Continued from Page One)

Mrs. Shepard and the others who are near and dear by family ties.

LOVED HIS RANCH HOME

Many years ago now, Jack London came to be a resident of Sonoma county and bought the farm on which he died near Glen Ellen. He immediately began intensive farming. He started in to raise the best breeds of cattle and to see that they were splendidly housed. Then he developed the planting of thousands of trees and began the improvement of the ranch in many other ways. At the time of his death, to use his own words expressed here a few days ago...

early days when what he made as a "cub" meant so much to him. Upon the occasion of his last visit here Mr. London mentioned to the writer that he would go east the first week in December and would stop at Chicago to attend the international stock fair and would probably buy some more fine-blooded stock to ship to London ranch. Then he was going to New York to pay off an election bet in a dinner to about two hundred friends of the man with whom he wagered.

SO MUCH COULD BE WRITTEN

So much could be written about the life of Jack London from his street arab following a few years...

It takes a
knocks to a
low's extreme
on more tha
early years
ranch. "Did
ience of fan
was asked.
was the rep
years of age
earned smal
messenger.
through sch
course in th
freshman, b
Farewell
upon which
night end o
where happ
fiction, but

TURN
INT

Initiation
joyed b
Lodge o

Wednesda
lodge held
initiated a b
and elected
degrees

Exalted R
ed, and foll
social seasion
Ellis' initiat
Anthony M
Eams, John
ley, George
Nelson, late
leuf A. Husk
Hanford lod

Pressemeldung: „Jack London starb in seinem Mondtal"

staunte: Die zwanzig Dollar waren für die Gebühren nach San Francisco entschieden zu hoch.

„Der Rest ist für Sie und Ihren Sohn, Parslow! Aber nun rasch ab damit!"

Parslow, der Sprecher für die Landarbeiter auf „Beauty Ranch", wußte noch nicht, was inzwischen geschehen war. Er eilte, um den Befehl der Herrin auszuführen.

Im Postkorb lag das letzte Schreiben von Jack London. Der Umschlag war bereits zugeklebt und frankiert. Sekiné hätte diesen Brief anderntags zur Post gebracht.

Glen Ellen, Calif. Nov. 21, 1916

Liebe Joan: —

Nächsten Sonntag möchte ich gerne mit Dir und Bess in Saddle Rock gemeinsam essen, und wenn das Wetter gut sein sollte, können wir auf dem Lake Merrit segeln. Wenn das Wetter nicht gut sein sollte, können wir irgend etwas anderes unternehmen.

Bitte, gib mir gleich Bescheid.

Ich verlasse die Ranch am nächsten Freitag.

Ich verlasse Kalifornien zum nachfolgenden Mittwoch.

Daddy.

Der japanische Diener Sekiné Tokinoske verließ „Beauty Ranch" und erwarb sich in Tokio ein Photoatelier. In Tokio war auch bereits Nakata, der inzwischen studiert hatte und Zahnarzt geworden war.

Das Dienstpersonal wurde entlassen. Auch die restlichen „Dschungelvögel" verschwanden. Die Herrin hatte den Speisesaal verschließen lassen.

Charmian Kittredge-London verreiste für einige Zeit. Vorher hatte sie dem Baumeister Forni den Auftrag erteilt, ein Wohngebäude für sie zu errichten. Als die Herrin später endgültig zurückkehrte, konnte sie ihr „Haus der glücklichen Wände" beziehen. Durch die Summe der Lebensversicherung, die Jack London nach dem Brande des „Wolfshauses" noch erhöht hatte, und durch seinen unermüdlichen Fleiß konnte die Schuldenlast getilgt werden. Der Sekretär Jack Byrne hatte seine Not, all die Neuauflagen und die Übersetzungen der Werke Jack Londons zu erfassen. Die Herrin Charmian London lebte still in ihren „glücklichen Wänden" dahin; sie trug Erinnerungsstücke an Jack zusammen, rekonstruierte Arbeits- und Schlafraum. Als sie im Jahr 1955 im Alter von 84 Jahren starb, hatte Jack Londons Neffe Irving Shepard das Gutsgebäude bezogen, um die Ranch weiterzuführen. Im Jahre 1959 stellte er das Gelände, wohin die Trampelpfade der vielen Besucher der Grabstätte Jack Londons führten, dem „State Historic Park", also der öffentlichen Benutzung, zur Verfügung. Im Zentrum der Anhöhe befinden sich die „Ruine", in unmittelbarer Nähe das Grab Jack Londons und nicht weit davon entfernt das provisorische Museum „Haus der glücklichen Wände".

3.

Ungefähr vierzehn Tage vor dem 22. November 1916 hatte Jack seine Schwester Eliza London-Shepard auf ihrem Weg zur Ranch ein Stück begleitet. Am Rande des Weges lag ein roter Felsbrocken. Wahrscheinlich war dieser wuchtige Stein damals beim Bau des „Wolfshauses" vom Fuhrwerk heruntergerollt und hier liegengeblieben. Jack wies auf diesen Felsstein aus dem Mondtal und sagte zu Eliza: *Das ist der Stein, den die Bauleute verworfen haben. Er soll dort auf dem Hügel zu meinem Grabmal werden.*

Dieser Wunsch entsprach nicht ganz den Anordnungen, die er bereits 1911 in einem verschlossenen Umschlag hinterlegt hatte: *Ich wünsche nicht, daß bei meinem Tod der Körper zur Ansicht freigegeben wird; ferner wünsche ich keine Beerdigung. Nach der Verbrennung soll die Asche über der „Beauty Ranch" verstreut werden.*

Jack vertrat die Meinung, daß das *Krematorium der einzig richtige Weg ist, wie wir die Welt loswerden und wie sich die Welt von uns befreit.*

Eliza hatte am 24. November 1916 den Sarg Jack Londons zum Krematorium nach Oakland begleitet, wo eine kleine weltliche

Trauerfeier stattfand. Anwesend waren Jacks Mutter Flora, seine erste Frau Bessie mit den beiden Töchtern Joan und Bess und Jacks Schwester Eliza. Charmian war nicht anwesend. Sie litt an Migräne. Anderntags brachte Eliza mit Ernest Matthews und George Sterling die Urne mit der Asche nach „Beauty Ranch" zurück. Dort wurde am Sonntagmorgen, dem 26. November 1916, die Urne in aller Stille beigesetzt. Sechs Pferde hatten vorher den roten Felsbrocken aus dem Mondtal zum Hügel emporgeschleift, damit er als Grabmal für Jack London seine Erfüllung finde. Dieser Fels kündet seitdem von einer noch gegenwartsnahen Odyssee, die nach Armut und Proletarierdasein mit Raubzügen in der Bai von San Francisco begann, durch das Goldne Tor in eine abenteuerliche Fremde verlockte und oberhalb der Goldnen Pforte von Sacramento in den Sonomabergen ihr Ende mit offenem Schluß gefunden hat.

XXI. ... und der Anfang

Wenn du mich nicht sogleich verstehst, bleibe dennoch
guten Mutes.
Findest du mich nicht an einer Stelle, so suche mich an
einer andern.
Irgendwo halte ich mich auf und warte auf dich.
Walt Whitman: „Gesang von mir selbst."

So still und bescheiden auch die sterblichen Überreste Jack
Londons der Erde zurückgegeben wurden, die Nachricht von
seinem Tod löste eine heftige und breite Anteilnahme in der
gesamten Welt aus. In der sozialistischen Presse Nordamerikas
gedachte man tief erschüttert des Kameraden und Genossen Jack,
als habe es bei ihm nie eine Resignation gegeben. Das war verständlich und auch völlig unwichtig. Wichtig war seine Stimme in den
polemischen Werken, die innerhalb der Arbeiterbewegung eine
besondere Resonanz gefunden hatte. Unwichtig wurden gelegentli-
che Stimmungen und Verstimmungen des Tages. Und deshalb
spürte man nicht seiner Asche nach, sondern man erinnerte sich des
Feuers und der Glut. „New Masses" schrieb, daß es Jack London
gewesen war, der erstmalig die revolutionären Impulse der Arbeiterklasse in der Literatur zum Ausdruck gebracht hatte. Mit diesem
Kameraden Jack verlor die sozialistische Bewegung einen ihrer
Pioniere. In ähnlicher Weise würdigte „Intercollegiate Socialist"
ihren ersten Präsidenten, „der für lange Zeit unser ernsthafter
Freund und Helfer war". Die sozialistische Presse brachte viele
Beispiele der Hilfsbereitschaft Jack Londons in Erinnerung. Jack
hatte Armut, Diffamierung, Hunger, unbefriedigten Bildungs-
drang kennengelernt. Und deshalb war es für ihn eine Selbst-
verständlichkeit, bedürftigen Klassenbrüdern und -schwestern,
jungen Talenten und wissensdurstigen Proletarierjungen zu helfen.
Oft überwältigte ihn das Mitleid und die Anteilnahme, so daß er

283

über das East End mit seinen „Menschen des Abgrunds" weinte, wie Jesus über Jerusalem geweint haben soll.

„International Socialist Review" und andere Zeitungen würdigten hymnisch die Verdienste des Kameraden, des Freundes, des Kampfgefährten und des Genossen Jack: „... Er erhob sich für uns. Seine Stimme widersetzte sich dem Unrecht. Seine Stimme ließ uns hoffen ... Und die Zeit wird kommen, wo alle erkennen werden, daß es der Schöpfer des Martin Eden, daß es der Kämpfer gegen die ‚Eiserne Ferse' war, der uns unsere Kräfte erkennen ließ, damit wir uns geschlossen erheben für das letzte Gefecht unseres Sieges!"

Weil seine polemischen Werke jugendlichen Schwung besaßen und bereits epochalen Charakter trugen, weil seine Sprache euphorischen Antrieb zur revolutionären Aktion besaß, blieb auch der Proletarier Jack London jung, so daß aus des Leibes Asche ein Phönix emporstieg und seine Spur bis in die sozialistische Gegenwart unserer Tage zog.

Das Grab- und Mahnmal auf der „Beauty Ranch" findet jahraus, jahrein eine Würdigung Jack Londons durch Tausende und aber Tausende Kampfgefährten und Verehrer aus aller Welt. Der Trampelpfad verbreiterte sich im Verlauf der Zeit zu einem festen Weg zur „Ruine" und zum „Stein des Anstoßes". Und wer den Weg dorthin fand, der kann heute Jack London noch nähertreten durch seinen Arbeitsraum mit der Kartothek, dem „Billet" des Hobo, den gespitzten Bleistiften und der zur letzten Reise gepackten Tasche des so außergewöhnlichen Autodidakten.

Jack Londons Grabmal im Tal des Mondes erinnert an das kreuzlose Hügelgrab des Leo Tolstoi im Tal von Jasnaja Poljana, wo sich der „Stab des Weisen" befinden sollte. Maxim Gorki fand aber dort eine „Fackel", die er „Danko" entfachen ließ, damit das verirrte Volk aus dem Dunkel des Dschungels in die fruchtbare Ebene der Helle geführt werde. Die Fackel, Dankos „flammendes Herz", verblaßte, „denn die Wahrheit steht über allem Mitleid".

Am 19. Januar 1924, einem Sonnabend, hatte Nadeshda Krupskaja ihrem Lebens- und Kampfgefährten Wladimir Iljitsch

Das Grabmal auf der „Beauty Ranch"

Lenin in den Abendstunden aus Jack Londons Band „*Liebe zum Leben*" vorgelesen. Dieses kleine, im damaligen Petrograd auf grobem Papier gedruckte Buch liegt heute noch auf dem Tisch des Zimmers, wo Lenin die letzten Monate seines Lebens verbrachte. Dies geschah im Dorf Gorki, das fünfunddreißig Kilometer südlich von Moskau liegt. Krupskaja berichtete über die letzten zwei Tage vor Lenins Tod. Sie las ihm Jack Londons Erzählung „*Liebe zum Leben*" vor: „Das ist eine sehr starke Erzählung. Durch eine verschneite Einöde, die kein menschlicher Fuß je betreten, schlägt sich mühselig ein verhungernder kranker Mann zur Anlegestelle eines großen Flusses durch. Seine Kräfte nehmen ab, und als er nicht mehr gehen kann, kriecht er, und neben ihm kriecht ein gleichfalls Hungers sterbender Wolf. Es kommt zum Kampf zwischen beiden, der Mensch siegt; halbtot, halb wahnsinnig erreicht er sein Ziel. Iljitsch gefiel diese Erzählung ganz außerordentlich. Am nächsten Tag bat er, Londons Erzählungen weiterzulesen. Aber bei Jack London wechseln starke Sachen mit außerordentlich schwachen. Die nächste Erzählung, an die wir gerieten, war von ganz anderer Art — sie war von bürgerlicher Moral durchtränkt: Ein Kapitän versprach dem Besitzer eines mit Getreide beladenen Schiffes, er werde die Fracht vorteilhaft verkaufen; er opfert sein Leben, nur um sein Wort zu halten. Iljitsch fing an zu lachen und winkte ab.

Es war mir nicht vergönnt, ihm noch mehr vorzulesen..."

Mit diesen beiden Leseerlebnissen sind gleichzeitig noch einmal Widerspruch und Konflikt des Jack London sichtbar geworden.

Als der amerikanische Präsident Theodore Roosevelt im Jahre 1906 das Wort „Muckraker", Schmutzaufwühler, prägte, war mit dieser diffamierenden Bezeichnung auch Jack London gemeint. Nach seiner Südseefahrt mit der „Snark" entfernte er sich in der literarischen Gestalt des Martin Eden von der Muckraker-Bewegung. Es kam zur „Lohnschreiberei", die er folgendermaßen einschätzte: *Ich hasse das Zeug, wenn ich es beendet habe. Ich schreibe nur noch, weil ich Geld brauche... Könnte ich nach Belieben handeln, ich würde nur die Feder in die Hand nehmen, um sozialistische Essays zu schreiben oder der bourgeoisen Welt mitzuteilen, wie sehr ich sie verachte.*

Zwölf Jahre nach Jack Londons Tod erschütterte die allgemeine Krise des Kapitalismus die Klassengesellschaft besonders heftig. Jack-London-Leser konnten erkennen, wie sich die „Eiserne Ferse" zu realisieren begann. Zu diesem Zeitpunkt schrieb „New Masses" über Jack London: „Ein wirklicher proletarischer Schriftsteller muß nicht nur über die Arbeiterklasse schreiben, er muß dort auch gelesen werden. Ein wirklicher proletarischer Schriftsteller muß nicht nur das Leben des Proletariers als Material benutzen; was er schreibt, muß auch vom Geist der Empörung durchglüht sein. Jack London war ein echter proletarischer Schriftsteller – der erste und bis heute einzige proletarische Schriftsteller Amerikas von hohem Rang. Arbeiter, die lesen, lesen Jack London. Er ist der einzige Autor, den alle gelesen haben, er ist ein literarisches Erlebnis, das allen gemein ist. Fabrikarbeiter, Landarbeiter, Seeleute, Bergarbeiter und Zeitungsjungen lesen ihn und lesen ihn immer wieder. Er ist der beliebteste Autor der amerikanischen Arbeiterklasse."

Am 22. November 1976 werden bereits sechzig Jahre seit Jack Londons Tod verstrichen sein, dessen 100. Geburtstag wir am 12. Januar 1976 gedenken. Sein kurzes Leben und Wirken hat er eingeschätzt mit dem Essay *„What Life Means to Me"*, „Was mir das Leben bedeutet", publiziert im Sammelband „Revolution" (1910): *Ich glaube an die Größe und Würde des Menschen. Meine Zuversicht liegt in der Arbeiterklasse.*

Zeittafel und Bibliografie

1876   12. Januar: John Griffith Chaney als Sohn von Flora Wellman und dem Astrologen William Henry Chaney in San Francisco geboren; 7. September: Flora Wellman heiratet den Witwer John London; Johnnie Griffith wird von John London adoptiert (= Johnnie Griffith London)
Stiefvater John London betätigt sich handwerklich und nimmt Gelegenheitsarbeiten an; Mutter Flora versucht durch Spiritismus, Hausierergeschäfte bzw. Landspekulationen Geld zu verdienen

1878   Mehrere Versuche des John London, durch Obst- und Gemüsehandel in Oakland, durch Farmertätigkeit in der Gegend zwischen San Mateo und Redwood City die Existenz der Familie zu bestreiten

1883   Besuch der West-End-Volksschule in Alameda

1884   Letztes landwirtschaftliches Unternehmen in Livermore

1885   Wirtschaftlicher Ruin und Übersiedlung in das Armenviertel von Oakland

1886   Besuch der Oaklander Franklin-Volksschule; Entdeckung der Volksbücherei;
Jack G. London als Zeitungsjunge in San Francisco

1889   Abschluß der Volksschule

1890   Jack als Hilfsarbeiter in einer Oaklander Konservenfabrik mit 14—16stündiger Arbeitszeit

1891   Erwerb der Schaluppe „Razzle Dazzle", Jack als Austernräuber in der Bucht von San Francisco

1892   Patrouillenführer der Fischereistreife

1893   20. Januar: als Vollmatrose des Schoners „Sophie Sutherland";

Fahrt zur Robbenjagd nordwärts der Bonininseln; im Monat
August: Rückkehr nach Oakland;
Arbeit in einer Jutemühle;
12. November: 1. Preis im literarischen Wettbewerb mit der Erzählung „*Typhoon off the Coast of Japan*" („Taifun vor der japanischen Küste") in „Morning Call", Nr. 9/1893

1894   Heizer und Kohlenschlepper im Kraftwerk der Oaklander
Straßenbahn;
7. April: als „Hobo" unterwegs; in Iowa marschiert Jack mit
der Arbeitslosenarmee des „Generals" Kelly;
Juni/Juli: Häftling im Eric-County-Gefängnis

1895   Als „Hobo" bis nach Vancouver, als Schiffsheizer nach Oakland
zurück;
Besuch der Oberschule und Gelegenheitsarbeit;
im „Henry-Clay-Debattierklub" Bekanntschaft mit Edward und
Mabel Applegarth;
Kontakt mit Sozialistischer Arbeiterpartei in Oakland und als
Agitator bei Kundgebungen;
im Schülermagazin „The High School Aegis" einige Aufsätze,
Berichte und zehn Erzählungen aus der Trampzeit

1896   Fortsetzung der Studien durch „Presse" in Alameda; anschlie-
ßend Selbststudium zwecks Aufnahmeprüfung für die Universität;
April: Mitgliedschaft der Sozialistischen Arbeiterpartei in
Oakland;
August: Immatrikulation an der Universität in Berkeley

1897   Ende Januar: Abbruch des Universitätsstudiums wegen familiärer
Not;
Arbeit in der Dampfwäscherei der Militärakademie von Belmont;
25. Juli: Aufbruch zur Fahrt nach den Goldfeldern in Alaska mit
seinem Schwager Shepard;
2. August: Ankunft in Juneau; Weitermarsch nach Dyea; mit
selbstgezimmerten Booten über Stromschnellen „Weißes Roß"
und durch „Box-Canyon";
9. Oktober: Winterrast in Blockhütte an der Mündung des Stewart
River;
16. Oktober: „Antrag zwecks Erlaubnis zum Goldschürfen" für

„Claim Nr. 54 an linker Gabelung des Henderson"; keine Ausbeute, weil „Mica" (Katzengold)

1898 April/Mai: Weiterfahrt mit Floß auf dem Yukon nach Dawson; an Skorbut erkrankt, Hospital-Aufenthalt;
7. Juni: im offenen Boot von Dawson bis Mündung des Yukon;
28. Juni: als Schiffsheizer von St. Michael nach Britisch-Kolumbien; im Zwischendeck nach Seattle; mit der Bahn nach Oakland zurück;
28. November: Examen für den Postdienst;
Gelegenheitsarbeiten; Selbststudium; Niederschrift der Alaska-Geschichten und erstes Schauspiel „Ulysses"

1899 Januar: Erzählung „*To the Man on Trail*" („Unterwegs") in „Overland Monthly" Nr. 1; es folgen: „*The White Silence*" („Das weiße Schweigen") in Nr. 2 und „*The Son of the Wolf*" („Der Sohn des Wolfes") in Nr. 3;
im Monat Mai: 4 Zeitschriften publizieren Geschichten von Jack London (San Francisco, Chicago, New York);
Dezember: Freundschaft mit Anna Strunsky;
schriftstellerische Tätigkeit: 1500 bis 2000 Wörter täglich bei einer Arbeitszeit bis zu neunzehn Stunden

1900 21. Februar: Bekanntschaft mit der Lehrerin Elisabeth Maddern;
7. April: Eheschließung mit Bessie Maddern;
erster Sammelband alaskischer Erzählungen „*The Son of the Wolf*" („Der Sohn des Wolfes") bei Houghton, Mifflin & Co.

1901 15. Januar: Tochter Joan geboren;
Mai: Sammelband „*The God of his Fathers*" („Der Gott seiner Väter"), verlegt bei S. S. McClure, Phillips and Co.;
Gründung der Sozialistischen Partei; Jack wird Mitglied und kandidiert bei Bürgermeisterwahl in Oakland;
Bekanntschaft mit George P. Brett, Direktor des Verlages Macmillan Company;
3. Band alaskischer Erzählungen „*Children of the Frost*" („In den Wäldern des Nordens") erscheint bei Macmillan

1902 „*A Daughter of the Snows*" („An der weißen Grenze"); Roman;
„*The Cruise of the Dazzler*" („Joe unter Piraten"), verlegt bei The Century Co.;

23. Juli: Abreise nach London (zwecks Berichterstattung über Burenkrieg in Afrika);
in den Slums „East End";
Publikationen in der sozialistischen Presse: z. B. *„How I Became a Socialist"* („Wie ich Sozialist wurde") in „The Comrade"

1903   Tiergeschichte: *„The Call of the Wild"* („Der Ruf der Wildnis");
„The Kempton-Wace-Letters" („Die Kempton-Wace-Briefe") zwischen Anna Strunsky und Jack London, Macmillan;
Juli/August: Aufenthalt in Sommerfrische „Wake Robin Lodge", Glen Ellen, Sonoma County; Bekanntschaft mit Charmian Kittredge;
5. November: *„The Class Struggle"* („Der Klassenkampf") in „Independent", New York;
„The People of the Abyss" („Die Menschen des Abgrunds"), Macmillan

1904   7. Januar: Fahrt nach Tokio als Reporter im Auftrage der Organisation Hearst;
17. Februar: Jack London erreicht auf eigene Faust Tschemulpo und am
24. Februar: Seoul; Weitermarsch nach Pjöngjang;
9. März: Festnahme durch japanisches Militär; Rückmarsch in koreanische Hauptstadt;
6.–23. Mai: Hauptquartier der I. Japanischen Armee; Berichte für „Examiner";
30. Juni: Ankunft in San Francisco;
Alaska-Geschichten *„The Faith of Men"* („Das Wort der Männer");
November: *„The Sea Wolf"* („Der Seewolf") bei Macmillan; Übersiedlung nach Glen Ellen; Vortragstätigkeit

1905   Februar: Kreuzfahrten mit Segeljacht „Spray"; Abschluß der *„Tales of the Fish Patrol"* („Fischpiraten"), Macmillan;
März: erneute Kandidatur bei Bürgermeisterwahl von Oakland; Kauf der Hillschen Ranch bei Glen Ellen, Sonoma Country;
Oktober: Vortragstournee durch Großstädte des Mittelwestens und der Ostküste; Eheschließung mit Charmian K.
Sammelband sozialistischer Essays *„War of the Classes"* („Klassenkampf"), Macmillan

1906 6. Januar: in Santiago de Cuba; Schiffsreise nach Key West und Miami;
24. Januar: Vortrag „Revolution" vor Sozialisten in New York, Grand Central Palace;
26. Januar: Vortrag an Yale-Universität in New Haven; Fortsetzung der Vortragstournee für „Intercollegiate Socialist Society" bis 3. Februar: in St. Paul;
Erkrankung, Rückkehr nach Glen Ellen;
„Scorn of Women" („Zorn der Frauen"), ein Schauspiel, bei Macmillan;
19. April: Erdbeben in San Francisco;
Bau der Segeljacht „Snark" für Weltumseglung;
„White Fang" („Weißzahn, der Wolfshund"), Macmillan;
Sammelband *„Moon-Face, and other Stories"* („Mondgesicht und andere Geschichten");
„The Game" („Das Spiel"), Roman;
Dezember: *„The Iron Heel"* („Die Eiserne Ferse"), Zukunftsroman

1907 Februar: *„The Road"* („Abenteuer eines Tramps");
„Before Adam" („Vor Adam"), phantastischer Roman;
„Love of Life, and other Stories" („Liebe zum Leben und andere Geschichten");
23. April: Ausfahrt der „Snark" nach Hawaii;
7. Oktober: nach den Marquesas;
19. Dezember: nach Tahiti

1908 Ende Februar: nach San Francisco mit englischem Dampfer „Mariposa" und wieder zurück nach Tahiti;
ab September: *„Martin Eden"* fortsetzungsweise in „The Pacific Monthly" in Portland, Oregon;
9. April: Weiterreise mit „Snark" nach den Samoainseln;
Juni: auf Suva (Fidschiinseln);
Juli/August: Kreuzfahrten zwischen Salomoninseln;
September: Erkrankung; Reise nach Sydney und Klinikaufenthalt

1909 Februar: *„The Dream of Debs"* („Der Traum Debs'") in „International Socialist Review"; Versteigerung der „Snark";
Rückfahrt mit schottischem Kohlendampfer „Tymeric" bis

Quito, Ecuador; mit Dampfer „Turrialba" nach New Orleans;
23. Juli: Ankunft in San Francisco;
September: Buchausgabe „Martin Eden", Macmillan

1910   Ausbau der „Beauty Ranch";
Sammlung abenteuerlicher Geschichten: „Lost Face" („Das verlorene Gesicht");
„Theft" („Diebstahl"), ein Schauspiel;
2. Band Essays „Revolution";
„Gold", Schauspiel, gemeinsam mit Herbert Heron;
17. Oktober bis Mitte Dezember: Kreuzfahrten mit Jacht „Roamer" durch Bai von San Francisco;
Dezember: „Burning Daylight" („Lockendes Gold"); Macmillan

1911   Vertrag mit „Cosmopolitan" (Hearst-Konzern);
„The Cruise of the Snark" („Die Fahrt der ‚Snark' ");
Februar: Bekenntnis zur mexikanischen Revolution;
„South Sea Tales" („Südseeabenteuer");
„Adventure" („Abenteuer auf Berande"), Roman;
Bauarbeiten für das „Wolfshaus":
„When God Laughs and other Stories" („Wenn Gott lacht und andere Geschichten");
28. Dezember: Reise nach New York

1912   2. März bis 30. Juli: Fahrt mit Viermaster „Dirigo" von Baltimore über Kap Hoorn nach Seattle;
2. August: Rückkehr nach Glen Ellen;
Vorabdruck „John Barleycorn" in „Saturday Evening Post",
Sammelbände mit Abenteuergeschichten:
„A Son of the Sun" („Ein Sohn der Sonne"), „The House of Pride" („Das Haus des Stolzes");
„Smoke Bellew" und „Smoke and Shorty" („Alaskagold" und „Alaskastories"), Century Co.

1913   „Beauty Ranch" bringt Verluste und Ärger;
Gerichtsprozesse wegen Verfilmungsrechte des Romans „Der Seewolf";
12. August: „The Mexican" („Der Mexikaner Felipe Rivera") in „Saturday Evening Post";
in der Nacht vom 21. zum 22. August brennt „Wolfshaus" nieder;

Buchausgabe: *„John Barleycorn"* („König Alkohol"), Century Co.;

Sammlung von Abenteuergeschichten *„The Abyssmal Brute"* („Der Ruhm des Kämpfers; „Der Nachtgeborene", „Das Wort der Männer" usw.), Century Co.

1914   17. April: im Auftrage von „Collier's Weekly" als Berichterstatter nach Mexiko;
Erkrankung in Tampico und Rückkehr Mitte Juni;
„The Valley of the Moon" („Das Mondtal"), Roman;
„The Strength of the Strong" („Die Macht der Stärke"), Essays;
„The Mutiny of the ‚Elsinore'" („Die Meuterei auf der ‚Elsinore'"), Roman;
1. August: Beginn des ersten Weltkrieges;
12. August: National Executive Committee verabschiedet Manifest der Sympathie des USA-Proletariats mit der Arbeiterklasse der europäischen Länder;
zunehmende Verbitterung Jack Londons; Depressionen

1915   Erholungsreise nach Honolulu; Kreuzfahrten zwischen Hawaii-Inseln; *„Daughter of the Rich"* („Tochter des Reichen"), Schauspiel;
6. März: *Introduction* (Einleitung) zur Anthologie „The Cry for Justice" („Der Schrei nach Gerechtigkeit"), herausgegeben von Upton Sinclair;
„The Scarlet Plague" („Die scharlachrote Plage"), Roman;
„The Star Rover" (auch: *„The Jacket"*/„Die Zwangsjacke"), Roman

1916   Erneute Reise nach Hawaii;
Februar: *„The Acorn-Planter"* („Der Eichel-Pflanzer"), Schauspiel;
April: *„The Little Lady of the Big House"* („Die kleine Herrin des Großen Hauses");
7. März: Resignation und Austrittserklärung an Sozialistische Partei, Ortsverband Glen Ellen;
September: Sammlung von Abenteuergeschichten *„Turtles of Tasman and other Stories"* („Schildkröten des Tasman und andere Geschichten");

„*Hearts of Three*", Szenen aus dem Drehbuch für den Film („Der Wolf von Wallstreet"), publiziert in „Cosmopolitan";
22. November: Tod durch Überdosis Morphium;
24. November: Trauerfeier im Krematorium von Oakland;
26. November: Beisetzung der Urne im Gelände der „Beauty Ranch"

1917   „*The Human Drift*" („Der menschliche Gedankengang"), Essays; „*Jerry of the Islands*" („Jerry, der Insulaner"), „*Michael, Brother of Jerry*" („Michael, der Bruder von Jerry"), Tiergeschichten

1918   „*The Red One*" („Der Rote und andere Erzählungen")

1919   „*On the Makaloa Mat*" („Auf der Makaloa-Matte" und „Die Goldschlucht"), zwei Goldgräber-Geschichten

1920   „*Hearts of Three*" („Der Wolf von Wallstreet"), Roman; „*Dutch Courage, and other Stories*" („Holländer-Mut und andere Geschichten")

1963   „*The Assassination Bureau, Ltd.*" („Das Mordbüro"), Roman, vervollständigt durch Robert L. Fish nach Anmerkungen von Jack London. May Hower Books Ltd.

1966   „*Letters from Jack London*" („Briefe von Jack London"), The Odyssey Press, New York

1972   „*Gold*"; Schauspiel, zusammen mit Herbert Heron; The Holmes Book Company, Oakland

Benutzte Sekundärliteratur und Quellenhinweise

Adams jr. Ch. F. and H.: Chapters on Erie and Other Essays. New York 1871, S. 52f.

Allsop, Kenneth: Hard Travlin'. The hobo and his history. London 1967, S. 126, 254-259, 432 (1 Foto)

Baedeker, Karl: The United States, Leipzig 1909, S. 511f.

Bakunin, Michail: Die Reaktion in Deutschland. In: Deutsche Jahrbücher für Wissenschaft und Kunst. 5. Jg. 1842, S. 1001. Animalität und Empörung, Staatlichkeit und Anarchie. Gesammelte Werke. Berlin 1921, Bd. I, S. 16ff., Bd. III. Berlin 1924, S. 97ff.

Beals, Carleton: Mexican Maze. New York 1913, S. 29f., 338–343

Bellamy, Edward: Ein Rückblick aus dem Jahr 2000 auf das Jahr 1887. Leipzig 1965

Berton, Pierre: The Klondike Fever. A. Knopf Verl. New York 1946, S. 7ff.

Brüning, Eberhard: Die Entwicklung progressiver und sozialistischer Literatur in den USA. Berlin 1974, S. 7f.

Bykow, Wil: Auf Jack Londons Spuren. In: horizont. 3. Jg., 1970. Nr. 25, S. 30. Jack London. Saratov 1968, S. 98f.

Carnegie, Andrew: Wealth. In: North American Review. Boston 1889, Bd. 148, S. 653 f. Trimphant Democracy. New York 1886, S. 7

Cendrars, B.: Gold. Berlin 1974, S. 7–102

Chaney, W. H.: Primer of Astrology and American Urania. St. Louis, Miss. 1890. Union of Church and State. San Jose, Calif. 1874.

Chatterton-Hill, Georges: Irland. Berlin 1916, S. 83–92

Christmas–Dircking-Holmfeld, E.: Handbuch der spiritistischen Tatsachen. Leipzig o. Jg.

Cole, G. D. H.: Socialist Thought. Marxism and Anarchism. London 1961, S. 373–378, 457–460

Commager, H. S.: Der Geist Amerikas. Zürich 1952, S. 150

Cooper, Sorensen, Todd: The Changing New World. New Jersey o. J., S. 219 f.

Dorfman, J.: The Economic Mind in American Civilization. Bd. III. New York 1949, S. 23

Engels, Friedrich: Einleitung zur Dialektik der Natur. In: Marx/Engels: Werke, Bd. 20, S. 302ff. Die Lage der arbeitenden Klasse in England. Berlin 1952, S. 377—386

Fedunow, P.: Jack London entlarvt die bürgerliche Zivilisation. In: Sowjetliteratur. Moskau 1951. Nr. 11, S. 175—180

Foner, Philip S.: Jack London. American Rebell. Berlin 1947, S. 13—157. History of the Labor Movement in United States. New York 1955, Bd. II. 402 S.

Foster, W. Z.: Abriß der politischen Geschichte beider Amerika. Berlin 1957.

Frei, B.: Die anarchistische Utopie. Freiheit und Ordnung. Verl. Marxist. Blätter GmbH, Frankfurt (Main) 1971, S. 25—28

Gerstäcker, Fr.: Gold! Ein kalifornisches Lebensbild. Verl. Phil. Reclam jun., Leipzig o. J., 2 Bde. 319 u. 311 S.

Ghent, W.: Our Benevolent Feudalism. New York. 1902, S. 29

Gill, M.: Unsere lieben Nachbarn. Verl. Volk u. Welt. Berlin 1962, S. 192f.

Gorki, Maxim: Die alte Isergil. In: Ausgewählte Werke. SWA-Verl. Berlin 1947, S. 37—39. Konowalow. Leipzig 1949, S. 31. Foma Gordejew. Berlin u. Weimar 1969, S. 319—333

Harte, Bret: Das Glück des Brüller-Lagers. Leipzig o. J., Bd. 1, S. 3—21. Die Legende vom Monte del Diablo. In: Insel-Bücherei Nr. 988. Leipzig 1974, S. 5—21

Hemingway, Ernest: Der alte Mann und das Meer. Leipzig 1971, S. 85. Paris, ein Fest fürs Leben. Berlin/Weimar 1966, S. 69

Hill, J. J.: Highways of Progress. New York 1910, S. 126

Honigmann, G.: Chef weist an ... oder Der Fall des W. R. Hearst. Berlin 1972, S. 32f.

Huret, J.: L'Amerique Moderne. Paris 1911, S. 236 (4 Fotos)

Ihde, H.: Jack London als sozialistischer Schriftsteller. In: Zeitschrift für Anglistik u. Amerikanistik. Leipzig. 20. Jg., 1972, H. 1, S. 12—23

Katz, Fr.: Deutschland, Diaz und die Mexikanische Revolution. Berlin 1964, S. 331, 388

Kuczynski, J.: Gestalten u. Werke. Berlin/Weimar. Bd. II, 1971. S. 235f.

Lachtman, H.: Jack Londons Newletter. San Francisco 1972, S. 172—178

Landauer, G.: Die 12 Artikel des Sozialistischen Bundes. In: Aufruf zum Sozialismus. Berlin 1919, S. 157

Lawrezki, J.: Ernesto Che Guevara. Berlin 1974, S. 11f.

Lenin, W. I.: Werke. Berlin 1960. Bd. 2, S. 9, 21, 236–238. Über Kunst und Literatur. Berlin 1960, S. 247–249, 620

London, Charmian: The Book of Jack London. New York/London. I. Bd., 405 S., II. Bd., 418 S. (11 Fotos). Jack London. Sein Leben und Werk. Berlin 1928. 297 S.

London, Jack, ein Dichter der Arbeiterklasse. Herausgegeben von Franz Jung. Wien 1924, S. 27f. Was mir das Leben bedeutet. Einleitung von Franz Jung. 1974. 154 S.

London, Joan: Jack London and His Times. An Unconventional Biography. New York 1939. 387 S.

Lüdeke, H.: Geschichte der amerikanischen Literatur, Berlin 1952. S. 333–336

Mark Twain: Humoristische Erzählungen. Berlin 1954, S. 112–119

Marx, Karl: Biographie. Berlin 1973, S. 744

Marx/Engels: Manifest der Kommunistischen Partei. Berlin 1972, S. 67f., 71. Revue. Jan./Febr. 1850. In: Werke. Bd. 7, S. 220f., 273; Bd. 36, S. 490f.; Bd. 35, S. 200

Martí, José: Mit Feder und Machete. Berlin 1974, S. 97–132

Neruda, Pablo: Glanz und Tod des Joaquin Murieta. Berlin 1974, 82 S. Der Große Gesang. Berlin 1953, S. 235f.

Nettlau, M.: Die sozialrevolutionäre und anarchistische Bewegung in den Vereinigten Staaten von Nordamerika. 1880–1886. Berlin o. J., S. 372–390

Nietzsche, Fr.: Werke. Bd. VIII. 1899, S. 301ff., 322ff. Also sprach Zarathustra. Chemnitz 1883, Bd. III, S. 71, 77, 79–94

Offenburg, K.: Jack London. In: Die Büchergilde. Berlin 1927, Nr. 4, S. 49–59 (1 Foto)

Plischke, H.: Von Cooper bis Karl May. Düsseldorf 1951, S. 133f.

Pohl, G.: Upton Sinclair. Der Mensch und das Werk. In: Präsident der USA. Berlin 1927, S. 213–275

Ramus, P.: Die Neuschöpfung der Gesellschaft durch den Anarchismus. Wien-Klosterneuburg 1923, 279 S.

Reed, John: Mexiko in Aufruhr. Berlin 1972, S. 12, 22–24, 37–41, 48f.

Rentmeister, H.: Jack London. Ein Einzelgänger wider Willen. Halle (Saale) 1962. 120 S. Das Weltbild Jack Londons. Halle 1960. 253 S.

Rupa, M.: Das zweite Gesicht in den Karten. Leipzig o. J.

Russak, M.: Jack London, America's First Proletarian Writer. In: New Masses. 1929/1

Schönfelder, K.-H., Wirzberger, K.-H.: Amerikanische Literatur im Überblick. Leipzig 1968, S. 153—166

Shepard, Irving: Letters from Jack London. New York 1966. 480 S. (3 Fotos)

Sinclair, Upton: Der Dschungel, Berlin/Weimar 1974, S. 461, 491—501. Das Geld schreibt. Berlin 1930, S. 151—158. Die Goldne Kette. Berlin 1928, S. 393, 400. Der Sündenlohn. Eine Studie über den Journalismus. Leipzig 1921, S. 230—232

Sisson, J. E.: The Search of Jack London's Lost Works. In: World Premiere Performance of „Gold". Jackson, California 1973, S. 15—19 (2 Fotos)

Soule: The Annals of San Francisco. New York 1855, S. 5ff.

Spencer, H.: First Principles of Synthetic Philosophy. Heidelberg 1905. 136 S.

Stoddard, J. L.: Die neue Welt. Chicago o. J., S. 33, 40f., 46 (2 Fotos)

Stone, Irving: Zur See und im Sattel. Das Leben Jack Londons. Berlin 1948. 332 S. (9 Fotos)

The Changing New World. Chicago, San Francisco o. J. (2 Fotos)

Traven, B.: Die weiße Rose. Berlin 1929, S. 34ff.

Traubel, H.: Weckrufe. Kommunistische Gesänge. München 1907. 188 S.

Troller, Georg Stefan: Der Abenteurer. Das kurze wilde Leben des Jack London. Gütersloh 1968, S. 143—157 (10 Fotos)

Untermann, E.: Jack London, wie ich ihn kannte. In: Sozialistische Monatshefte. Berlin 1929/Juli, S. 602—613

What's New About London, Jack? Washington 1973, S. 54—78

Whitman, Walt: Gesang über mich selbst. In: Grashalme. Leipzig o. J., S. 104

Wilde, Oscar: Das Bildnis des Dorian Gray. Berlin o. J., S. 281

Wirzberger, K.-H., Schönfelder, K.-H.: Amerikanische Literatur im Überblick. Leipzig 1968. 396 S.

Woodbridge, H. C.: Jack London. A Bibliography. Georgetown, Calif. 1965.

World Premiere Performance of „Gold" by Jack London and Herbert Heron. High School Drama Class. Director: Marlan Beilke. Jackson, Calif. 1973, 27 S.

Zweig, Stefan: Die Entdeckung Eldorados. J. A. Sutter. In: Sternstunden der Menschheit. Berlin/Weimar 1974, S. 143—152

Das dokumentarische Material in spanischen Archiven ist unzureichend. So entspricht der Franziskaner Bernardino de Capistrano mehr einer Legende, und es könnte auch eine Verwechslung mit seinem Amtsbruder José Antonio Haro vorliegen, der hartnäckig behauptete, mit dem leibhaftigen Teufel am Monte de Diablo gerungen zu haben.
Joaquin Murieta ist ebenfalls zu einer Legende geworden. Etliche Bewohner aus Sonoma berichteten, in den Mondnächten ein Gespenst beobachtet zu haben. Denn weder Capistrano alias Haro noch Murieta seien bisher zur Ruhe gekommen.

Aus dem Privatbesitz des Autors stammen 5 Fotos.

Inhalt

Zum Gelingen dieses Buches haben folgende Persönlichkeiten beigetragen: Marlan Beilke (Sutter Creek, Calif.), Cläre M. Jung (Berlin), James E. Sisson III (Berkeley, Calif.), Georg Stefan Troller (Paris) und die Kollegen der Universitätsbibliothek, der Deutschen Bücherei und des Geographischen Instituts in Leipzig. Besonderer Dank gebührt Manfred Hoffmann, der mein Buch im Verlag betreut hat.